オットー・フォン・ギールケ

ヨハネス・アルトジウス
自然法的国家論の展開及び法体系学説史研究

笹川紀勝　本間信長　増田明彦 訳

Gierke, Otto von, Johannes Althusius und
die Entwicklung der naturrechtlichen Staatstheorien:
zugleich ein Beitrag zur Geschichte der Rechtssystematik, Breslau:
M. & H. Marcus, 1913.

「汝，自らの内面を問い続け給え.」（上）

「ヨハネス・アルトジウス法学博士（教会法と世俗法）は，はじめシュタインフルトのギムナジウムとナッソウのギムナジウムで法学教授になり，後にエムデン共和国の法律顧問になり，81歳の生涯を送った.」（下）

訳者まえがき

　まず，著者であるオットー・フォン・ギールケの略歴と学問の特徴についてごく簡単に触れておく．

　ギールケは，1841年に生まれ1921年に没した．ベルリン大学とハイデルベルク大学で法学を学習し，1860年（19歳）博士号を取得し，1867年（26歳）で，団体法論の論文の一部を持って教授資格を得た．大柄でブロンド髭の彼の風貌について弟子で教会法学者のシュトッツはこう言っている．「ぎこちない仕草をして激しい一人相撲をしながら講義を始めると，彼はほとんど雷神のごとくであった．」1871年（30歳）ブレスラウ大学教授になった．その後，1884年ハイデルベルク大学教授，1887年ベルリン大学教授，1902/1903年ベルリン大学学長．1909年ハーバード大学名誉博士，1911年世襲貴族になった．

　彼はサヴィニーやプフタ（ロマニステン）とは異なる歴史法学派に属すると自覚し（ゲルマニステン），ベーゼラーと同様に，法の発生をドイツ民族に由来すると強調した．同時に，法実証主義・社会学的実証主義とたもとを分かちながら彼は，歴史の流れの中に浮き沈みする人間の諸団体の形で法は具体的に表れると見た．

　彼の著作の中核は団体理論である．本訳書の原本 GA もその適用に属するが，彼は家族から国家までを含むものとして幅広く団体をとらえた．そして，ドイツ法のすべての団体は「自由な結合（freie Vereinigung）に基づいて」構成されると考えた．そうしたことから，諸団体は，個人主義的なローマ私法のカテゴリーすなわち擬制理論で解釈されるわけでなく，社会法的構造原理を有するととらえられた．ここでいう社会法とは社会主義そのものをいうのではなく，無制約な個人主義に批判的で，自然法的な自由の空間も私法も社会的な課題

訳者まえがき

（社会的使命）に制約されていることをいう．かかる立場から民法草案は批判されただけでなく，民法のさまざまの条項が解釈され（錯誤における意思主義の緩和，賃借人小作人の地位向上，離婚における破綻主義など），また労働法学が提起された．国法学ではラーバントやイェリネクに反論が加えられた．

彼の講義は多方面に及び（ドイツ法史，ドイツ私法，商法，教会法，国法学など），また著作も多数あり各国語に翻訳されている．日本語訳では英訳からの重訳である『中世の政治理論』阪本仁作訳，ミネルヴァ書房，1985年と『ドイツ私法概論』石尾賢二訳，三一書房，1990年など．（参考：Kleinheyer und Schröder, Deutsche Juristen aus fünf Jahrhunderten, S. 96 ff.）

さて本訳書を読者に提示するに際し，いくつか述べる必要がある．なお，本訳書のもとになったドイツ語テキストをGAと表記する（略語一覧参照）．

(1) 翻訳の範囲とあり方を次のように限定した．

著者ギールケは，徹底して文献を渉猟し，それを原注に盛り込んでいる．実際，多くの原注は詳細で長文に及び，また原注全体は分量的にもほとんど著作の半分に達する．しかし，原注の重要さを認識しながらもその引用文献を日本で入手できる見込みはほとんどない．そうすると，不十分な調査に基づいた翻訳によって原注の意図を不正確に捉える恐れがある．それだから翻訳に際し原則的に原注に触れない方がよいだろう．そして，原注が非常に多くのラテン語文献を取り扱っているので翻訳にはさらに時間がかかると考えて原注の翻訳を避けたことも事実である．なお，フレイドの英訳[1]では，本文と原注のラテン語はそのままにして置かれている．

さて，翻訳にあたり，訳者は，どうすればギールケの意図を損なわないようにしながら理解しやすい日本語に出来るかを考えた．そのために原文の直訳は避けた．実際，抽象的な議論を展開するギールケの文章のために，理解しやすい日本語訳という自分に課した課題に訳者が悩まないことはなかった．訳出に際して多くの誤りを犯しているに違いないからご指摘をいただければ幸いである．そして，共訳者はお互いに納得できるまで議論を重ねたので，本訳書は共訳者の完全な意見交換の結果である．そのために，自分の能力を棚に上げた言い訳に過ぎないが翻訳に時間がかかった．

実際，共訳者にとってGAはいつも興味津津たるものであった．その面白さ

が翻訳におけるいくつもの困難さを乗り越えさせるエネルギーであった．まるで，難解なドイツ語文章とふんだんに引用されるラテン語文語句は，私たちを謎解きにいざなうギールケの熱意の表れに思われた．そういう意味では，私たちの本訳書以前に翻訳が世に出たことがなかったことは共訳者には僥倖であった．

(2) 本訳書を理解するために日本の研究史を述べよう．

特に重要なことは日本の研究史における GA 研究の位置付けである．すなわち GA は 1879 年に世に現れ始め 1880 年に完全な姿をみせた．そのときから，すでに 130 年の時間が過ぎた．すでに触れたがまず英訳（1939）が世に出た．その後，伊訳（1943）[2]が世に出た．日本語訳は本訳書が初めてである．アジアでも翻訳は始めてである．

ところで，GA をわが国で始めて引用したのは原田鋼『欧米における主権概念の歴史及再構成』(1934)[3]である．そして，エピソードになるが，丸山眞男は 1936 年の東大緑会懸賞論文の準備のために GA を読んで，「ナトゥーアレヒト」のもっている「自然法と自然権」の二義性を学んだという[4]．船田享二『法律思想史』(1943) は，国民の「反抗権」と consociatio に注目している[5]．さらに，戦後引用の早いのは原田『西洋政治思想史』(1950)[6]である．丸山たちの編集した事典の項目に〔アルトジウス〕(1954)[7]が取り上げられた．単行論文で GA を取り上げたのは岩崎卯一「アルトジウスの主権論とその批判」(1955)[8]であり，それに対してアルトジウスを肯定的にかつ GA を要約的に取り上げたのは，鱸正太郎「国民主権論の先駆アルトジウス」(1960)[9]である．その時から 10 年経って，アルトジウス『政治学』の英訳を利用して契約論を分析した川中藤治「アルトジウスの政治思想」(1970) が現れる[10]．吉井友秋「16 世紀フランスにおける憲法思想（第 2 部）」(1973)[11]は，なぜかギールケを引用しないが，ギールケを重視するエリク・ヴォルフ（Erik Wolf）とギールケに批判的な C. J. フリードリヒを引用する．初宿正典「抵抗権の史的考察序説――特に 16・17 世紀を中心として――」(1973/1974)[12]は，ギールケとエリク・ヴォルフをもとにしてアルトジウスの抵抗権をこれまでになく詳細に分析する．佐々木高雄は，『モナルコマキ――人民主権論の源流』R. トロイマン著，小林孝輔・佐々木高雄共訳（1976）の「解題」の中で，ギールケの感

情的なトロイマン批判を指摘し，アルトジウスは「理論の完成者」という地位においてモナルコマキと「一線を画」するという[13]．津田晨吾「アルトジウスの契約思想——その制度観をめぐって——」(1977)[14]及び同「アルトジウスにおける国家の理論——国民主権と連邦国家——」(1990)[15]は本格的なアルトジウス研究である．福田歓一の教科書 (1985)[16] や事典の項目〔アルトジウス〕（佐々木毅）(1998)[17]もある．これまでのアルトジウス研究から格段の進展を示したのは柴田寿子「J・アルトジウスの政治論における〈共生〉と〈主権〉——ヒューグリン『社会連合的連邦主義』を読む」(1995)[18]である．欧米におけるアルトジウス研究の動向がわが国にも及んできたのである．そして，長谷川史明「アルトジウスの法思想」(1983)[19]はエリク・ヴォルフが北アメリカの読者へ言及していると紹介する．北アメリカにかかわってアルトジウスと憲法論のかかわりに関心を示した笹川紀勝「近代立憲主義の淵源の問題——アルトジウスとロジャー・ウイリアムズの接点」(2007)[20]，そして同「アルトジウスとウイリアムズの良心と寛容論——今日の憲法学への示唆」(2007)[21]もある．

　こうして見ると，日本におけるアルトジウスへの研究は結構見られる．しかし，これらの研究は，日本における先行研究にはほとんど言及せず，圧倒的にギールケの敷いた路線でアルトジウスにアプローチしている．そのために，ギールケの功績なしには考えられない．ところが，いつの間にかギールケから離れて固有にアルトジウス研究が展開されている．こうして，ギールケを媒介にしたアルトジウス論から相対的に離れつつある研究の様子が見えてきた．それだからこそと考えるが，ギールケの問題提起が何であったかは今意識される必要がある．そうした理解に役立つように，GA 第Ⅰ部が，未熟な翻訳ではあったが笹川紀勝監訳／本間信長・松原幸恵共訳『共生と人民主権』(2003)[22]として国際基督教大学社会科学研究所から公刊された．そして，先の第Ⅰ部の翻訳に対する出版社スキエンティアからの手紙とそこにおける勧めのことばもあり，本訳書は，新たな機会を得て先の第Ⅰ部を改訳し，GA の第Ⅰ部付説及び第Ⅱ部本文・補遺も訳出し，これらを合わせて GA を全体として通読できるようにした．

　(3)　本訳書を若干概観しておこう．

訳者まえがき

　第Ⅰ部「アルトジウスの生涯と学問」はもっとも理論的な部分であり，ギールケの分析の骨格を示している．ギールケによるとアルトジウスの『政治学』は理論を展開している．その大きな傾向は歴史的な現実の制度に固着するカルヴィニズムの影響をうけたアルトジウスの国家論の描写である．したがって，アルトジウスの特徴は，ホッブズ（Thomas Hobbes）のような非歴史的で原子論的個人像に基づくことなく，この点ではロック（John Locke）ともルソー（Jean Jacques Rousseau）とも異なり，人民すなわち具体的な「普通の人々」（plebes promiscua[23]．1人ひとり，夫婦，職業人など）が共に生きるための結合体（人間集団）として地域的に連合したものとしての国家を考えるところにある．次に，ボダン（Jean Bodin）とは異なり，この人民が主権者となりその執行機関として最高執政官やエフォルが位置付けられ，彼らも臣民も身分制社会の枠の中に置かれている．しかし，最高執政官の権力濫用と専制政治に対しては，カルヴァン（Jean Calvin）の影響を受けたエフォル（貴族から選ばれたもの）が抵抗しなければならず，国家と法の健全であることを願う臣民と市民はそのエフォルを支える義務があるといわれる．個々の臣民には消極的抵抗権と正当防衛の権利がある．

　さらに法学にかかわってアルトジウスは私法をもとにして国家法の諸関係を構築し，公法全体を市民法体系の中に組み込むべく『権利と裁判』の膨大な著書を出版している．法律家ギールケの眼からすれば，アルトジウスはまさに具体的な存在である人々の権利義務関係に着目しているのであって政治思想の世界を抽象的に考察しているわけではない．その論述の基礎として『政治学』がつねに参照されるべきだといわれる．そして，抵抗権を認めるために権力者に警戒された『政治学』とは違い，『権利と裁判』はヨーロッパで広く法学の教科書として用いられ，総論と各論に分けられる現代の法学の理論的な土台を構築した．

　第Ⅱ部の各章は，いわば第Ⅰ部の各論に相当する．すなわち「アルトジウスの国家論における宗教的要素」「国家契約論」「人民主権論」「代表原理」「連邦制の理念」「法治国家の理念」．

　1902年と1913年の2回補遺がある．中でも興味深いものは国法学者ゲオルク・イェリネク（Georg Jellinek）との論争に関する[24]．

(4) 本訳書の現代的意義を述べてみよう．

ギールケが19世紀後半にアルトジウスの研究をした時，ギールケには内発的な契機があったに違いない．その解明は今後の研究課題に属する．そして，現代においてその契機と同じものが社会にあるかどうかはこれまた課題である．実際，GAから示唆されるものはいくつもある．

まず，それは，国内においては，強者が勝ちを占める中央集権的な社会の形成ではなく，「自由な結合に基づいて」構成されたすべてのドイツ法団体（Kleinheyer und Schröder, a. A. O., S. 97.）という仕方で，全体的に弱者を含めて人々が共に生きる共生の社会の形成である．そして，それぞれ多様な人々の参加する地域（GA: provincia）ではその主権的な社会の形成であり，国家全体の統治組織ではかかる地域主権を踏まえた連邦的社会の形成であろう．そして，東アジア共同体がいわれる今日，GAは東アジアでも豊かな理論的視座を与える．それは，各国の自主独立すなわち各国の主権を尊重しながら東アジア地域における共生的で連邦的な国際社会を形成することである．強国が支配する関係はないから相互間に平和が保たれ戦争はなくなる．相互不信をあおるよりも共生を培う方がはるかに地域の人々の生活に貢献するであろう．そうした意味で，本訳書が東アジアの国々の言葉に翻訳されて，国際社会の形成に理論的に寄与することを願う．もちろん，本訳書が刺激となってGAの原本が各国語に翻訳されれば何倍もうれしい．

最後に，本訳書は，高度の理論書であり，政治学，法学，キリスト教学，歴史学などのどれかの分野に狭く特化されたものではない．まさにGAは，それらの分野の研究成果がそのたぐいまれな才能によって縦横無尽に活用され生かされ，学際的な（interdisciplinary）総合的研究として集約されたものである．したがって，その領域の専門家のみならず深く考える人々が，国内国外のこれからを展望する時，本訳書はさまざまの示唆と知的勇気を提供するであろう．

2011年3月

文責　笹川　紀勝

略語一覧・参考文献・凡例

1 略語一覧

1.1 ギールケの著作

GA: Gierke, Otto von, Johannes Althusius und die Entwicklung der naturrechtlichen Staatstheorien. Zugleich ein Beitrag zur Geschichte der Rechtssystematik, 7. unveränderte Ausgabe, Aalen, Scientia Verlag, 1981 (Untersuchungen zur deutschen Staats- und Rechtsgeschichte, Alte Folge; Heft 7). 日本語表記:『ヨハネス・アルトジウス:自然法的国家論の展開並びに法体系学説史研究』.

1.2 アルトジウスの著作

(1) **AP 1603**: Althusius, Johannes, Politica, Methodice Digesta et Exemplis Sacris et Profanis illustrata: Herbornae et Nassoviorum, Ex officina Christophori Corvini. 1603.

(2) **AP**: Althusius, Johannes, Politica Methodice Digesta atque Exemplis Sacris et Profanis Illustrata, 2. Neudruck der 3. Aufl., Herborn 1614, Aalen : Scientia Verlag, 1981. 日本語表記:『政治学』.

(3) **AD**: Althusius (Althaus), Johannes, Dicaeologicae Libri Tres Totum et Universum Ius, Quo Utimur, Methodice Complectentes, Neudruck der Ausgabe Frankfurt A. M. 1649, Aalen: Scientia Verlag, 1967. 日本語表記:『権利と裁判』.

(4) **Praefatio primae editionis by Friedrich**: Praefatio primae editionis (1603), in AP by Friedrich (参考文献参照).

(5) **Praefatio secundae editionis by Friedrich**: Praefatio secundae editionis (1603), in AP by Friedrich (同).

(6) **Preface to the First Edition by Carney**: Preface to the First Edition (1603), in AP by Carney (同).

(7) **Vorwort zur ersten Auflage by Janssen**: Vorwort zur ersten Auflage der Politica (1603), in AP by Janssen (同).

2　参考文献

(1) Gierke's conception of law: in Gierke, Otto von, Natural law and the theory of society, 1500 to 1800, with a lecture on The ideas of natural law and humanity by Ernst Troeltsch, translated with an introduction by Ernest Barker, Cambridge, the University Press, 1934, pp. 223-226. 〔GA の英訳、ただし第Ⅱ部第6章第3節のみ〕

(2) Gierke, Otto von, The Development of Political Theory, Translated by Bernard Freyd, New York: Howard Fertig, 1966 (New York: W. W. Norton, 1939). 〔GA の英訳。ただし、ラテン語は英訳されていない〕

(3) Gierke, Otto von, Giovanni Althusius E Lo Sviluppo Storico Delle Teorie Politiche Giusnaturalistiche: Contributo Alla Storia Della Sistematica Del Diritto, A cura di Antonio Giolitti, Giulio einaudi, Editore-Trino, 1943.

(4) 『共生と人民主権』：オットー・フォン・ギールケ著『ヨハネス・アルトジウス：自然法的国家論の展開並びに法体系学説史研究』笹川紀勝監訳本間信長・松原幸恵共訳、国際基督教大学社会科学研究所、2003（GA 第7版第Ⅰ部の翻訳）.

(5) Introduction by Friedrich: Althusius, Johannes, Politica Methodice Digesta of Johannes Althusius (Althaus), Reprinted from the Third Edition of 1614, Argumented by the Preface to the First Edition of 1603 and by 21 Hitherto Unpublished Letters of the Author, with an Introduction by Carl Joachim Friedrich, Cambridge: Harvard University Press, 1932.

(6) AP by Wolf: Althusius, Johnnes, Grundbegriff der Politik, aus "Politica methodice digesta," 1603, in: Wolf, Erik, Hrsg. von, Quellenbuch zur Geschichte der deutschen Rechtswissenschaft, Frankfurt a. M.: Klostermann, 1949, S. 102 f.

(7) AP by Carney: Althusius, Johannes, Politica, an Abridged Transla-

tion of Politics Methodically Set Forth and Illustrated with Sacred and Profane Examples, Edited and Translated, with an Introduction by Frederick S. Carney, Forword by Daniel J. Elizar, Liberty Fund: Indianapolis, 1995 (Translation Originally Published: Politics. Boston: Beacon Press, 1964).

(8) AP by Janssen: Althusius, Johannes, Politik, Übersetzt von Heinrich Janssen. In Auswahl herausgegeben, überarbeitet und eingeleitet von Dieter Wyduckel, Duncker & Humblot, 2003.

3　凡　例

(1) 本書はGierke, Otto von, Johannes Althusius und die Entwicklung der naturrechtlichen Staatstheorien: zugleich ein Beitrag zur Geschichte der Rechtssystematik, Breslau: M. & H. Marcus, 1913. の翻訳である（ただし，原注は必要な2, 3のものを除き訳出しない）．同書はそもそもブルンチュリの博士号取得50周年記念における献呈のために執筆されたものであるが，第I部のみが1879年に献呈の辞のある抜き刷りのような体裁で出版された（一橋大学社会科学古典資料センター所蔵，以下1879年版とする）．これが第I部の初版である．翌1880年に第II部が完成し，第I部と合本され全体の初版となる．この初版には「序文」と「付説」（第I部末）がある．1902年には「補遺」のついた第2版が，1913年には新たな「補遺」のついた第3版が出版された．またギールケの死後の1929年には息子ユリウスの序文のついた第4版が，1958年にはユリウスの新たな序文がついた第5版が出版された．ただし著作権の関係上ユリウスの序文は訳出しない．第7版（1981年）は第5版の再版である．なお1879年版にのみ「献呈の辞」と「あとがき」があるが，本書の成立に関わるので特に訳出する．

(2) 訳文中の〔　〕は訳者が補足したものである．

(3) GAと翻訳との対応関係が分かるように，翻訳の該当個所にGAの頁数を表記する．たとえば，【GA2】と表記されていれば，GAの2頁がおおよそそこからはじまることを意味する．なおGAの頁数が極端に詰っている時があるが，それはギールケが詳細な脚注をつけ，本文余白が不足した場合である．

(4) GAには詳細な目次があるので，読者の便宜を考慮して，これを翻訳し，小見出しとして該当個所に表記する．ただし，1つのパラグラフに複数の小見出しがつく場合には，「／」を用いて並記する．また複数のパラグラフに1つの小見出しがつく場合は，適宜に訳出する．

(5)　ラテン語については適宜に表記する．「篇・章・節」などを用い頁表記はしない．

　(6)　ゲシュペルトは日本語に「・・」をつけて表記する．ゲシュペルトとルビとが重なる場合は，ゲシュペルトを優先し適宜表記する．

　(7)　本書の内容に関わる重要な語句で，複数の単語を同一の日本語に訳した場合にはルビをふって区別する．たとえば，Genossenschaft, Körper, Korporation, universitas, Verband, Verein などは，それぞれ 団体(ゲノッセンシャフト)，団体(ケルパー)，団体(コルポラティオーン)，団体(ウニフェルシタース)，団体(フェアバント)，団体(フェアアイン) と表記する．

　(8)　人名表記については主に『岩波西洋人名辞典』を参考とする．そして人名索引で欧文表記を付加する．

目　次

訳者まえがき
略語一覧・参考文献・凡例

（1880 年版〔初版〕への）序文 …………………………………………… 3
ブルンチュリの博士号取得 50 周年記念に対する 1879 年版の献辞 ……… 7
1879 年版のあとがき ………………………………………………………… 9

第Ⅰ部　アルトジウスの生涯と学問

第 1 章　ヨハネス・アルトジウス ………………………………………… 13
第 2 章　アルトジウスの政治学 …………………………………………… 23
第 3 章　アルトジウスの法学 ……………………………………………… 41
原注 1 および付説 …………………………………………………………… 51
　　原注 1　51
　　付説（原注 1 に対する）　52

第Ⅱ部　アルトジウスの国家論に刻印された政治理念の発展史

第 1 章　アルトジウスの国家論における宗教的要素 …………………… 63
第 2 章　国家契約論 ………………………………………………………… 75
　　1　支配契約　76
　　2　社会契約　84

✢ xi ✢

目　次

第3章　人民主権論 ……………………………………………………… 103
1 中世における人民主権論の形成　103
　1.1 中世における人民の概念　109
　1.2 中世における主権の概念　113
2 宗教改革からアルトジウスまで　116
　2.1 この時代の主権概念　120
　2.2 この時代に主権をめぐって争った諸々の主体についての見解　125
3 アルトジウスからルソーまで　127
　3.1 排他的支配者主権の勝利　134
　3.2 この時代における国家人格の概念　141
4 ルソーおよびその追従者の人民主権論　148

第4章　代表原理 ………………………………………………………… 155

第5章　連邦制の理念 …………………………………………………… 165
1 団体相互の関係についての中世の学説　165
2 16世紀以降　170

第6章　法治国家の理念 ………………………………………………… 191
1 中世　191
　1.1 国家の産物・国家の手段・国家の権力が及ぶ支配の領域，そのようなものとしての実定法　193
　1.2 前国家的自然法・国家外在的自然法・超国家的自然法　197
　1.3 国家権力による法的制限の帰結　199
2 16世紀以降．〔2つの理論〕傾向の展開と分裂の一般的動向　202
　2.1 実定法．古くからの原則に基づく〔実定法についての〕見解の相違　202
　2.2 国家の源泉・目的・制限としての自然法　215
　2.3 国家権力による法的制限違反の法的帰結，2つの基本原理の矛盾　221
3 われわれの世紀における国家と法との関係についての自然法思想の展開への一瞥　227

結　語 …………………………………………………………………… 233

目　次

補　遺

1902 年の補遺 ……………………………………………… 237
1　序文について …………………………………… 237
2　第Ⅰ部第 1 章について ………………………… 241
3　第Ⅰ部第 2 章について ………………………… 244
4　第Ⅰ部第 3 章について ………………………… 247
5　第Ⅱ部第 1 章について ………………………… 248
6　第Ⅱ部第 2 章について ………………………… 249
7　第Ⅱ部第 3 章について ………………………… 255
8　第Ⅱ部第 4 章について ………………………… 260
9　第Ⅱ部第 5 章について ………………………… 261
10　第Ⅱ部第 6 章について ………………………… 264

1913 年の補遺 ……………………………………………… 267
1　序文について …………………………………… 267
2　第Ⅰ部第 1 章について ………………………… 270
3　第Ⅰ部第 2 章について ………………………… 271
4　第Ⅰ部第 3 章について ………………………… 271
5　第Ⅱ部第 1 章について ………………………… 272
6　第Ⅱ部第 2 章について ………………………… 273
7　第Ⅱ部第 3 章について ………………………… 276
8　第Ⅱ部第 4 章について ………………………… 278
9　第Ⅱ部第 5 章について ………………………… 278
10　第Ⅱ部第 6 章について ………………………… 280

注 ……………………………………………………………… 283
1　原注（抄訳）　283
2　訳　　注　285

目　次

訳者あとがき …………………………………………………… 315
アルトジウスの足跡を訪ねて　中村安菜 …………………… 317
人名索引 ………………………………………………………… 321

ヨハネス・アルトジウス
自然法的国家論の展開
法体系学説史研究

Johannes Althusius und die Entwicklung der naturrechtlichen Staatstheorien.
Zugleich ein Beitrag zur Geschichte der Rechtssystematik

オットー・フォン・ギールケ著
Otto von Gierke

(1880年版〔初版〕への) 序文

　本書の第Ⅰ部は，国家学と法学について功績ある偉大な人物〔ヨハン・カスパール・ブルンチュリ〕に，その博士号取得50周年記念祝典のためブレスラウ大学法学部からの委託を受け，献呈論文として1879年8月3日に捧げられたものであるが，〔第Ⅱ部を含む本書〕全体の献辞には，いまもその人物の名を冠することが許されている[1]．第Ⅰ部において主題をなすのは，ほとんど忘れられた1人のドイツの学者〔ヨハネス・アルトジウス〕の生涯と学問であり，アルトジウスの政治理論には国家学史上，卓越した地位を求めねばならないと筆者は信じている．同時に，アルトジウスの法学的著作が法体系学説史にとって少なからずもっている意義が評価されている．

　かの献呈論文の結びで提示されていた計画によれば，第Ⅱ部では，ヨハネス・アルトジウスの国家論のなかに独特に刻印されている政治理念の発展史が追究されねばならなかった．時代を遡ったり下ったりしながら，明確な，そして鋭く際立った個々の国家思想についての研究を進めるうち，こうした出発点から生じたのは，「自然法的国家理論」という名の下に総括されるべき影響力の強い思想体系の起源に関する叙述であった．その際，500年以上にわたるこの豊かな精神活動へのドイツ人の関与が，これまで余りにも僅かにしか評価されてこなかったことに，特に配慮されることとなった．

　この計画は実行に移された．よくあることだが，第Ⅱ部の射程は，その当初の構想にあった諸々の限定は守られたにもかかわらず，アルトジウス評価の範囲を著しく越えて拡大した．それにもかかわらず本研究は，これが扱っている世界史的な精神活動の歴史のほんの一断面以外の何ものでもありえないし，また今後もそうであるだろう．

(1880年版〔初版〕への)序文

　本研究は，まず〔第1に〕，中世の諸々の政治・公法学理論を越えてさらに遡ることはしていない．とはいえ本研究は，中世の政治理論によって，一方の古代における国家哲学および法哲学と，他方のキリスト教的ゲルマン的な自意識とが綜合された理念世界を，よく知られたこととして受け入れている．そして〔第2に〕本研究は，時代を下り，自然法的な傾向が絶頂期に達した時点で途切れている．その結果〔第3に〕前世紀〔18世紀〕の最後の10年間が本研究にとっておおよその境界線を画している．さらに，こうした枠組みのなかで，ただ重要な個々の思想だけがその生成の継続性について研究されており，そのため，それらだけが諸体系の関係のなかから取り出されている．その諸体系のなかで，重要な個々の思想はさまざまな思想家において体現されている．理念の展開における中断されることのない客観的な統一性を示そうとする企てのために，この〔理念の〕展開の担い手が擁していた世界観における主観的な統一性を叙述することは，容赦なく犠牲にされている．さらに，個々の思想の歴史は，単に，その理論上の現象形態が明らかにされているにすぎず，理論の諸変化と〔人々の〕生活上の活動との間での，至るところで行われる絶え間ない相互作用については，ただ示唆されているだけである．結局のところ，そしてとりわけ，起源に関する考察〔という本研究の趣旨〕に服す以上，政治理念は，決してその精神の本質が豊かに捉えられ扱われているわけではなく，むしろ，主としてその法学的な内実においてのみ把握され，扱われているにすぎない．国家に関する思想を法概念上の刻印をもって概観する歴史に関しては，文献上甚だしい欠落があると著者には思われる．それ以外の観点であれば，政治理念【GAV】の展開過程についての優れた著作に何ひとつ不自由しないのに，である．そしてまさに，全体的な自然法的な把握こそが，社会と国家の法学的な，しかも正当にももっぱら法学的な構成にとっての核心であった！

　しかしこのようにして画された限定のなかですら，筆者はその企図をある程度不完全な形でしか行うことができなかった．そのことのゆえに筆者は読者の寛容を請わなければならない．この仕事の全体は，筆者の団体（コルポラティオーン）論の歴史に関する4年にわたる研究のなかから，とりわけ，その研究の中心点である法人という有益な概念から生長したものである．この広範にわたる学説史的研究の成果を，筆者はまもなく，ドイツ団体法（ゲノッセンシャフツレヒト）に関するその研究の続篇のな

(1880年版〔初版〕への）序文

かで公刊するだろう．そこにおいて初めて，〔第1に〕ここで論じられた，より規模の小さい団体(フェアバント)が主権をもつ共同体(ゲマインシャフト)との関係についての見解の展開に関して，より立ち入った叙述が見出されるだろう．〔第2に〕理念的な人格という概念の形成は，その概念の生まれ故郷の基盤に基づいてさらに研究され，その多様なニュアンスが追究され，そして国家学説史にも法学史にも共通に属する1つの精神活動として，私法的にも政治・公法学的にもこの概念が有用であることが評価されるようになるだろう．〔第3に〕最終的には，きわめて詳細に，ローマ法的・カノン法的団体(コルポラティオーン)理論の展開と政治・公法学理論の発展過程との間に存する，内的なそして解消し得ない関係についての主張の正しさが証明されるだろう．特にこれ〔団体理論〕が中世にその由来をもつという点と関連して，形成途上の近代の国家論および社会論と，ローマ法およびカノン法という法源を模範に形成された団体(コルポラティオーン)論とには根源的な同一性がある，ということが証明されるだろう．まさに中世の国家理論から始めることによって初めて，1つの完全なる全体像の輪郭が描かれるだろう．とはいえ，すでにここに，こうした全体像の若干の輪郭のスケッチが先取りされ示されているに違いない．

ごく僅かの冊数しか配布されない献呈論文を補足し完全なものとするという企図のもとで〔本書は〕今まさに刊行されたが，ある意味では不完全な仕事に留まっている．そうではあるが，しかし筆者は，この仕事には何の成果もないなどということはない，という希望を抱いている．ここで取り扱われた一般国法学の根本概念の僅かな部分に限っていえば，厳密に法学的に把握された学説史の研究がすでに成果を収めているので，本書のなかでこの方向に関連して示された諸々の貢献は，少なくとも多方面にわたって〔研究上の〕初期段階における功績を要求できるだろう．いずれにせよ，一連の問題に関して深い影響を及ぼした政治理論の原作者〔アルトジウス〕についての従来の観念は，ここでもたらされた証明によって修正されたと見なされるべきだろう．その際，ほとんど至る所で，普段考えられているよりはるかに古くからの政治理論が姿を現しているという点は，一般的な興味を引くだろう．わが国民は，単に後からついて行くだけの存在としてこの分野における研究に着手したとかなり一般的に信じられているが，しかし決してそうではないことをドイツの読者は強い関心

【GAVI】

(1880年版〔初版〕への) 序文

をもって確認するだろう．そして人々の間で，近代ヨーロッパにおける政治理念の発展にドイツ精神が等しく成果をもたらしたと〔いう認識を〕求める権利をわれわれに与えるのは，ヨハネス・アルトジウスの業績なのである．彼が沈んでいるおよそ不可解な忘却のなかに，改めて陥ることはないことを願うばかりである．

　たった今概略を述べた観点からみて，ここに公刊された論文を，筆者が編集する『ドイツ国家・ドイツ法の歴史に関する研究』に編入することは正当だということを，最後になお書き添えておきたい．

ブルンチュリの博士号取得 50 周年記念に対する 1879 年版の献辞（1879 年版の V-VII 頁）

心から尊敬する枢密顧問官！
　先生は今日，満たされた喜びの思いをもって半世紀を振り返っておられます．この半世紀先生は学問と学説とにたぐい稀な成果を収め，ドイツ語圏を遥かに超えて先生の名声はゆきわたっています．さらに単に学問の世界のみならず，祖国において，その称賛の声は鳴り響いています．ドイツの学問はますます先生を誇りとしています．それは，先生がドイツの学問に専心されたからであり，〔ドイツの学問は〕先生の祝典へのきわめて適切な参列者であります．
　豊かな精神をもって，先生は，長期にわたる活動において，傑出した人々しかなしえなかったほど多面的に研究と論争の世界をますます切り開いていきました．ドイツの学問の内部においても，先生に感謝を負うており感謝を捧げているのは専門家の人々ばかりではありません．しかしながら常に，先生は，故郷というべき法学の大地にしっかりと根を下ろしてこられました．先生のあらゆる試みはそこから出て，そして先生の試みのすべてはそこへと帰ってゆきました．早い時期に，先生は，特殊なるものへと迫ってゆく法制史研究と一般的であることを求められる法哲学思想とを結びつけ，先生の学説は全てそうした結びつきから生まれ，先生の実践的な業績も全てそこから生じました．先生は過去と現在のドイツ法の奥深い内実を，愛情に満ちた好意をもって学問的に捉えました．それと同じ精神において，先生はゲルマン法思想に満たされた私法典の起草者となりました．私法から，先生は己の路を公法へと築きました．公法は，そのほとんど全ての部門において，時が経ってもかわることのない先生の励ましに多くを負っています．一般国家法と同様に実定国家法も，先生は画

1879年版の献辞

期的な著作のなかで扱いました．先生は理論的にも実践的にも国際法の領域においてヨーロッパ域外に達する影響を及ぼされました．そして国際法の担い手はますます先生を，国際法運動の最高の指導者の1人として尊敬するようになりました．公的諸制度の歴史に対してと同様に，国家および法についての理念史に，先生はその豊かな能力を捧げました．しかしながら，常に先生にとって最終目的であると思われたのは，次のことでした．すなわち，法がそのなかではただ一面しか表わしていない人間の共同生活に関する統一的な根本観念を獲得することでした．飛翔する先生の思想のゆえに，先生は内的必然性をもって，一般国家学と社会学という広野へと向かいました．この点をめぐる最大の問題についての思考を，著名になった学問的な諸著作のなかに先生は収めました．しかし同時に，先生は，教養人の最も広い世界へと，平易な表現で分かりやすくするよう努力しました．著作活動はあらゆる方面に拡大し，教授職も誠実になさり豊かな果実がもたらされましたが，先生はその生涯のあらゆる段階での多面的なかつ奥深く徹底的な仕事において，公的生活に熱心に関わり続けました．しかしここでは改めて，何よりも次のことが明らかとなりました．すなわち，先生がもっとも強く揺り動かされ，また，もっとも力強くそのために論争したもの，それは，まさしく法思想であったということです！

それゆえに，心から敬愛する先生，今日先生をその大家の1人として真っ先に褒め称える声を上げるのはドイツ法学です．こうした意味において，私たちの祝辞も快く受け入れられますように．なお，神が，祝福された働きのために末永く先生に命と力とを与えられますように！

ブレスラウ大学法学部

シュヴァネルト（学部長代理）　　フシュケ

ギッツラー　　ギールケ　　エック

ゾイフェルト　　ブリー

1879年版のあとがき（1879年版の最終頁）

　本論文の第Ⅱ部は，アルトジウスの国家論のなかに刻印された政治理念の発展史を叙述する予定である．その際に，ドイツ人の継承してきたこの財産をとりわけ考慮に入れる．そこから初めて，アルトジウスの意義を正しく評価するという可能性も，結果として生じるであろう．遺憾ながら，その仕事を祝典の日までに完成させることはできなかった．その祝典の日がこの仕事を思いつかせたのだが．完成論文は，私の編纂による『ドイツ国家史・法制史研究叢書』の一分冊として出版される予定である．

オットー・ギールケ

第 I 部

アルトジウスの生涯と学問

第 1 章

ヨハネス・アルトジウス

中世および近代における政治理念の展開に対するドイツ人の関心

　ヨハネス・アルトジウスの名前は，今日ほとんど忘れられている．その名前がドイツ人であるにもかかわらず忘れられているのか，それともおそらくまさにドイツ人であるがゆえにそうであるのか．　【GA1】

　国家学の歴史のなかでは天才サムエル・プーフェンドルフの精神活動は本当に隠れもしないが，それ以前に存在する当時のドイツの学者の業績については普通は語られない．むしろ，確実なことはこうである．すなわち，ドイツ宗教改革者の国家論に及ぼしたはかりしれないがなお間接的な影響は別として，政治理念をめぐる論争に対してドイツ人はごくわずかしか関心をもたなかった．実際，本当に開拓的な著作は，確実に他の諸国民の間で生まれた．しかしながら，国家生活の改革の働きと原因だけでなく，政治理論を生みだしたヨーロッパの思考過程に対するドイツ人の協働が，決してそれほど意味のないものであったわけではない．このことはたしかに中世にあてはまる．中世の国家論は依然として十分評価されているわけではないが，中世の有機的統一体をなしているその思想体系の個々の要素と再生産された古代の思想とが融合されて中世の思想体系は破壊され，そして近代の国家観の基礎が作り出された．中世において，法学そのものの領域では，国民的な法学の芽生えが十分育たなかったから，中世のドイツ人は，本質的にもっぱら受け身的な態度ですませた．しかし彼らは，創造的な精神をもって政治・公法学理論の形成にすでに対等に参与していた．そして 16 世紀をとおして，また 17 世紀のはじめには，多様な方向に分化　【GA2】

13

していく国家学の動きにつれて、ドイツ人はほとんどどこでも第一線にいた。宗教思想の影響はいうまでもないが、近隣諸国におけると同様ドイツでも、今や、独立した法学が花開いた。それは、徐々に実定国家法を完成させた。いたるところで、文献学的歴史学的に国家論を深めようと研究され始めた。人文主義者の古代模倣的な政治的著作、統治術の実際的な手引き書の作成、政治的な時事問題の議論、こうしたことがどこでも熱心に行われた。この点でとりわけ目立ってきたのは、独自な自然法論であり、それと同時に抽象的哲学的国家論であった。

16世紀の論争、「モナルコマキ」とアルトジウスの『政治学』(1603)

【GA3】 かくしてドイツも、中世におけると同様、今や大きな政治学的論争にきわめて活発に参与するようになった。特に、この領域では、16世紀後半に燃え上がった国家権力の真の主体をめぐる論争が、しばしば反響を呼んだ。そしてますます絶対主義に舵を取って勝利を収める傾向からすれば、フランス人ボダンと同じ主張をする人は他にいなかった。それに対抗する人民主権論は、その体系的な完成と学問的にきわめて重要な説明とを、ドイツの法学者から学んだのである。このドイツ人が、他ならぬヨハネス・アルトジウスであった。

アルトジウスは、1603年ヘルボルンで体系的な方法を使って『政治学』の教科書を出版した。その名前の下に、彼は一般国法学も理解していた。この著書は、形式的にみて、厳密に体系的で完全ないわゆる「政治学」を叙述しようとしたきわめて古いものである。しかし注目すべきは、その内容である。彼は、その書物のなかで、過去数十年にわたりとりわけフランスの内戦中に登場した政治学者の見解に全面的に賛成している。彼らは、契約違反の支配者に対する能動的な抵抗権を、人民主権の原理から革命的に引き出し、それによって、同時代の敵対者から、すでに「モナルコマキ」と呼ばれていた。しかし、彼らがこれまで戦闘的なパンフレットのなかで具体的な意図をもって語っていたとこ

【GA4】 ろに、アルトジウスは、整然とした抽象的な理論の装いをまとわせた。そして彼は、人民の主権的権利（Majestätsrechte des Volkes）の絶対的な不可譲渡性と根本にある社会契約の本質をさまざまに強調して説明した。このことによって、これまでの先駆者以上に幅広くかつ徹底的に、自分の理論を根拠づけた。

その説明ははじめてジャン・ジャック・ルソーにおいて繰り返された．しかもそれはしばしば驚くほど〔アルトジウスに〕類似している．

アルトジウスの政治的教義の運命，それに対する批判と『政治学』の影響

　アルトジウスの『政治学』は，いうまでもないことだがしばしばセンセーショナルであった．特にそれに反対したのは，もう1人のドイツの政論家ハルバーシュタット出身のヘンニング・アルニサエウス（1636没）であった．彼は，支配者の権利は不可侵であるという長い論争的な書物を書いた．フーゴー・グロティウスはアルトジウスの名前も反対者の名前も掲げてはいないけれども，詳細に，アルトジウスの『政治学』で提起された根本的な命題に反論しようとした．〔このように〕多くの政治・公法学者が，以前においても以後においても 【GA5】アルトジウスの『政治学』の基本思想を攻撃した．しかしながら，それにもかかわらず，この著書は，すでに8回出版されたことが示すように，著しく普及し，少なからぬ影響を及ぼした．簡略に編集された政治学の若干の教科書は，例外なくアルトジウスの学説を再生産した．基本的に異なった傾向の多くの政治学的著書のなかに，アルトジウスの著書の重要な命題が割り引かれた形で浸透していった．アルトジウスの著書は，実定的なドイツ国家法の文筆家によって，国家法の根本概念を論じる際に無造作に利用され引用された．その結果ド 【GA6】イツ帝国の国家権力の法学的な論述に直接的な影響を与えた．客観的にはそれほど徹底しているわけではないにもかかわらず，非常に多くの書物がフランスやイングランドで刑吏の手で燃やされた．しかし，アルトジウスの著書は，決して，公権力の側から何らの攻撃も受けなかった．これは，多くの点で著書の純粋に学問的な形式のお陰であったが，しかし，ある点で，30年戦争以前のドイツで通説であった比較的自由な精神に由来していた．

17世紀半ば以降のアルトジウスへの言及

　17世紀の中頃になって初めて，まさにアルトジウスはあらゆるモナルコマキのなかでもきわめて破壊的でその『政治学』は燃やすに値する書物であると断言する声が聞こえるようになる．とりわけ，ヘルマン・コーンリングは彼の多くの政治学の書物のなかで，アルトジウスの書物をきわめて厳しい表現で断

【GA7】罪する．特に彼は，ナーマン・ベンゼンによって支持された最高権力の主体に関する自らの論文のなかで，アルトジウスは国家を危うくする暴動理論の体系家であると叫んでいた．そしてコーンリングは，ベンゼンが書いた特別な支持論文に完全に賛意を表明した．この支持論文のなかで，たしかにベンゼンは，コーンリングの論文を擁護し，なかでもプロイセンのヨハン・フィヒラウの書いた反論書に反対を表明し，アルトジウスへの断罪を支持した．同じころ，ペーター・ガルツは，その信奉者全体のなかでもユニウス・ブルートゥスとアルトジウスをきわめて悪質な扇動者として描いている．その『ピューリタン的な信仰と統治の規則』（ライプチヒ，1650）のなかで，人民主権論を長老派の迷える精神の産物として詳細に攻撃していた（138頁以下）．彼自身は，彼らのまばゆいほどの論証に青年期に魅惑されたことがあったそうである（197頁以下）．激越なほどに，ヨハン・ハインリヒ・ベツラー（1611-1672）は，アルトジウスの著書をモナルコマキのなかできわめて有害な産物として断罪し，その著書はいかなる学校でも許されるべきではない，むしろ炎に渡されるべきだといった．ウルリヒ・フーバー（1636-1694）も，考え方の自由な，しかし，穏やかな『国家法』[1]（ライデン，1674）という書物のなかで，慎重にしかしはっきりと，アルトジウスの基本原理に反対している．彼は，明らかに人格的きずなを

【GA8】敬虔に顧慮して，あらゆる鋭い言葉をこの際押さえているけれども．同様に18世紀には，この厳禁された著書は，ドイツとフランスの学者によってモナルコマキのきわめて重要な体系としてしばしば引用され攻撃され，ついにその世紀の半ば以降近代的なイングランドとフランスの人民主権論の明瞭な出現以前に完全に見えなくなる．

忘れられゆくアルトジウス

それ以来，アルトジウスの著書は忘れられ，今世紀の活発な歴史研究によっても忘却から救い出されてはいない．たしかに，政治理念史のなかのところどころで数行程度述べられることはある．しかしながら，まさに，この領域に捧げられたきわめて広範囲できわめて重要な著書のなかでさえ，アルトジウスに

【GA9】関して深い沈黙が支配している．いずれにしろ，誰も，このほこりだらけの著書をもっと詳しく調べることに，骨折りがいがあるとは思ってもいないようで

第1章　ヨハネス・アルトジウス

ある．

アルトジウスの著書の意義

　こうしたことにもかかわらず，調べるべき理由は十分ある．本当は，いわゆるモナルコマキ論と世界を揺り動かす社会契約論との間には直接的な連続性が潜んでいたのではないか！　ルソーは，危険な飲み物を醸造する酵母が全体としてもう出来上がっているとみた．彼はかき混ぜることだけを行ったのである．そして火のような言葉を付け加えて酔わせる力を強めた．しかし，彼の用いた酵母の内，非常に重大な部分は古くからの人民主権論によって提供されている．その他のある部分は，グロティウス以来作り上げられてきた自然法論の枠のなかで，すでにシドニーとロックによって人民主権論と融合された自然法論に由来する．さらに残りは，とりわけルソーによって革命の言葉に翻訳されたホッブズの絶対主義の理論に由来する．

　しかし，それだけではない！　ルソーの社会契約は，多くの根本的で優れた思想においてまさにアルトジウスの『政治学』と注目すべき一致を示している．この思想は，一般的にも，同じく鋭い言い方においても，他の先駆者のなかにはみられない．そのために，高度の蓋然性をもって，ルソーは当時フランスでも周知のアルトジウスの著書を読んでいたし，利用したといえる．たしかに，ルソーは引用を嫌い，異なる思想を造り変えるその能力によって，こうしたことの厳密な証明は難しい．しかし，とらわれずに2つの著書を比較する者は，ここには偶然以上のものが働いているに違いないという印象からほとんど逃れられないだろう！……

　しかし事情はどうでもよい．以下の記述がおそらく示すように，アルトジウスの書物はたしかにそれ自体として注目に値しないわけではない．さらに付け加えるべきことは，この個性的で才能豊かな人は法学の歴史に対しても一定の意義ある扱いを求め得るということである．こうして，その霊を呼びだすことは許されるだろう．【GA10】

アルトジウスの生涯

　彼の外面的な人生の運命は，概略しか知られていない．それについてもっと

詳しく調査することは，本書の範囲を越えている．われわれの目的にとっては手に入る情報を簡単にまとめれば十分である．

出生と教育

　ヨハネス・アルトジウスの家名は後代にはアルトウス（Althus）と訳されたり，アルトウゼン（Althusen）と訳されたりしているが，おそらく，アルトハウス（Althaus）とも言われた．彼は，1557年にヴィトゲンシュタイン＝ベル【GA11】レブルク伯爵領のディデンスハウゼン村で生まれた．彼の素性，青年期，学歴についてこれ以上確実なことは知られていない．彼は，バーゼルで勉強し，そこで，はじめに得業士（リツェンティアート）の学位，その後に法学博士の学位を得たようである．しかし彼は，ジュネーブでも，1585年以来教授として活動していたディオニジウス・ゴドフレドウスの下で法学教育を完成しようとしたと推定する理由もある．さらに彼は，ジュネーブで，カルヴィニズムの精神に深く捉えられていたであろう．その精神は彼の全活動に現れている．

ヘルボルンでの活動

　1586年アルトジウスは，ヘルボルンのナッソウ大学から招聘を受けた．この学校は，それまではもっぱら改革派の教職養成のために設けられていたが，それからは法学部創設によって拡張されることになっていた．ヘルボルンの最初の法学教授として彼はその年のクリスマスにローマ法に関する講義を行い，翌年には，その講義を哲学分野にまで広げた．1589年11月，彼は，ディレンブルク伯爵官房の一員にもなった（彼のこれまでの80レーダーグルデンの給与は100レーダーグルデンに引き上げられた）．1594年，彼は，教師としてシュタ【GA12】インフルトのギムナジウムに赴き，しかし，数ヶ月後には，ヘルボルン大学に戻った．なお同年大学はジーゲンに移転したのでそこに移り住んだ．1599年大学が大部分再びヘルボルンに移転したとき，彼は，2人の同僚（ウルナーとノイラート）とともに，ジーゲンにとどまった大学の人たちの味方をして残留した．その間に結婚した．市参事会と市民に支持された同僚の抗議にもかかわらず，彼はまもなく，再びヘルボルンに呼びたいという君主の希望に従わざるを得なかった．彼と行動を共にしていた法律家マッテウスだけは，ヘルボルン

に行って職責を遂行することは出来なかった．ヘルボルンで，1599年アルトジウスは学長職につき，1602年2回目の学長職を果たした．

エムデン市へ

　彼の生活環境が完全に変わったのは1604年であった．その年，彼は法律顧問として，エムデン市の招聘を受諾した．彼は死ぬまでこの地位を忠実に守った．彼はライデン大学の招聘を断った．それからフラネカー大学は，彼に1606年最初の法学教授職と，当時では輝かしい1,000グルデンの給与も提示し，何度も交渉を重ねたが，彼はその招聘も断った．法律顧問としての立場で，彼は，たえざる熱意と燃えるような活力をもって，活気にあふれた東フリースラントの商業都市〔エムデン〕に仕えた．そしてその自由と独立の戦いのなかで，自分の主張した政治理論を実現しようと努めた．東フリースラントの伯爵と諸身分の間の長い争いのなかで，そしてその争いが進むなかで，特にエムデン市は，自己の君主に対してよりもオランダ連邦共和国にしばしば親しい関係【GA13】を保持し，オランダの保護を受けて時にはまさに独立共和国のようにふるまった．そのために，アルトジウスには，その理論的精神をもって実践的な活動をする機会がないことはあり得なかった．実際彼は，その職務に就いている全期間，君主や騎士身分に対して，改革派の信仰告白，ラント法，市民権，これらを擁護する戦いのなかで都市政治学の中心人物であったようにみえる．彼は，都市のなかで高い尊敬を受け，たびたび都市の使節を引き受けた．メンゾ・アルティングの指導を受けた改革派の聖職者の間で特に愛されていた．1627年には，教会会議の長老にもなった．1638年8月12日，81歳で死去し，多くの子孫を残した．

アルトジウスの著作／『政治学』

　アルトジウスの著作のうちで，ここでまず始めに興味を起こさせる政治学に関する著作は，前述のように，1603年ヘルボルンでクリストフォロス・コルヴィヌスから出版された．そのタイトルは次のようである．ヨハネス・アルトジウス両法学博士著『政治学——体系的に順序正しく論じられかつ聖俗の模範に基づいて説明される．そして，それには最後に，学校の有益性，必要性，伝

【GA14】統に対する賛辞が付けられる』(2).著者は,当時まだ教授職についていたが,いかなる政治的事件にも巻き込まれてはいなかった.それゆえに,純粋に理論的な仕方で,具体的な党派的意図もなく,自己の観点に立っていた.しかし,法律顧問の前任者ドティアス・ヴィアルダが,民衆運動に関わらなかったまさにそのために職を解かれたことによって,『政治学』で表明された心情のゆえにアルトジウスはエムデンに招聘された,この話は非常にあり得ることである.翌年,アルトジウスは,著書の相当大幅な改訂と増補を行い,こうして実際彼の新しい実践的な立場の影響が現れてきた.グローニンゲンで1610年に出版された第2版は,いっそう重要な改訂を受けたが,多くの点で体系の改正をはかり,またそれまでになされた攻撃に対し詳しい反駁も示している.それだけでなく,まったく新しい多くの節および文言を付け加えている.これらの節と文言は,東フリースラントと近隣のオランダとの諸事情によって明らかに呼び起こされ,ある点でエムデン市と東フリースラント伯爵とのシュワーベン紛争に直接ねらいをつけている.その他にも,歴史的な挿入や実定法的な挿入の箇所が数多く増えている.こうした第2版と,補遺と比較的新しい参考文献目録によって増補されたにすぎない第3版とは本質的に一致する.この第3版は,ヘルボルンで1614年に出版された.1617年にアルンハイムで第3版として出版された重版もある.これは,しかしながら,1610年のグローニンゲン版を再版しているにすぎない.1625年第4版のタイトルの下で,同書は,1614年版の形で,著者の生存中にもう一度ヘルボルンで出版された.彼の死後,同書

【GA15】は,さらに,1643年にライデンで,1651年にはアムステルダムで,1654年にはヘルボルンで印刷された.

法学論文とその他の論文

『政治学』の他に,アルトジウスは数本の法学論文も書いた.そのなかで2本の論文は,市民法全体を体系的に叙述した.その最初の1本は,1586年にバーゼルで次のようなタイトルで出版された.『ローマ法学2篇——ラムスの体系的な規則にならって構成され,その規則にならった図表に従って説明される——』(3).それは,多くの人に利用され教科書として何度も版を重ねた.その完全な改訂からアルトジウスの法学的な主要著書が生まれ,ヘルボルンで

1617年に印刷され，フランクフルトで1618年にまた1649年にも印刷された．すなわち，『権利と裁判——われわれの使用するすべてのあらゆる法を体系的に概説する3篇，および，現在の法〔ローマ法〕とユダヤ法の比較，図表の添付，3篇の索引付き．……理論と実践にそして他の学問をする学生たちにきわめて有益な書物——』[4]．彼の他の法学論文は，個別的な法の素材に関わり，ここではこれ以上関心を向ける必要はない．

最後に，アルトジウスの実践倫理の体系が知られている．それは，彼の従兄弟のフィリップ・アルトジウスが次のようなタイトルの下に1601年ハナウで出版したものである（第2版は1611年）．すなわちヨハネス・アルトジウス閣下著『市民の交際2篇——体系的に順序正しく論じられかつ聖俗の模範に基づいて区別なく説明される』[5]． 【GA16】

これらすべての著作において，アルトジウスは抜群の法学的神学的人文主義的哲学的教養を示している．法律家として，彼は完全に同時代の頂点に立っている．そしてとりわけ，優雅なフランス学派の著作に造詣が深くずば抜けている．神学的な点では，彼は，厳格なカルヴィニストとして，特に他のもの以上に旧約聖書を好ましく思っていた．そして包括的に，古代ユダヤの制度を研究範囲に入れている．彼の人文主義的傾向は，ローマの文献以上にギリシャの文献に基づいた古典的教養に現れている．それゆえに，彼もまた，無数のギリシャ的表現の広まっている時代の好みを追っている．哲学的な点では，彼は，ラムス[6]主義学派の信奉者であると公言し，とりわけ論理学と倫理学を追及している．また彼の歴史的知識は大いなる範囲に及ぶが，彼には独自な歴史的批判が，そしてさらに深い歴史的洞察があるわけではない．

アルトジウスの精神的人格の一般的な特徴

アルトジウスの固有な精神的能力は，議論に強く体系化をはかる非凡な才能にある．彼はとても無理な素材でも意のままに純粋に論理的な仕方で得られたパターンのなかに取り込む．彼は生まれつき急進的な理論家である．同じほど才能のあるすべての人々と同様，彼も，深いよりも明快であり，〔また〕賢明であるよりも鋭敏である．彼の考えはしばしば非常に大胆ではあるが，味気ないところもある．すなわち，熱烈なファンタジーのために道を踏み外すことは

【GA17】ない．しかし，一面的に論理を貫きがちな悟性のために行き過ぎが起きる．内側よりも外側に向う精神のために，独自な思索には縁がない．彼はあらゆる注意を払って，一方では教授方法の問題に取り組み，もう一方では公的および私的生活における実践的態度の問題を取り扱っている．彼の意見は，どこでも，精力的で火の燃えるような性格の影響をみせる．彼の本質である並外れた能動性は，彼がその著作の改訂と完成に携わったそうした止むことのない熱意で実証され，また彼の激しくしかししばしば輝かしい論戦の力において示され，彼の法体系の独自な構築にいわば客観的に映し出される．彼の観察するところでは，その法体系は人間の生きた活動の概念に基礎づけられ，そして個々のあらゆる法制度も法的関係を形成する人間の行為の観点の下に置かれる．彼の書き方は，生き生きとしており，明快であるが，回りくどく，同意語を重ねてわずらわしいことさえある．しかし，奮い立たせるところでは，彼は修辞的に巧みに情熱を傾ける．

第2章

アルトジウスの政治学

『政治学』の各版の献辞と序文,とりわけ人民主権の原則の強調

　はじめにアルトジウスの『政治学』の内容を検討してみよう．著者自身がす　【GA18】
でに第1版序文で，全体系を紹介しながら，人民主権の思想の貫徹を著書の主
要な特色であると述べている．

　彼は，自分と親戚関係にある親しい2人の実務法律家への献呈の辞のなかで，
その研究の計画と方法を説明し，その難しさを述べ，その弱点のいいわけをし
ている．「なにより私は，完全で純化された，厳密に論理的に整理された政治
学の体系を作ろうとしている．その上，一方では，従来の神学，倫理学，法学
の混交を排除することが必要であるが，他方では，神学，哲学，法学によって
奪われた政治学の素材をもう一度取戻さなければならない」．研究においても
実践においても，いうまでもないことだが，さまざまな学問は互いに分離され
ないし，その上，一緒に扱われるはずである．それに対して理論は，その内的
な関連を無視することなく，その間にたしかな境界を引き，それを守るはずで
ある．どの学問も，その学問に固有な手段によってそれに固有な問題しか解決
出来ない．先決問題の解決は別な学問から受け取らなければならない．そのよ
うに，哲学と神学が自然の倫理法則と啓示された神の律法を確定しなければな
らないから，政治学にとって，哲学と神学は根本的な学問である．しかし，道
徳とりわけ十戒を社会生活に応用するのは政治学の仕事である．逆に政治学は，
しばしば，法学の基礎を据えなければならない．というのは法学の目的は，法
（jus）を事実（factum）から引き出すことであり[1]，獲得された規範にしたが

【GA19】って人間の行動を法的に判断することだからである．しかし，生活の出来事の知識そのものを法学はそれ自体のうちから汲み取るのではなく，別な学問から得る．それに対して政治学の目的は，社会と社会生活を合目的的に制度化し維持するために議論することである（「それは，結合体あるいは人間社会そして社会的生活が，私たちの利益のために，これ自体に役立ち，有用で，必要な手段によって制度化され維持されるためである」(ut consociatio, humanave societas et vita socialis bono nostro instituatur et conservetur mediis ad hoc ipsum aptis, utilibus et necessaries)[2]）．それゆえに政治学は，法を初めに作り出す根本的な出来事の1つを取り扱っている．したがってアルトジウスは，一方では，ボダンとグレゴリウスが国家論の叙述のなかに純粋に法学的な問題を引っ張り込んでいると非難し，他方では，われわれが今日いうように，法律家が一般国法学をも扱うのは法律家の行過ぎであるとみている．彼自身が述べるところによれば，この争点になっている分野は，「主権」(majestas) すなわち統治権 (Staatsgewalt) の発生，本質，構成要素を探求する．ただ主権的諸権利 (Majestätsrechte) と，それに関して人民と支配者の間で結ばれた契約から個々の権利関係を演繹すること，これを彼は法学の課題としている．その上で彼は，「主権的諸権利と主権の諸源泉」(jura et capita majestatis)[3]に関する理論がまさに固有に，政治学そのものの主題であり根本テーマであるといっている．この理論によって政治学は立ちもし倒れもするのである．政治学のこの理論を取り戻すことが，なによりも彼の関心のあるところである．

　ここで今や彼は，明らかに，とりわけボダンによって述べられたような通説から根本的に離れている．というのは，わずかな同志と共に，彼は，主権的諸権利を，支配者ではなく完全に人民に与えているからである．主権的諸権利は，社会的団体（共に生きる人々の体 (corpus symbioticum)[4]）には不可欠であり，もっぱら固有なものである．主権的諸権利は，団体の精神，魂，命の息吹である．団体がそれらを所持しているときだけ，団体は生き，それらが失われれば滅びるか，それともやはり「国家」(Respublica) の名に値しないものになるかである．その管理人は，もちろん最高執政官である．しかし，その所有権と用益権は，分離されることなく全体としての人民に（人民全体に，結合体全体に，王国そのものに）[5]ある．実際，人民がそれらを放棄し，他者に譲り渡し委

ねようとしても，人民はこうしたことを決してなし得ないほどに，それらは人民に固有である．それは，誰でも自分に固有な命を他者に分け与えることが出来ないのと同じである(6)．人民は，考えられる唯一の主権の源泉（Quelle）で 【GA20】
あるだけでなく，考えられる永続的なその唯一の主体でもあり，その不死性において主権を維持し守る．しかし，こうして委託された者が脱落するやいなやあるいはその権利を失うやいなや，その行使も人民は取戻しそれを新しく授ける．このような権利の性質は，個人のそれらに対する一切の取引と一切の所有を排除するから，すでに，そのような所有の簒奪によって，支配者は，自ら支配者であることを止めて，私人かつ専制君主（Tyrannen）になるのである！

こうした人民主権に関する叙述を，アルトジウスはその『政治学』第2版序文のなかに，本質的でない改訂を加えながら取り入れている（続く版でも繰り返している）．その叙述は，しかし，さらに多くの省略と変更をうけた表現でいっそう鋭く現れているだけでなく，とりわけ「フリー河とラウヴァー湖の間のフリースラントの貴顕な方々」への念入りな書簡の献呈と関連付けられる．アルトジウスは彼らに向かって弁論巧みにこう呼びかけている．「フリースラントその他のオランダの自由はこの基礎の上にある．そして連合地方が，全人民のためにスペインからの輝かしい解放をとおして打ち建ててきたもの以上に，この思想の正しい，賢明な，力強い具体化の輝かしい事例は存在しない」．

アルトジウスは，そのように最初に言及された計画を実際忠実に守った．彼 【GA21】
の鉄のごとくどこまでも貫く人民主権論は，一貫して社会的組織体(ソツィアーレス・ゲボイデ)を成り立たせる中心をなしている．この組織体を彼は今や下からそして内から築き上げる．

社会的団体一般に関する理論，契約の原則，そして連邦主義的な構成の原則

第1章において，彼は，まず政治学の対象として，人々が結合し社会生活を形成することを叙述し，その後で「結合体(コンソキアティオ)」一般の本質を扱う．彼はここで，後のすべての叙述にとって決定的な図式を提示する．結合へ駆り立てるものは必要性である．つまり，結合それ自体は，黙示的契約あるいは明示的契約によって行われる．契約によって，その参加者は生活の仲間（共に生きている人々）になる．彼らは，社会生活にとって有用なものと必要なものの共有化(フェアゲマインシャフトゥング)（共に与ること（communicatio）(7)）のために相互に義務を負っている．

共有化(κοινωνία)は，事物，職務，権利(Sache, Dienste und Rechte)に及ぶ．それは，2種類の社会規範(結合体の法(leges consociationis))によって統制される．第1に，共有化の法(leges communicationis)は，その共有化の内容と限界を定めなければならない．第2に，行政法(Verwaltungsgesetze)(指導と統治の法(leges directionis et gubernationis))は，共有となった諸領域の行政を定めなければならない[8]．その際どの団体にも，その個別法(lex propria)が妥当し，しかし，すべての団体に，支配者と服従者の区別を前提とする共通法(lex communis)が妥当する．支配は，全体の福祉のために奉仕し配慮し，服従は，保障された保護と庇護に報いるものである．すべての支配に対すると同様すべての結合の動力因は，関与者の同意であり，最終目的は共通な幸福である．しかし，その最終的な根拠は，自然のなかに啓示されるように神の世界秩序のなかにある．

団体の分類とその階層性

以下の章で，著者は結合体の諸形態を扱う．すなわち，家族，団体，共同体，地方，国家である．ここで彼は，常に，規模の小さい下位の団体から規模の大きい上位の団体を発生させ，こうしたことが自然で歴史的な関係に唯一応える方法であると繰り返し強調する．というのは，このような階層性において発展が行われたからであり，すべての上位の団体は，規模の小さいもろもろの団体に基づいているからである．後者なしには前者は存在し得ないが，後者自体には前者がなくても生きる力がある(たとえば第39章第84節参照)．いかなる団体のあり方においても，まず彼は，結合したものの全体がその主体であると常にみなし，その共同体的領域を決定しようとし，それから代表者と長による行政を論じている．すべての論述の終わりをなすものは，聖書と世俗の歴史からの豊富な事例と説明である．

【GA22】　彼にとって団体を分類するその上位概念は，単純な私的な結合体(consociatio simplex et privata)と混合した公的な結合体(consociatio mixta et publica)の区別である．前者は，個々人を特別な共通な(peculiare commune)利害のために結合するものであり，後者は，単なる団体を全面的な政治的共同体(politeuma)に集約するものである．

第2章 アルトジウスの政治学

家族と団体

　私的結合体について，アルトジウスは，最初に，いくつかの一般原則を立てる．その原則に基づいて彼がみるところでは，この結合体は，あくまで，共通な意志によって支配され確立した秩序にしたがって管理される1つの法的領域をもち，1つの全体人格をもっている一体的な団体（コルポラティオーン）である（第2章第2〜13節）．さらに彼は，それを家族（Familie）という自然的必然的な結合と，団体（Korporation）という市民的自由意志的な結合に分類する．家族には，特に倫理的経済的な機能を託す（そのために，これによって経済的職種が述べられる．同第14〜36節）．個別的には，詳細に，婚姻共同体（ゲマインシャフト）（同第37〜46節）が，そしてより大きい家族団体（フェアバント）が論じられる（第3章，その際貴族についても）．

　団体（コルポラティオーン）（仲間の結合体）は，1つの団体としてまったく自由に結合したり，自由に解消したりできるものであると説明される．その体（ケルパー）では，全体が，共通法の担い手であり，しかしながら，長を選び，指導を託し，選ばれた長はこうして個人に対する権力の権限を受け取る（長は「1人ひとりより大きく，仲間全体より小さい」(major singulis, minor universis colleges)[9]．契約に基づいてより緩やかにあるいはより厳格に，事物，職務，権利，心情・思想（Sachen, Dienste, Rechte und Gesinnung）について共有化（フェアゲマインシャフトゥング）が実行される．事物の共有化（communicatio rerum）（第4章第8〜11節）は，団体構成員の財産，分担，収益権に及ぶ．奉仕の共有化（communicatio operarum）（第12〜15節）は，長と法律顧問の職務，一連の奉仕，構成員の職業活動の指導，審査制度等々において表される．共同体（ゲマインシャフト）の法は，団体の自治（コルポラティーフ），裁判権，刑罰権，決議を造り出す（第16〜22節）．最後に，好意の共有化（communicatio benevolentiae）として，倫理的社交的一致は団体（フェアバント）を完成させるにちがいない（第23節）．こうして団体の種類（コレギア）について論じたので，その中身を概観すれば，ユダヤ人，ローマ人，エジプト人，ギリシャ人，ガリラヤ人，ドイツ人によって団体（コルポラティーフ）が構成されている．最後に，その当時の国家では，たいてい，諸身分（シュテンデ）はそれぞれ「一般団体」（collegia generalia）として区別される．そして教会と世俗の当局，さらにツンフトと同業組合は「特殊団体」（collegia specialia）として区別される．

【GA23】

政治的共同体

「公的結合体」すなわち政治的共同体(ゲマインヴェーゼン)を，アルトジウスは，「全体的なもの」(universitas)と説明し，それゆえにロザエウスを引き合いに出しながら，まず「全体的なもの」(特に万民法によるその発生，そして構成員が入れ替わりながら〔も〕その同一性のあること)に関する一般妥当性の原則を述べた(第5章第1〜5節)．しかしながら，さらにそれを定義して，特殊的な公的結合体と全体的な公的結合体に分類する．

共同体

特殊的共同体(ゲマインヴェーゼン)として，彼は，第1に，場所的団体(フェアバント)(ある意味で全体的なもの(universitas))を論じる．最初に共同体の構成と編成，市民権(ゲマインデ)の概念・獲得・種類，市民を当局と臣民に区別することを語る(第5章第8〜27節)．彼は，はじめから，1人であれ団体的であれ，すべての共同体の長を，選挙によって召し出され且ついつでも罷免される，あらゆる〔人民〕全体の権利の管理者だといっている．この管理者は，たしかに個々人に関する権利を獲得するが，決して全体に関する権利を獲得するわけではない(jus in singulos non in universos cive)[10]．そのために，市民が長に忠誠を誓いながら，自らは市民全体に忠誠宣誓を行う．同じ思想をアルトジウスは，さらに個々の地域団体(フェアバント)にも貫いている．そのようなものとして，彼は，まずはじめに，地方共同体(ゲマインデ)を，村，地区，城市の3種類で述べる(すなわちおおよそ村，教区，市場町)(第28〜39

【GA24】節)．さらに都市の参事会を詳細に述べる(第40〜84節)．そして個々の都市(帝国都市，ラント都市，混合都市，首都，姉妹都市)(第6章第1〜14節)の特別な立場も論じる．続いて，彼は共同体の考察一般に戻り，市町村の社会共同体化(フェアゲゼルシャフテング)(市民による共有化)の内容を分析し，そのなかに国家的共同体(ゲマインシャフト)の「小宇宙(ミクロコスモス)」をみる(第6章第15〜47節)．社会的絆は，再びまず始めに，事物の共有化を造り出す．そこでは，共同体の事物は，事物の一般的な図式にしたがって，精神的な使用と世俗的な使用のために分けられ，両者は，特殊的な全体の事物と全体の財産[11]に区別される．職務の共有化もある．その共有化から，政治の職務，教会の職務，建築の仕事，守衛の仕事，軍役，産業・商業・農業の職業労働が生じる．さらに法の共有化から，自治的な法

団体・裁判団体（フェアバント・フェアバント）としての共同体の特性が生まれる．締めくくりをなすものは，ここでも仲間（ゲノッセン）の内的で倫理的な結合（協調・共感の共有化）である．共同体（ゲマインデ）がつくられると，それには管理が必要になる．管理は，全体の委任に基づく．しかし，従属的な共同体（ゲマインデ）の管理は，上級当局の協働なくしては成り立たない（第48～52節）．

地　方

　第2番目の「特殊な政治的結合体」として，アルトジウスは，地方の全体的な団体（universitas provinciae）を論じる．地方（provincia）を，彼は，大きいがしかし従属的な領域の団体（フェアバント）として定義する（第7章第1～2節）．地方的共同体（ゲマインシャフト）の内容を彼は，包括的な教会的，政治的，経済的，社会的単一体（アインハイト）の意味で定義する（第7章第3～64節）．しかし彼は，地方法の行政に関して以下の原則から出発する．すなわち，行政は，地方の構成員と長の共同によって執り行われる（第8章）．要するに，彼らが地方全体になる．地方の構成員は，「ラントの諸身分」である．彼らは，教会の身分と世俗の身分に分けられる．宗教上の身分は，改革派のモデルにならい，長老会，クラシス教会会議（Klasssical-Synoden）[12]，地方教会会議によって組織される（第8章第6～39節）．世俗の身分は，「騎士身分」「都市市民身分」「農民身分」に分けられる．それぞれが，固有な働きをもっている（同第40～48節）．もちろん，多くの地方では，「農民身分」（Hausmannsstand oder Bauernstand）は認められなかった．彼は，このことを激しく嘆いている（第40節）．すべての身分が，代表者の選出をとおして代表団を形成する．それは，その身分の利害自体のために，また他の代表団と団結して一般的なラント議会で，地方全体の問題に配慮しなければならない（地方の社会生活の事務における管理）[13]（第49節参照，ラント議会の組織については第66～70節）．諸身分にとって地方の長と思われるものは，「地方長官」あるいは伯爵である．彼はまた同時にいくつもの地方を管理でき，公爵，君主，辺境伯，方伯とも呼ばれる．彼は，職務を帝国の「最高の命令権者」から託される．しかし，その命令権者に服しているとしても，主権的な権利を独立して行使する．彼は，「最高執政官が王国においてなすと同じ程度にその地域でなしうる」[14]（第50～55節）．地方の長には，地方の最高の指導権と諸身分

【GA25】

の召集権がある（第56～71節）．彼はしかし，諸身分の同意なくして重要なものは何も有効に行うことは出来ない（第50節）．そして職務怠慢の場合には，諸身分全体に，離反の権利（Recht des Abfalls）がある（第92節）[15]．アルトジウスは，最後に，ユダヤ人，ローマ人，ガリア人，ドイツ人のそれぞれの地方の歴史的実例を取り上げている（第72～91節）．しかし，直ちに明らかになることだが，彼のいう「地方」とは，完全にドイツの地域であり，特に東フリースラントが可能な限り民主的に正しく支えられることが考慮されている．

国　家

　さてようやく彼は，国家（Staat）（政府，支配権，王国，人民，共和国（politia, imperium, regnum, populus, respublica））に目を向ける．彼によれば，国家[16]とは，「多くの都市と地方が，事物と奉仕の相互的な共有化のために，また相互的な活動力と費用のために，王国の法を保持し，組織し，執行し，保護するために，自らの義務とする，そのような全体的な公的結合体」[17]（第9章第1節）である．その構成員は，個人でもなければ私的な団体でもなく，都市と地方である．これらは，その結合と　共　有　化（フェアゲマインシャフトゥング）によって1つの体（Ein Körper）を造ることで意見が一致している（前出第5節）．その契約が国家の紐帯である（第7節）[18]．そのような完全な連邦的（föderativ）国家観に基づいて，特殊な連邦国家（Bundesstaat）概念が展開されているわけではない．そうではなく，狭義の緩やかな国家連合（Staatenbünde）の可能性やその連合議会（Bundesversammlung）の可能性が後で詳しく論じられる．

【GA26】

主権的権利とその主体

　国家の本質的な法（王国の法）は，「主権的権利」であって，国家を1つの首（アイン・ハウプト）をもった1つの体（アイン・ケルパー）にする（第9章第19～27節）．すなわち，それは，「一般的に王国あるいは国家の構成員の生命と身体の安全と保護に関わる事柄について決定を下す優越的な最高の全体的権力」[19]である．この主権的な統治権は，ボダンが正しく述べたように，肉の体における魂のように，それ自体単一で，分割できず，分配できない（einheitlich, untheilbar und unmittheilbar）ものである．しかしながら，それは，ボダンが付け加えるように，決して最高

第 2 章 アルトジウスの政治学

権力ではない．というのは，それは神の権力に服しているからである．さらにそれは，たとえ強制の可能性と刑罰に関わって実定法に対して自由であるとみえるとしても，絶対的ではなく，法的制限に拘束されている．しかし，そのように制限された主権(マイエステート)は，いかなる王にも，いかなる貴族の集会にも属するものではない．人民は全体として主権を造り出しそれを保持する．個人はもちろん臣民であるが，しかし人民全体が支配するのである（「〔主権は〕個々の構成員ではなく，1つに結びあった全構成員と，王国に結合した体全体に属する」(non singulis, sed conjunctim universis membris et toti corpori consociato regni competit)[20]）．パンデクテン法学でもそのようにいわれている．すなわち，「全体に義務づけられることは，個々人には義務づけられない」[21]．そのように，物理的な体は，全体的なものとして，その全ての構成員を統治する．主権に関する取扱は全て，それゆえに「共通な同意をした全員」[22]によって執り行われなければならない．〔人民〕全体は，主権的権利を，もちろん譲渡することはできないし，細分化することもできない．しかしながら，全体は主権的権利の行使を委ねることはできるし，いくつもの主体に分配することもできる．というのは，そのように執行をいくつかに分けても，真の上級者たる人民に留まり続けている分割されない主権(シュターツゲヴァルト)は，執行の分割とは全く関係がないからである．

主権の内容

こうした「王国の法」は，第1に，「共生的な一般的共有化」（communio symbiotica universalis[23]）を内容とし，第2に，その「執行」（administratio）において表わされる．【GA27】

アルトジウスは，まず最初に，国家において確実にされた生活共同体(ゲマインシャフト)全体の内容を述べ，それから，人民の個別的な高権を表現しようとしている．国家共同体(ゲマインシャフト)は，とりわけ以下2つの点で表される．1つは魂の救済を目的とし，もう1つは肉体的な幸福を目的とする．第1の点についていえば，国家共同体は，宗教，礼拝，道徳，学校に向けられた教会団体(フェアバント)である（第9章第31節以下）．第2の点についていえば，世俗的な共同体(ゲマインシャフト)として，それは，「世俗的一般的な主権的法」にしたがって一般的な規範を定め，これらの規範を報償と

― 31 ―

刑罰をもって執行する（第10章）．それは，「世俗的特殊的な主権的法」にしたがって，公共の福祉を促進するための具体的な活動を展開する（第11章第1節）．今述べた活動にも2つの性質がある．第1に，その活動は，社会生活のための実質的な手段を設けることに向けられ，商業，交通，貨幣，尺度，重量，言語のために共同体的な配慮を行う．特に，通常および特別の課税，負担，職務，職責を命じ，また特権を分配する（第11～15章）．第2に，その活動は，社会的団体と「共に生きる人々の団体」(symbiosis universalis[24])の保護に向けられる．こうしたことのために，まず役立つのは，「享受の共有化」(communicatio auxilii)である．この共有化は，一方では，水害，火災，その他危難の際の救助，裁判と警察の助力，外国に対する軍人による防御，こうした人的救援活動にみられ（第16章），他方では，公的財産を適切に維持し消費することのなかにもみられる（第17章第1節以下）．しかし，さらにそうしたことのために役立つものとして，一般的な帝国議会における「協議の共有化」(communicatio consilii)もある．この帝国議会では，きわめて重要な問題が多数決によって決定される（第17章第55～61節）．

主権の執行者

【GA28】　第18章では，アルトジウスは，国家的団体に由来する主権的権利の執行を論じる．彼はまず，当局一般を「一般的結合体の管理者」(administratores consociationis universalis)の観点の下に考察し，そして彼の根本命題の詳細な証明を始める．すなわち，どの統治形態にあっても，統治権力の担い手は，彼らが個々人に対して大きな権力を受け取ることができるのだが，しかし，主権を有する全体に服している．彼は，後の数章でこうした証明をなんども補っている．そして最後から2番目の章（第38章）において，専制君主に対する手続を述べる際に，改めて全紙幅を使って証明している．理性，聖書，実定法，歴史，これらから借用される彼の論拠は，大部分，すでに中世において展開され，そしてアルトジウス以前のいわゆる「モナルコマキ」によって発展させられた理由と同じである．しかし，決して独創的な思想がないわけではない．これとともに広範囲にわたる場所を占めているのは，一般に，熱烈なしかし洞察力に富んだ論争である．それによって，論争相手特にボダン，バーク

レー，アルニサエウスが論駁されている．

主権の執行者とその主体に対する関係／主権の執行者の種類

　アルトジウスの学説によれば，人民全体は，まさしく私法におけるあらゆる団体(ウニウェルシタース)と同じく，その全体的権利の執行者を立て彼らに委任を与え，彼らに選挙人による条件を提示し就任の宣誓をさせることができる（第18章第1～5節）．さらに，そのような執行者は，団体(コルポラティオーン)論の原則にしたがって，人民が自らは集会することも行為することもできないので，人民を代表し，それゆえに後見人の権利義務をもつ．しかし，まさに後見人として彼らは，被後見人のためにだけ存在し，「奉公人かつ僕(しもべ)」（famuli et ministri）であり，その受任者かつ代理人であるとみられ，他人の権利を取り扱い，自己の権利を取り扱うのではない．したがって人民は，時間的には，当局よりも先に存在し，当局の権力の源泉であるように，人民は，当局にとっては上役であり上級権力の担い手である（同第6～14，92～106節）．全体のそのような委任以外の関係は，しかし，正当な支配にとってはあり得ない．というのは，第1に，生まれつきすべての人は自由で平等であるから，何らかの権力にとって自由意志による同意とは異なる源泉は存在し得ないからである．したがって，正しい理性も神の言葉も，支配の存在を求めるとしても，しかし，同時に，全体意志によるその任命を必要とする（同第16～24節）．しかし第2に，全体は，たとえば委任することはできるけれども，主権的権利を譲渡することはできない．というのは，「主権的権利は，結合体から生じるように，互いに分離分割できないほどに，結合体につながっている．そしてなにか他のものには移転され得ない」[25]からである（同第15，84，104[26]，123～124節，第38章第125～129節）．非常に巧みにアルトジウスは絶対主義の擁護者の固有な武器をもって，自己の学説のこうした根本命題を弁護している．すなわち，彼らは，まさに，主権的権利を〔アルトジウスと〕同様に始源的に人民に内在させ，しかもなお，その権利を「分離できない，分かち合いがたい，あらかじめ書いておくことのできない権利」（jus individuum, incommunicabile, impraescriptibile）であるとしている．そのとおりならば，人民が譲渡契約を結んでいたとしても，主権的権利はまさしく人民に残り続けているのである．こうしたことから自ずと明らかになるこ

【GA29】

とは、すべての支配者は、たとえ、その職務において全人民を代表し、その「人格(ペルゾーン)」を表すとしても、人民以上にできることはないということである（第18章第26～27節）。彼らは、なお非常に自由な行政権力をもっているが、しかし、人民を所有権者として承認し（人民もしくは王国の体を主人として承認する）[27]、この主人（dominus）にとって最良のものだけを追求しなければならない（同第28～31節、第19章第2～3節、第38章第121～122, 128節）。彼らは、帝国の法律とその委任の制限にのみ拘束されている（第18章第32～40, 106節）。これらの限界を越えた場合には、彼らは「神と結合体全体の僕(しもべ)」であることを止め、一介の私人（privati）とみなされる。〔すなわち〕「その権力の限界を越える物事では、一介の私人に服従する義務はない」[28]（第18章第41～46, 105節）。しかしこうした制限は、統治権力の本質のなかに非常に強くあるので、「絶対的権力」の明示的な承認でさえもなにものも変えることはできない。絶対的権力は、自由が拘束のないことを意味しないと同様、恣意を意味しない。それはむしろ常に法的制限のなかに詰め込まれた権力に過ぎない。それを越えた命令は無効であろう。というのは、それは恥ずべきであり、不可能であり、自然法に反する[29]からである（第38章第128～130節）。

人民の代表としてのエフォル

アルトジウスは、いたるところで、2種類の管理者を取り上げている。すなわち、エフォル（Ephoren）[30]と最高執政官（Summus Magistratus）である。

【GA30】　彼は、いろいろな名称でどこにでもみられる、人民全体の委託とその名の下に人民の権利を最高支配者に対して履行しなければならない機関を、エフォル（第18章第48～122節）と名づけている。その機関は国家の大黒柱であり、そして国家の最高執政官を支えかつ法の制限のなかに閉じこめ、その欠員あるいはそれによる濫用のときにはその建物[31]を自ら支える。エフォルそのものは、人民の選挙によって任命される。しかし、彼らは世襲的に選任され、その任命は、まさに「人民の承認と恩恵によって」[32]君主あるいは貴族に委託される。常に彼らは、就任の宣誓を行い、全体の単なる代理者のままであり、多数をもって決定する団体(コレギウム)を構成し、そのような団体(コレギウム)として人民代表の「一般的職務」を果たす。特に、人民の委託と名において、最高執政官を選ばなければな

らない．その支障のあるときには，帝国摂政を立てなければならない．その空位期間中は，帝国の統治をしなければならない．それだけでなく，執政官に助言し，警告し，正さなければならない．さらに，あらゆる重要な行為については，無効を避けるためにその同意に与らなければならない．しかし，もっとも重要な事柄では，執政官がしなければならないことをエフォルが自ら決定しなければならない．さらになによりも，人民に留保されている権利を擁護し，あらゆる専制君主の攻撃には抵抗し，最悪の場合には執政官を罷免しなければならない．最後に，逆に，執政官の不正な攻撃も防がなければならない．人民代表団のこうした一般の職務の他に，個々のエフォルには特殊な職務もある．彼らは，その地方に限られた支配(33)をするのが通例であり，しかしこの際，最高執政官の監督を受ける．そのようにして生まれるのが，善きはたらきをなす「王とエフォルの間の相互的な監察と監視」(34)である．エフォル制度の多様な歴史的形態をみて最後に次のようにいわれる．この制度がないところはどこにもないと．しかしながら，もしそれがなければ，その機能のすべてが，全人民の集会で，直接，投票によって解決されなければならない．こうしたことに反するいかなる命令もいかなる企ても（praescriptio vel usurpatio contraria）(35) 事態を変えることは出来ない（第123～124節）．

最高執政官としての支配者

　国家の先頭にいるのは「最高執政官」である．彼は，「結合体全体の安全と利益に関する法にしたがって立てられ，その法を管理し，執行を命ずる」(36)（第19章第1節）．彼は，「最高」を「下位にあるものとの関係で」いっているが，しかし，「他者の権力」の「僕(しもべ)」（minister）である．というのは，彼によって執行されるすべての権限は，「結合体全体」に「固有に属するもの」（proprietas）だからである（同第2～5節）．彼と人民の関係は，「委任する結合体」とその「委任を受けた者」との，また誓約した者と義務を負わせる者との相互的な契約である（第6～7節）(37)．したがって，彼に人民が託していないものは，人民が留保している．しかし，人民は濫用の場合に取消しう得る限られた委託しかしていないはずであり，それしかできない．その結果，人民は，いかなる場合にも滅びることのない「主人」であり，多くのものについて「上位者」な

【GA31】

のである（第7～23節）．契約の形成には2つの要素がある．第1は，「王国の委託」をなす．それは，また「選挙」と厳かな「就任式」からなる（第24～107節）．人民の名においてエフォルにより団体的規則（コレギアール）にしたがって行われた選挙の際に，「誓約」の形式で，支配の条件が「基本法」（leges fundamentales）として定められる[38]．選挙は，完全に自由に行われるか，あるいは統治体制に制限される．たとえば，その制限は一定の国民性に制約され，あるいは人民によって定められた世襲法にしたがって行われる．いずれの場合でも，選挙は，統治体制を作る行為である．それは，支配者の権限を，神の意志にしたがって，それゆえに，たしかに神に由来する法として作り出すものである．支配者との契約の第2の要素は，臣民の側が服従宣誓を行うことによってつくられる（第20章）．かくして契約は完成する．一方から破られるまで，契約が支配者と人民を拘束する．もし人民がそれを破るなら，支配者はその義務を免れる．支配者がそれを破るなら，もっぱら「支配者がもし敬虔にかつ正当に命令するならという条件で」[39]義務を負った人民は，あらゆる契約上の義務から解放され，任意に，新しい支配者あるいは新しい統治体制を作ることができる（第20章第19～21節）．

【GA32】　以下の章では，アルトジウスは，そのようにして任命された執政官の「執行」を「帝国の法律にしたがった人民の主権的権利の執行」として論じている．

執行規範と執行分野

彼は，はじめに7つの章（第21～27章，第1版では第16～22章）で，執行の規範と基準を論じている．その遵守を「政治的英知」（prudentia politica）と要約している．この際，この種の多くの事例にならって，彼は，宗教的，倫理的，法学的，社会政策的な観点を結び合わせている．

さらに彼は，10章にわたって（第28～37章，第1版では第23～31章），個々の執行分野を扱っている．その執行は，とりわけ公的な問題と全体の公的財産の問題に向けられなければならない．以前行われた主権的権利の分割にならって，まず第1に，教会問題の執行は，学校制度を含めて，厳格に国教会の精神で論じられる（第28章）．それに続いて，法令の裁可と司法におけるその適用が議論となる（第29章）．さらに，「検閲」をする厳格な風紀警察（第30章）

が,「保持されるべき共感を得ようと努めること」⁽⁴⁰⁾のために少なからず干渉的な(特に分派,集会,団体(フェアアイン)を監視する)治安警察(第31章)が勧められる. 続いて,「社会生活の便宜上欠かせない手段の管理」⁽⁴¹⁾を論じるなかで,人民の経済活動も,そして租税,職務,官職の分配も論じられている(第32章). すぐその次に,非常に詳しく,「結合体全体の全体会議」「帝国議会」「普通帝国会議」(gemeine Reichsversammlungen),これらの定期的な召集の必要性が語られ,その会議の実定法的な形態が世界〔ヨーロッパ〕のすべての人民ごとに描かれ,とりわけドイツ帝国法にしたがって描かれている(第33章). 十分詳細に,平時(第34章)と戦時(第35~36章)における「武器の管理と使用」⁽⁴²⁾が,国際法の多くの資料を引用しながら述べられる. 公的な問題の執行と並んで,公的財産の執行がある. 理論的にその最高原理として,すべての「公物と財物」は人民の財産であり,人民の最善のためにのみ使用されるべきである(第37章第1~61節)という思想が貫かれる. それは,官職,諸身分,帝国の諸団体(コルポラティオーン)の監督と保護(同第62~78節)が貫かれるのと同様である. しかし最後に,〔公的財産の〕執行は,全体の福祉だけでなく,個々人の幸せにも配慮しなければならないし,人と財産に関する国家高権を行使して自由と所有への一切の恣意的な侵害を止めなければならない.

【GA33】

統治権力の濫用と専制政治に対する法的な救済手段

第38章で,アルトジウスは,非常に包括的に専制政治(Tyrannis)⁽⁴³⁾とその防止を論述して,統治権力の濫用の議論に移る. たしかに彼は,ここで再度,人民の不可譲渡の主権についての学説をあらゆる側面から根拠づけ,もっとも新しい攻撃に対する防御が述べられる. 固有な意味の専制君主として彼のみているものは,権利を破り義務を怠る正当(レギティーム)な支配者である. 通説では,「暴君」〔執行による専制君主〕(tyrannus quoad exercitium)⁽⁴⁴⁾と対比させて,いわゆる「僭主」〔称号を持たない専制君主〕(tyrannus absque titulo)⁽⁴⁵⁾に専制君主の概念をますます制限しようとしていた. 〔しかし〕アルトジウスにとって「僭主」とは,私人なら誰でも攻撃して追い払うことのできる公敵に過ぎない. 細心の注意を払って,彼は,真の専制君主の決定的な特徴を定義しようとした. こうした判断基準があるならば,君主に対しても共和国の執政官に対しても,

【GA34】

人民には,「抵抗権と罷免権」(jus resistentiae et exauctorationis)[46]がある. この権利は, 契約・官職・命令の本質, 人民主権の概念, 自然法, 神の言葉から引出された12個の根拠をもって証明され(第28～43節), 聖書と世俗の歴史の先例によって裏付けられた(第44～45節). この権利はアルベリコ・ジェンティーリ, ウィリアム・バークレー, ヨハネス・ベッカリーア, ボダンの攻撃に対して弁護された(第77～130節). しかし, この権利の行使は, 全体としての人民にだけ与えられ, しかも, 人民の名においてエフォルに与えられる. 個々の臣民(「私人にして臣民」(privati et subditi))には消極的抵抗権だけがあり, 直接的脅迫の際には自然法に根拠づけられる正当防衛の権利がある(第65～68節). それに対してエフォル全体は, 専制政治であることを確認し, 回心を勧めても成果がなく, その他平和的な手段を試みても無駄であったということがあってからはじめて, 専制君主から国家(Reich)を奪い取り, 彼を暴力をもって追放するか, あるいは死刑の判決を下し処刑する, そうした権限と義務をもっている(第53～64節). しかし, 彼らは個人として, その地方を専制政治に対して保護し, 緊急事態では地方とともに帝国の軛(くびき)を逃れて他の支配者に服するか, あるいは独立を宣言する権限と義務をもっている(第46～52節). 【GA35】というのは,「王国全体は……家族, 団体, 村, 城市, 都市, 地方」[47]から成り立っているために, 国家の各部分は, その最高の保護者による結合契約破毀の場合には解放され, 独立国家として統治組織を作ることができるからである(第76, 110～114節). しかしこうしたことはすべて, 統治権力を法の制限のなかに封じ込めるから, 統治権力を弱体化するのでなく, むしろ強化するとアルトジウスは思っている(第71～75節).

国家形態の相違すなわち単なる統治形態の相違

最終章(第39章, 第1版では第32章)は, 国家形態の相違を論じている. きわめて特徴的な方法であるが, 国家形態は, 単純な「最高執政官の類型」(species summi magistratus)として終章に回されている! 〔ところで〕最高執政官は,「君主制的」(monarchicus)か「多頭制的」(polyarchicus)かである(第1節). 混合からも変種からも新しい形態は生じない(第2節). 間違っているのは, ボダンの国家形態と統治形態の区別の方である. というのは, 主

第2章　アルトジウスの政治学

権的権利は常に人民に帰属しているために，国家形態の相違はすべて，単に執行の相違に過ぎないからである（第3節）．君主制では最高の公職者は自然人（eine physische Person）である（第4～31節）．君主は，当然，法的に制限された権力をもち，人民の機関の協働と統制に拘束されている．したがって，いかなる君主制であっても，貴族制的な要素と民主制的な要素がないわけではない．逆に，多頭制はすべて，統一性をなんらかの形で鋭く表すために，君主制的な要素を示す．こうした意味で，すべての健全な国家形態には，人の気質がいろいろ混じり合ったものであることに類似した複合的なものがみられる．純粋な統治体制というものは歴史的にはほとんど出現していないし，いずれにしろ永続しないものである．しかし常にこうした要素のどれかが強く現れるものであり，統治形態にはそうした性格がある．したがって，固有の「混合形態」というものはあり得ない．そのような意味で，ドイツ帝国は君主制である．多頭制の執政官とは一体として集約された多数の人々であり，それは，統治を可能にするために，長・決定組織・機能分配に関する一定の規則をもって，必然的に団体（コレギウム）として形成されなければならない（第32～44節）．貴族制では，少数の貴族が，「結合し1つとなって」（conjunctim et individue）主権的権利の執行を託されている（第46～56節）．民主制では，交互にある期間選ばれた長が継続的な統治を託され，地方と共同体（ゲマインデ）の代表者あるいは団体（コルポラティオーン），会議，百人隊，部族，クラスの代表者が，エフォルの役割を果たす[48]（第57～82節）．「最高執政官」は，しかし，ここでは人民会議である．そこでは，人民自身が一体をなすものとして（populus ipse instar unius）最高の主権的権利を直接行使する．これらの統治形態のいずれにおいても，アルトジウスは，その歴史的現象形態と変化を論じている．こうしたことに加えて，彼は，伝統的な仕方【GA36】で，その長所と短所，その維持の方法とその変質の原因を議論している．何が「最良の」統治形態かを決定しているわけでなく，いろいろな見方を紹介しているにすぎない．

『政治学』の結論

　以上が注目すべき『政治学』の本質的内容である．しかし，同書を評価するにはそこに表現された政治思想の展開の歴史をもっと詳しく考察したいが，そ

の前にアルトジウスの法学研究を一瞥したい．それは彼の法・国家論を完全に描写するためである．

第3章

アルトジウスの法学

アルトジウスの法学的著作の法体系学説史における意義

　アルトジウスの法学的著作のなかでは，その体系的な書物がすでに注目され 【GA37】
ている．というのは，それは法学提要の規則とは全く別個の法体系を構築しよ
うとする最も先駆的な試みの1つだからである．

アルトジウス以前の方法論者の体系／
アルトジウスの『ローマ法学』／いわゆる「ラムス主義の方法」

　1588年に出版された『ローマ法学』[(1)]の序文によれば，アルトジウスには，
法の体系化は一般的にはまだ答えを与えられていない課題の1つであると思わ
れている．というのは，彼はまるでこれまでにない試みをしようとしていると
述べ，1人だけではそして一世代だけでは成し遂げることの出来ない作業を一
緒に行おうと，丁寧に，同時代の傑出した法律家に訴えているからである．
（ウィゲリウスを除く）アルトジウス以前の方法論者の著作を折にふれて引用
しているから，彼は，彼らの著作を，明らかに，彼の追求した意味での体系的
な著作とはみていない．実際，その先駆者の体系は，比べ物にならないほど密
接に実定法秩序に関連している点で，アルトジウスのものとは違う．ヨハン・ 【GA38】
アーペル（1486-1536）の研究は，個々の素材〔実定法〕を体系的に結びつける
よりも総じて恣意的・弁証法的に論じた．一方，コンラート・ラーグス（1546
没）は確かに先駆者として体系的な教科書の考え方を貫いているが，しかしそ
れにもかかわらず，中心的なところでは法学提要の規則にしたがっている．法

学提要の体系に同様に依存していることを示すものとして，1552年にはじめて印刷されたフランキスクス・コンナヌス（1508-1551）のこれまた未完成な注釈書がある．マールブルクの教授ニコラウス・ウィゲリウス（1529-1600）の多くの方法論的著作もある．そしてツールーズのペトルス・グレゴリウス

【GA39】 （1540-1591）の1582年の『一般的な法の体系』[2]もある．それに対して，アルトジウスはすでに『ローマ法学』の序文のなかで法学提要の体系の欠陥を詳細かつ適切に指摘し，同書のなかで素材〔実定法〕を全く異なった仕方で徹底して編成している．この点に関する彼の方法論上の基本的な考えは，諸概念を次々に区分けしていくことに基づいてすべてのものを分類する純粋に弁証法的な演繹である．彼にとって決定的な論理的原理として，彼自身が，本の表紙にペトルス・ラムス（1515-1572）の命題を掲げている．人々は，当時，彼のなかにスコラ学に対立した自然的論理の最高の代表的人物をみて尊敬している．い

【GA40】 わゆるラムス主義の方法論は，もちろんすでに以前から他の法律家によって個々の素材〔実定法〕に応用されていた．しかし，1つの体系の構築のために，それをアルトジウスははじめて利用したのである．

ウルテユウスの体系およびドネルスの体系

　アルトジウスをモデルとしたのがマールブルクの教授ヘルマン・ウルテユウス（1555-1634）である．1590年に出版された彼の著書は全く同じ方法に倣いながら，事柄に即して異なった方法において体系化されている．しかしながら，フーゴー・ドネルス（1527-1591）の有名な注釈書は，再び，彼によって明らかに原理的な観点に還元され，個々の点ではいくつも修正された法学提要の体系にいっそう緊密に関わり合っている．

アルトジウスの体系の構築／『権利と裁判』

【GA41】 　しかし，アルトジウス自身は独自な体系の完成に没頭した．彼はその構築と徹底に何年もずっと携わってきた．すでに1591年に，彼は，新しい版を望んでいるヘルボルンの出版社コルウィヌスに体系の変化した短い梗概を渡していた．この梗概は，『略図，およびローマ法の権利と裁判に関する簡潔な要約』[3]という名前のもとに，1592年版およびその後のヘルボルン版に序文として掲

載された．しかし 1617 年になってようやく彼は，すでに当時公言していたこの梗概の，現行法全体の詳細な叙述への拡大計画を完成した．その後この叙述は，『権利と裁判 3 篇．われわれの使用する全てのあらゆる法を体系的に概説する』(4)というタイトルのもとに，ヘルボルンで，そして 1618 年にはフランクフルトで出版された（〔その際〕「現行法とユダヤ法の比較」という言葉がタイトルに付け加えられた）．

『権利と裁判』にみられる体系

『権利と裁判』では，法を極端にまで体系化することが追及されている．きわめて上級の基本概念からきわめて細かな細目まで，それは容赦のない徹底さをもって貫かれている．その徹底ぶりは狂気であると人はいいたがるが．それは，常に，絶えず繰り返し概念を分解していく弁証法的な方法によって行われる．その際，確かに，必要な二分割を作るために，しばしば相当に恣意的な，たとえば「一般」と「特殊」の対比が助けになるに違いない．ほぼ全般にわたって，構成要素への分解（肢々へ分けること）と種類ごとの配列（種にしたがって分類すること）の間の対立が特に出発点となる．そうであるとしても，全体は深く考え抜かれ，非凡な精神力を示している．この技巧的で錯綜した体系は，その構想全体のなかでなんら永続的な成果を獲得することは出来ないとしても，少なくとも著者が望んでいるように，法学研究を容易にし簡易にすることには貢献できた．その結果，彼によって最初に行われた〔法学体系の〕個々の〔構成要素の〕位置転換はついに一般的に受け入れられている．

こうしたことは，一般部分と特殊部分へ法学を二分割することに適用される．この二分割は『権利と裁判』にはじめて現れた．2 つの部分は，もちろん非常に独特な方法で，「肢々」(membra) の法理論と「種」(species) の法理論として区別されている．

あらゆる法関係の諸要素（肢々）として，「共生の事務」(negotium symbioticum) と「法」(jus) とが区別されている．この区別にしたがって，一般部分（第 1 篇第 1～34 章）は 2 つの主要な部分に分かれる． 【GA42】

第 1 の主要部分では，「共生の事務」すなわち権利のあらゆる根拠づけに先立つ人間の生活活動，「市民的事実」もしくは「此の世の事務」が語られる．

その要素（肢々）は物と人である．これらについてはここではその性質，状態，性向が法的な相違の条件となる限りで扱われる．しかし，その物理的，政治的，倫理的，神学的，歴史的，論理的性質を議論することは他の学問のすることである（第1章第9～10節）．それゆえに，まず続くのは，物の理論である．すなわち，それは事実的な部分と観念的な部分に分けられる．そして個別の物と全体の物に分類され，さらに下位に区分されていく（第1章第11～44節）．その次に，人は「権利を共有する人間」[5]として論じられる．その概念の定義の後，再び，2つの種類が語られている．すなわち，第1に，個々人であり，その生来的状態と後天的状態の影響である（第5～6章）．第2に，自然的な人々全体と自由意志に基づいた人々全体である（第7～8章）[6]．こうしたことに続くのは人間の行為論である．それによって人は物を生活関係の要素に作り変える（第9～12章）．（純粋な行為に対して）法的に重要な行為の必要条件は「意志」（voluntas）と「能力」（facultas）である（「意志」に関わるのは，ここでは「期限，条件，方法」「強制，恐怖，錯誤」「詐欺，過失」[7]等々であり，「能力」に関わるのは作為する力と権威である）．最期に，行為（factum）に関するさまざまな「種類」（species）が考察される（第12章第12～17節）．

【GA43】　第2の主要部分は「法」に向けられる．「法」は，「先にある行為のために，人に対して，ある物ないしある人格との関わりで，その生活の必要性，用益，方向性に関して定められたものである」（ob factum praecedens homini in re vel persona aliqua ad vitae hujus necessitatem, usum et directionem constituitu）[8]．それは2つの理論からなる．「法の規定」すなわち客観的法に関する理論と，「個々の権利」すなわち主観的権利に関する理論である．

　法は，事務（negotium）の性質と属性からそれを理性の法則にしたがって演繹することをとおして根拠づけられる（第13～17章）．自然法は，共通な正しい理性（recta ratio communis）によって人間社会の一般的な必要性にしたがって立てられる．実定法は，個別的な正しい理性によって（recta ratio specialis），地域的に限定された社会生活の特別な必要性にしたがって造り出される．後者は，一般的に法であるためには，自然法の最高原理と一致していなければならない．しかし同時に，実定的であるためには，具体的事情へ適合することによって自然法から離れなければならない．詳細にその種類（成文法と不

第3章　アルトジウスの法学

文法）が論じられる．さらに，自然的解釈（interpretatio naturalis）[9]と，市民的解釈（interpretatio civilis）[10]（〔すなわち〕ここでは擬制（フィクション））が取り扱われる．

「個々の権利」は，所有と債務（dominium und obligatio）である．それらは，一般的には物的権利と人的権利として定義され区別される．「所有」（dominium）としてまず（いわゆる利用所有権と善意占有を含む）所有権が扱われる（第18章）．こうしたことに関して，「所有の行使」として占有が論じられ（第19章），物に関わる所有権関係にしたがって物を区別することが論じられる（第20～21章）．しかし，所有権の性質に関わるのは，他人の物との関係での物権的権利（第22～24章の役権（servitutes））と，権力（potestas）（第25～33章）である．権力の章では，まず「自己自身の権力」（potestas sui ipsius）として，自由（libertas）（第25章）と，それから派生する名誉，尊厳，貞節，身体的無傷[11]（第26章）に対する権利が論じられる．さらに，「他者の権力」として，「私的な権力」（第27～31章）と「公的な権力」（第32～33章）が巧みに仕分けして述べられる．最後に，主観的権利の2番目のもの，すなわち債務が一般的に語られる（第34章）． 【GA44】

〔『権利と裁判』第1篇第35章から始まる〕特殊部分は，「権利と裁判の種類」（Species Dicaeologicae）にしたがって，権利の配分（Dicaeodotica）と裁判（Dicaeocritica）に分れる[12]．

この権利の配分とは，人々に権利を配分することについての理論である．それは，権利を得ることと失うことに分けられる．

権利取得の理論が第1篇の後半全体〔第35～63章〕を占めている．権利取得に関する一般原則について解決してから（第35章），最初に所有権取得が論じられ（第36～63章），これとともに，派生的な取得形態の下に，相続権全体が述べられている．さらに，債務関係の根拠づけが語られる．この根拠づけは，契約や不法行為によって行われる．それゆえに，今やまず契約締結とその効果が論じられ，個々の契約形態が詳しく論じられる（第64～97章）．しかし，第1篇の締めくくりは，刑法の全体系に拡大された違法行為の叙述である（第98～146章）．

権利喪失は著書全体の第2篇で論じられている．それはまず，もっぱら権利 【GA45】

がなくなることを一般的に扱う（第1～11章）．それから，所有と占有の特別な消滅理由が論じられる（第12～13章）．これに続いて債務の固有な終了形態（それゆえに特に履行）が論じられる（第14～22章）．最後に，不法行為の義務だけが「免罪と慈悲」（venia et gratia）によって帳消しにされると述べられる（第23章）．

〔次に〕「裁判」とは，争いになっている法とその審理・判決に関する理論である．アルトジウスは第3篇全部を使ってそれを論じている．そこにおいて，彼は訴訟法を含めた手続法全体を体系的構成において述べている[13]．

確かに以上の概観が明らかにするように，アルトジウスの著書は私法の百科事典であるだけでなく現行法一般の百科事典である．刑法と手続法の体系に関する歴史についても注目に値する．しかし特に興味深いのは，アルトジウスが国家法をその体系のなかにはめ込んだ方法である．

市民法体系を受容する公法理論／アルトジウスの方法／私法の表題における国家法の諸関係のアルトジウス固有の位置づけと，『政治学』で明らかにされた根本思想の再論

公法学の理論を市民法体系のなかに位置づけて論じることは，それ自体，アルトジウスに固有なものではない．ローマ法大全にならった語句注釈学者以来の解釈学全体が国家法の問題の議論を市民法の範囲に取り入れてきたように，方法論者はこの両者を結びつけることを強く主張した．そして，これとともに，【GA46】少数の学者が独特の主要領域として公法を私法から分離しようとした．逆に普通は，この領域〔公法〕は，私法の枠のなかでしかも特に人法の枠のなかで述べられた．しかしながら，公法学のこの混入は，ローマ法の諸文献を表面的に取り扱ったことから生じたとはいえ，やはりいっそう，偶然でたまたまの副産物であった．これに対して，アルトジウスは，『ローマ法学』のなかではまだ先駆者と同じように行動していたが，『権利と裁判』では公法全体を市民法体系のなかに組み込むことに真っ正面から取り組んでいた．この際彼は，そうするうちに彼の『政治学』のなかで展開された根本的な見解をいたるところで堅く保持し主張したから，彼は実際，国家法の諸関係を私法の表題の下に位置づけることが容易に出来た．結果として，徹底して私法のスタイルで築き上げら

第3章　アルトジウスの法学

れたが，それにもかかわらず，公法の基礎を含む統一的な法の体系ができあがった．それは，ほとんど，それ以前にもそれ以後にも建てられたことのないものであった．それにもかかわらず，この体系のなかで，根本的に，その上まもなく通説的になった自然法的な社会契約論の最終的な帰結すら実際すでに引出されていたのである！

　前述したように，アルトジウスは，まず法主体を論ずる際に，人々を「単独の人間」と「協同し，結合し，凝集した人間」に区分することによって，1つの社会的 体(ケルパー) としての集合人の概念と本質を展開した．その形態としてさらに彼はまったく『政治学』の図式にしたがって，はじめに狭義の家族と広義の家族という自然的 団 体(フェアバント) (『権利と裁判』第1篇第7章第10～40節）を論じ，それから契約によって生み出された， 団 体(コルポラティオーン) ，共同体(ゲマインデ)，国家これらの諸単位を述べている（同第8章）． 【GA47】

　彼は，所有権関係に規定された物の相違を述べる際に，教会財産と国家財産を公法的な視点でも考察している（第20～21章）．それから権利の種類を論じて，「権力」の第2の主たる形態として公的権力に詳細に立ち入っている．最初に論じるのは「全体的な公的権力」(potestas publica universalis) すなわち主権をもつ国家権力である．その起源，主体，内容，執行の形式これらすべてを，人民主権の上に立てられた政治制度の意味で定義している．それから（第33章），彼は「限定された（個別的な，下位の）公的権力」として，領地の高権と結びついた地方的な権力を論じている．かかる表題の下で，彼は，恒常的に世襲となった地方権力としてドイツのラント高権と，領地の権利なく付与された職務上の権力を述べている[14]．

　これまではいくぶん普通の道を歩んでいるにもかかわらず，彼は大胆にその道を踏み越える．彼は契約論を展開する際に，共同体形態(ソキエタース)の1つとして社会契約を公法学に取り入れている．彼は，単なる財産共同体（第78章）と区別して，生活共同体を次のようにいう．すなわち，〔生活共同体は〕「共生 ($\sigma v\mu\beta\iota\omega\sigma\iota\varsigma$) の契約が結ばれ，物，活動，奉仕，財貨が仲間から，保持されるべき生活の共生へ差し出されるようにして」〔存在する〕(qua $\sigma v\mu\beta\iota\omega\sigma\iota\varsigma$ contrahitur et res, operae, ministeria atque bona ad $\sigma v\mu\beta\iota\omega\sigma\iota v$ illam conservandam conferuntur a sociis)[15]．私的生活共同体すなわち家族生活共同体として， 【GA48】

彼は婚姻（第79章）と家族仲間団体への受け入れについて述べる（第80章の養子および再婚した父による後妻の子と前妻の子の平等な扱い保障）．しかし，公的生活共同体として，彼が詳細に論じるのは合意契約（Konsensualkontrakt）である．彼の理論では，すべての社会的団体とりわけ国家（Staat）[(16)]の存在は，その合意契約に基づいている（第81章）．この際彼は，その『政治学』と本質的に一致して国家共同体(ゲマインシャフト)の内容を説明し，かつ，ここでも以下のような結論に達している．すなわち，契約に基づいてなされる共有化(フェアゲマインシャフトゥング)から生じる主権的権利，財産，備品これら全ての所有権は，変わることなく結合した人々全体の側に残っている（第69節）．同様に，さらに彼は，委任論にたって統治権力あるいは職権を公法上委託されたものとして捉えている（第83章）．しかし，彼は無名契約の理論にたって，組合（Societät）に近い「相互扶助の社会契約」（contractus socialis praestationis）[(17)]を構想している．これもまた私的なものと公的なものであり得る．そして，社会的な実行行為に関する公法上の契約として，一方では独立した全体的な諸団体同士の同盟契約を，他方では全体のなかの構成員間の納税契約を，論じている．一般的な団体(ウニフェルシタース)の間の平和契約（Friedesvertrag）も無名契約論で扱っている（第87章第44〜46節）．

【GA49】

アルトジウスが，違法行為論のなかで，第113章において論じた「公権力の濫用」（abusus potestatis publicae）の重要な場合として専制政治を掲げ，その刑罰として罷免を述べるとき，それは全く独自なものである（第3〜20節）．

最後に，手続法においても，訴訟の1つとして，国家権力の濫用を理由とする訴えが述べられており，王に対してあるいはその他すべての最高執政官に対抗してエフォルにかかる訴えが認められている（第3篇第16章第6節）．

結 論

『権利と裁判』のなかに取り入れられた国家法のあらゆる命題を根拠づけ詳細に叙述するにあたって，アルトジウスは，逐一その『政治学』の教科書を参照するように指示している．しかし，さらに注意すべきことはこうである．すなわち，『政治学』の教科書は後代非常にしばしば燃やすに値するとして断罪されたが，『権利と裁判』の方は問題にされることはなかったし，しかも，18

第3章 アルトジウスの法学

世紀になってさえ，法学研究のために偏見なく推薦されたということである．

原注1および付説

原注1[(1)]

　ザクセンシュピーゲルその他法書の政治・公法学的要素，叙任権闘争とホー 【GA2】 エンシュタウフェン家の闘争時代の当事者の書物，(1285年頃作成されたヨルダン・フォン・オスナブリュックのローマ帝国に関する著作のような) 慣習の単なる継承，これらを別とすれば，アドモント修道院長エンゲルベルト・フォン・フォルカースドルフの『君主の統治』(de regimine principum)（ほぼ1290-1327）と『ローマ帝国の誕生の地および終末に関する書物』(ortu progressu et fine Romani Imperii liber)（ほぼ1307-1310）という2つの著作は，中世におけるアリストテレス的国家論を最高に尊敬される形態で表わしたものである．さらにバイエルン公ルードヴィヒの時代の教皇の論争者のなかに，2人のきわめて重要な外国人ヴィルヘルム・フォン・オッカムとマルシリウス・フォン・パドヴァと並んで，政治家的かつ歴史家的精神において彼らを凌駕するドイツ人ルポルト・フォン・ベーベンブルクがいる．独創的で後代に影響を与える思想の点でその豊かな著作『王国の法と帝国の法』(de jure regni et imperii)（1338-1340）は，かかる著作にリーツラーによって与えられる明らかに誤った取扱いにしたがって判断されてはならない（それについては〔本書〕第Ｉ部の終わりの付説を参照のこと）．もっとも，ペトルス・フォン・アントラウの後代の有名な作品『ローマ・ゲルマン帝国』(de imperio Romano-Germanico)（1460）は重要ではない．しかし国家論の歴史にとって非常に重要な公会議文筆家のなかで，確かにハインリヒ・フォン・ランゲンシュタインとコンラート・フォン・ゲルンハウゼンは一定の立場をもつ．しかし，とりわけその精

神において2つの時代におよぶニコラウス・クサヌスの，中世的世界体系をある程度現代的に若返らせて新しく産み出そうとする『普遍的和合』(Concordantia catholica) (1431-1433) における大胆な試みは，トマス・フォン・アクィナスの国家論とダンテの君主論に独創性において匹敵する構想である．グレゴール・フォン・ハイムブルクの著作も政治理念史において見過ごされてはならない．

付　説（原注1に対する）

ルポルト・フォン・ベーベンブルクおよび同時代人の著作に関する リーツラーの研究報告と判断の訂正

【GA50】　本書の導入部においては，ルポルト・フォン・ベーベンブルクについてのリーツラーの著書『バイエルン公ルードヴィヒの時代の教皇の論争者』（ライプチヒ，1874)(2)とは非常に異なる意見がみられた．それだけではなくルポルトの著作に対するリーツラーの誤解についても述べられた．リーツラーの本を取り巻く名声の高さゆえに，あまり適切でない時機ではあるが，私には，ここで彼への非難を論証する義務がある．リーツラーの歴史的・批判的な研究の功績が疑われなくなればなるほど，少なくともこの機会に，ますます差し迫ったこととして，彼の「学説と著作」をあまり全幅の信頼をもって利用しないように警告しなければならない．

　リーツラーはルポルトの著作に独自の1章（〔リーツラー〕180～192頁）をささげている．しかし誰も，彼の抜粋から『王国の法と帝国の法』(3)という著作の本当の思想構造を完全に認識することはできない（この著作を，私はここで『帝国の法と委譲』(4) (Arg. 1508) という表題をもつ第1版を参照し，かつシャルト『帝国の管轄権』(5) (328～409頁) と比較しながら引用する）．むしろ逆に，彼の粗雑な積極的曲解が見られる．些細なことであるが，〔同〕181頁の注1ではカノン法学者「ヨハネス」のところで，「テウトニクス」の代わりに「バシアヌス」が補われている．〔同〕182頁では「万民法」(jus gentium) が一貫して「国際法」(Völkerrecht) と訳されている．この訳により意味が不明になっている．しかし〔同〕183頁3節において，読者は，「いまや，明らかに帝国

領土の範囲は〔カール大帝やオットーの領土〕より小さい」というルポルトについての無意味な考察のところで何を考えるべきだろうか．ルポルトは，実際，カールとオットーの皇帝戴冠式以前に根拠をもっていた個々のラントの歴史的獲得権原を叙述した後で，直轄帝国領土のなかにおいて，皇帝の戴冠式とは別なことである完全な支配権の継承を次のような仕方で論証して締めくくっている．しかし，今や帝国領土の範囲は〔それ以前の帝国領土よりも〕小さい．したがって，その昔からの権利の相続が君主の基礎ではないそうした帝国領土というものは決して存在しない．〔同，183頁〕数行下（24～33行）では，リーツラーの判断は，救いようがないほど混乱しており，以下の主張は歪曲された結論の1つにすぎない．すなわち，ルポルトは，自らが非難し，その場合は些細なことにすぎないとした見解の信奉者である，つまりルポルトはすでに教皇シュテファンが皇帝権の委譲（translatio imperii）をしていたという見解の信奉者である〔という主張である〕．〔同〕184頁で，ルポルトは，「他のカノン法学者とベルンハルト」というあまり聞かない引用をしなければならない．しかし彼は「Ala. can.」すなわちアラヌス〔Alanus〕を引用している．シャルト368頁のところでも，「他のカノン法学者たち」（alii canonistae）という間違った読み込みをしているが，しかし，ここでも369頁と同様に以下の正しい読み方がすべての疑いを解消するに違いなかった．すなわち，「カノン法学者アラヌスとその弟子たちの意見にしたがって」（sec. opinionem Al. can. et suorem sequacium）．同頁の下から4行目で，〔第1に教会の承認にしたがって初めて，選ばれた者は支配権を保持できる，第2に教会には審問の権利があるという議論の〕[6]「第1項目に対して」の代わりにむしろ「第1項目に対しても第2項目に対しても」といわれなければならない．〔同〕185頁によると，ルポルトは，選ばれた皇帝を「叙品式前の僧職者」（!）と比較しているようである．しかし彼は，堅信礼前の教会の権威による選び[7]と徹底して比較している．以下さらに同じところで，彼は「ローマ王はまだ皇帝のような特権はもっていない」と異議を申し立てられると，その王は戴冠式以前にそうした特権をすでに常に「行使していた」と証明して反論するだろう．さらに彼は著書の残りを省くことができたであろう！　しかし，その異議は，皇帝が『ユスティニアヌス法典』第7巻第37章第1節3文末尾によって戴冠式以前には完全な特権的権

【GA51】

— 53 —

力をもっていないというものであって，ルポルトは特権の事前の付与の事例をあげてその異議に反論している．〔同〕187 頁では，「権利の疑わしさ」と「疑わしい事実」との間の完全な区別がぼかされている．前者では，教皇が「神法の権威によって」[8]決定しなければならないが，後者では，教皇が「事実の必要性によって」かつ「原因に応じて」[9]のみ権限をもつ．さらに，しかし，命題は個々ばらばらにまったく歪曲され混乱して描かれているのだが，そのことは選帝侯の選挙権の源泉と皇帝権委譲に関するルポルトの明確な証明から出てくる（その選挙権の源泉はそれ自体は人民の委託であるが，その権力を慮って，教皇が選挙のおりに確実に参与するために教会が認めたものである）．皇帝権の委譲に関連して，リーツラーは著者に相前後していわせている．すなわち，教皇は皇帝権の委譲をもっているわけではなく，それを執行したのであると．だがルポルトは，明確に，教皇による委譲を承認しているが，しかしそれを「事実の必然性」に遡らせ，したがって，今も一定の緊急事態のためにのみ教皇の関与権をそれから生じさせようとしている．まったく不明確なのは，ルポルトの，ローマ人民の立法権の永続性に関する古代の学説彙纂の論争に対する立場である（マルシリウス〔・フォン・パドヴァ〕は，〔同，187 頁〕注 1 が欲するようには，そこでは考えられない）．ところがマルシリウスは，ここでも他でも，後代のすべての文献に大きな影響を与える思想を展開した．すなわち，ローマ帝国の人民は真の主権者であり（「君主自身より大きい」），かつ立法権と，原因によって 1 つの民族から他の民族へ委譲されるべき帝国法を[10]もっていると——しかし，主権的「ローマ人民」の下でローマ市民が理解されるわけではなく，「ローマ帝国に服するすべての人民」[11]だけが理解される．それに続いて直ちにルポルトは，顕在化した王の罷免と任命に教皇が協働することの性質に関して，それが構成的であることに反対し単に宣言的であることに賛成するような議論には意味がないとして次のような注を付けて結ばざるを得ない．すなわち，「フランク帝国の歴史から，1130 年，ヴュルツブルクのロタール王によって 16 人の司教の会議が開かれたことが知られる」（！！）．しかしルポルトは，ピピンの登用の際の教皇の協働に関して年代記によって用いられた表現の幾分自由な解釈を正当化している．年代記がそのように扱われないなら，本当にしばしば不合理なことが生ずるという観察を付け加えている．すなわち，1130 年ロ

タールは16人の司教のいる会議で教皇を「選挙し承認した」と報じられる．しかし「選挙し承認した」とは「選挙に同意がなされる」ことを意味する．哀れなルポルト！　わずかな報いが〔同〕188頁で彼に与えられる．彼が（2つではなく）4つの意見を述べているコンスタンティヌスの寄進の問題で，はっきりした拒否の決意が彼にはあるとされている（すなわち，「しかし，これらの意見のなかでどれが本当であるかわからない，と私は告白する」[12]と〔ルポルトが言っているにもかかわらず〕――リーツラーによれば「しかし別の見解があり，私はそれに賛成する」と〔ルポルトが言ったことになっている〕）．またルポルトは，人民の同意なしに帝国にもたらす君主のあらゆる商議の無効性という命題の創始者であるとも思われている（第14章）．この「重要な」命題は，彼以前に多くの法学者および封建制擁護者によって擁護されていた．そのために〔同〕【GA52】189頁でリーツラーは，15～19章は主題に関して繰り返ししか含んでいないと再びいわざるを得ないと．ところが，第15～18章は，実際には，これまで付随的にしか挙げられなかった一連の命題を法学的に根拠づけ，反論には弁護しているのである．

　いたるところでルポルトの文書の特徴を損なうそのような「叙述」は，当然戯画を引き起こさざるを得ない．さらに付け加えるなら，このようなイメージでは，まさに，きわめて本質的な特徴が欠けており，もはや本人を支配している精神の，きわめてわずかなものさえ光輝くことはない．

　しかしリーツラーは，政治理念史におけるルポルトの立場に関するその歪曲された不当な判断をそのように不十分な土台にすえている！　確かに，皇帝制度の「民主的基礎」が，ルポルトの場合には一部『平和の擁護者』[13]に遡及されるが（〔同〕189頁），それは誤りである．どこでももっぱら，ルポルトは，明らかにマルシリウスによっても利用されたローマ法学者の教義に支えられており，彼に明確に引用された「偉大な法学者たちの権威ある意見」から一連の帰結を引き出している．この「皇帝権を求める夢想家」は「世界君主制の理念」をダンテから借用する必要はなかった．またダンテによって「一般的に立てられ根拠付けられた」（？）理念を〔歴史における〕「継続的・補充的」なものと結び付けながら，その具体化を図って証明しようとする意図ももっていなかった．さらに彼は，その時代のほとんど一般的な前提にしたがって形式上妥

当する法以外のものを講じていない．人はそれについて彼を「いかんともしがたい偏狭な愛国主義者」であると非難しようとも，人は少なくともその極めてつまらない同時代の法学者を同じ称号によって飾り立てている．しかし人は『リトマティクム・クウエルロスム』[14]という詩的夢物語に訴えはしないだろう．そこでは，高尚な司教座聖堂参事会員〔ルポルト〕が，ドイツ愛国主義を，もちろん1874年の国民党の意味で言い表わしているわけではなく，実際には，まさにドイツ人の当時起こり得る避けがたい感情と理想にしたがって言い表わしている！　ルポルトが王権と皇帝権の結合から生ずるあらゆる困難を避けるために，「彼の頭のなか以外にはどこにも存在しなかった制度を考え出していた」という非難は全く不当であるわけではない．ただ，しかし，注意されるべきことに，この制度は，あらゆる点で何らかの実際の意義をもって，レンゼレンス会議以来確立された帝国の公式見解と全く一致している．外国における空気のような帝国の取り扱いだけは，彼は別にしている．しかし，その帝国を得ようとして，しかも教会にも何かを与えようとして，教皇の協働を要求している．彼〔ルポルト〕はドイツ人として，選帝候がなしたように，そうした結合とそれから生ずる世界支配を放棄することはできなかった．しかし彼は，本当に，国民的な君主制の独立と力を求める以上に「キリスト教的世界君主制という夢物語」を高く位置づけていたというべきだろうか．それとも彼は，教皇が世界帝国に影響を及ぼすことにさほど共感していないというように意味を限定し，その代わりに，ドイツとイタリアにおけるその支配者の権利を完全にかつまったく教会のあらゆる基礎から切り離す，そうした彼の重要な試みから逆のことがむしろ多く出てこないだろうか．彼の個人的立場，その仲介的傾向，その具体的意図を考慮する者は（リーツラーの107～114頁そのものを参照のこと），この点で，目的のない「空想」（〔同〕251頁）よりも容易に真の政治家的精神を発見できるだろう！　彼は完全にかつまったく現代の土台の上に立っており，常に可能なものを追い求めていることにおいてまさにフランス革命の理念をそこかしこに先取りするマルシリウスの急進主義に対置され，また政治家的才能という天分に恵まれた人として，時代に縛られずに理論化できるオッカムの懐疑主義にも対置される（特に今なおはっきりと，われわれの生きる時代ではなく彼の生きる時代に付言しなければならないように思われる）．こうしたことは，

彼が，2人のライバルへの関係においてだけでなく，一般に中世全体のあらゆる政治・公法学の文筆家のなかでも，実定国家法への理解と公法上の問題の法学的取り扱いへの理解をきわめて多く展開していることと関連している．明らかに相変わらず評価されてはいないけれども，偉大なイタリアの法律家が実定国法学の父祖であり，ルポルトも先達の1人としてこの学問の自立化のために活躍した．それにもかかわらずリーツラーは，歴史家として，法律家ルポルトを正しく評価していないことがわかる．しかし理解できないのだが，彼は，中世のあらゆる政治・公法学者のなかで1人歴史的に才能ある頭脳をもつこの人物をいっさい歴史的に理解しようとはせずに，彼を「あの不滅の学者」の1人と数えている．そのような位置づけを歴史家として14世紀にさかのぼらせようとする〔同〕192頁の描写を人は自分の目で読み直さなければならない！国民同盟の綱領や蒸気機関について知らなかったのと同様に，ルポルトはもちろん少しも現代の歴史観の意味で発展の概念を知らなかった．しかしフランク帝国およびドイツ帝国の歴史と相互関係について，皇帝制度の再興について，ドイツにおけるイタリア支配の根拠づけについて，そして多くの個々の出来事について，〔ルポルト〕以前にあるいは同時代において，ルポルトの著作における以上に，より健全でかつ真理により近づいている見解はどこに見出されるであろうか．彼以前にあるいは彼と並んで資料批判のもっと優れた端緒にどこで会えるだろうか．あらゆる個々の点において，現行の国家法を実際の歴史的事実から証明し，特にドイツ王制を帝制からそのように鋭く分離し，東フランク帝国の継承とすべての君主制度一般を相続と征服の具体的権原に還元しようとする，そうした類似の試みは中世全体のなかのどこで企てられたであろうか．

　実際に！　リーツラーがこうしたことすべてを見過ごし得たことは，彼のあがめる人物マルシリウス・フォン・パドヴァが彼を盲目にしたことからのみ説明される．まさに彼は，驚嘆を起こすように見える．この大胆でしばしば予言者を思わせる極端な教義の告知者は，その同時代人のなかでただ1人宗教問題では平信徒の権利平等だけでなく良心の自由を説き——教会の世俗化（Entweltlichung）だけでなく，その国家化（Verstaatlichung）を説き——同様に，人民主権だけでなく民主的で全能な国家をも説いている！　フリートベルクのよき先行研究に支えられ，『平和の擁護者』についてリーツラーが描いたイメ 【GA54】

ージ（〔同〕193〜233頁）は，本質的にはまったく適切である．しかしながら，まさに彼から同時に明らかになるのは，リーツラーによっても一部強調された粗野なマルシリウスの教条主義の一面性であり，歴史感覚の欠如であり，また法感覚の欠如であった．同じく，マルシリウスを取り巻く世界へ，古代異教的国家理念が直接的に影響を及ぼすことも考えられなかった．この情熱的なイタリアの修道僧とあの思慮深い慎重なドイツの司教座教会参事会員〔ルポルト〕との対立以上に大きなものはほとんど考えられない．500年後の今日，彼らの著作を評価する際に「各人に各人相応のもの」(Suum cuique) を意にとめることは，確かに歴史家〔リーツラー〕には難しくはないだろう．少なくとも，彼ら2人には，それぞれの思想を正確に描写するよう求める権利があるのである！

　リーツラーにあっては，オッカムの政治的書物の叙述（〔同〕240〜275頁，さらには295〜298頁）がマルシリウスへの偏愛で損なわれることは，ほとんどなかった．鉄のごときわめて堅い忍耐をも厳しく試し，しかしながら政治理念の歴史にとって無限に生産的なこの著作の徹底的な分析がまだ残っている．スコラ的な国家論および教会論のこの巨大な武器庫が理由と反対理由を蔵している個々のすべての点に関して，かかる偉大な懐疑論者の真の意見を探求することは，〔リーツラーには〕おそらく決して成功しないだろう．なにはともあれ，リーツラーはここで戯画をわれわれに見せてはいない．ただ再びルポルトは「空想家」としてオッカムを引き立たせるに違いない．ルポルトのカール大帝への言及がオッカムのローマ皇帝への言及よりも現実主義的である点でも同じである（〔同〕251頁以下）．逆に，マルシリウスに対してはオッカムの意義は小さくなり，ここではローマ的な本質とゲルマン的な本質の相応しくない対立を前提に，両者の間には非常に議論の余地のある対比がなされている（〔同〕274〜275頁）．オッカムのなかには，確かに一切を疑いそして曖昧にする形式によって可能となるような，『平和の擁護者』における命題以上にいっそう大胆不敵な命題がある．きわめて鋭利な討論術をもってすべての既存の制度を理論的に解体し，いかなる権威の前でもひるむことのない懐疑家は「思慮深く優柔不断な人」と少しも分かち合うものをもたない．国家学へ「拘束的な」影響を及ぼしたと，オッカムが自慢することはほとんどできない．しかし実際には，

【GA55】

政治的よりもむしろはるかに哲学的な才能をもつこの頭脳の人が，全中世の政治・公法学者のなかで，中世の思想体系全体の破壊をきわめて永続的にかつ効果的に促進した．

　リーツラーの著作に不正をなさないためには，最後に次のことが注意されよう．すなわち，そこで論じられた著作のどれも，ルポルトの著作ほど悲劇的運命に直面することはなかった．しかしながら，この労大きい抜粋が正確でもなく十分に信頼に足るものでもなく，原典をひくこともなく何らかの学問的貢献もなし得ないことは悔やまれるべきである．不正確な部分は多々ある（たとえば『兵士と僧職者の間の討論』[15]とヨハン・フォン・パリスの論文について〔同〕148，151，153頁）．しかし，固有に規定された基本思想，その内部の論理的関連，個々の文筆家のより密接な関係，こうしたことについての叙述はどこにもない．悲しいことであるが，特にローマ法学およびカノン法学の知識がないことは嘆かれる．その詳細な考察なしには，中世の国家論の歴史は記述されない．

　個別的に，私はなお以下の点を訂正したい．『教会の隆盛期の論述』[16]は，リーツラー153頁，注2にもかかわらず，教会大分裂の時代に著されている．その論述は（リーツラーが言うように教会の4つの時代区分ではなく）6つの時代区分を想定し，そして東方教会の分離を「青年期」に設定し，最後に，今の分裂を教会のもっとも極端な老年の兆候の下に述べている．それゆえに，最後の言葉は，あの以前に論じられた分離にさかのぼりはしない．〔論述の〕語調と見解もまったく前述の時代をさしている．『庭園の夢』[17]第37章以下は主としてオッカムの『対話』第3巻第1～2論述の焼き直しにすぎないという発見（〔同〕276頁）は確認できない．オッカムからの引用は，他の先駆者からの引用よりも多くはないし，さらに，『対話』よりも『8つの問い』[18]において多く引用されている．アルヴァルス・ペラギウスの『教会の嘆き』[19]という著作は，「おそらく」1331年に著されているのではなく（〔同〕283頁），著者が自らはっきりと第2部第93項以下で語っている．「私はその著作を1331年に書き始め，1332年に書き終え，1335年と1340年に校訂した」と．こうしたことが行われた箇所も彼は述べている．アルヴァロ〔アルヴァルス〕によるトマス・フォン・アクィナスの利用（〔同〕285頁，注1）は，第1部第62項の王国

に関するほとんど逐語的な借用から確実に明らかになる．

第Ⅱ部

アルトジウスの国家論に刻印された政治理念の発展史

第1章

アルトジウスの国家論における宗教的要素

アルトジウスの『政治学』にみられるカルヴァン派の精神

　いかなる時代においても政治理論の基本的な傾向をまず第1に決定するのは，【GA56】宗教的な理念である．アルトジウスの国家論も，同様に，特定の宗教的な世界観という大地の上に生じている．彼の国家論にはカルヴァン派の精神の刻印が徹底的に刻み込まれている．したがって，かかる国家論は，前述（第1部第1章の [3]）の，ユグノー，清教徒，そしてドイツ改革派によって著わされている「モナルコマキ」の一連の著作の1つである．それは，確かに表面的には，「モナルコマキ」の著作と多くの点において一致している．〔しかしながら〕一致しているのは，カトリックの「モナルコマキ」論者とは徹底的に異なっているというところだけなのである．

改革派「モナルコマキ」の教義における宗教的に制限された共通な特徴

　カルヴァン派的な傾向をもつあらゆる政論家は，何よりもまず次の点において共通している．すなわち，彼ら政論家は，聖書のなかに直接，もっぱら社会の営みの基準となる宗教的な真理および倫理的な真理を求め見出す．それだけではなく同時に聖書のなかに，教会および国家の外面的な秩序のための規範をも求め見出す．このことから，彼ら政論家の論証が主に旧約聖書の刻印を帯びていることが明らかになる．アルトジウスの場合その刻印〔の影響〕は，次のようにはるかに強くなっている．すなわち，アルトジウスは聖書が伝える歴史から実例および聖句を至る所で引用し，『政治学』のために十戒を応用するこ【GA57】

- 63 -

とをすでにその序文で強調し，法学のあらゆる分野のなかへユダヤ法を導入することをまさにライフワークであるとみなし，それどころか古代ユダヤ国家が過去から現在まで存在した国家のなかで自分の理想とする国家へきわめて大きく接近していたと言明する．他方，こうしたことからカノン法全体の急進的な否定が生じる．アルトジウスの場合，その否定は次のようにここでもまたかなり強くなっている．すなわち，アルトジウスは政治的著書においても法学的著書においても，『カノン法大全』[1]からいかなる部分をも引用しなかったし，また引用された多くの著者のなかに，いかなるカノン法学者の名前をも示さなかった．

さらに，このような〔カルヴァン派的な傾向をもつ〕文筆家に共通しているのは，長老主義および教会会議〔という思想〕に基いて教会制度を構築することである．そのような教会制度は普遍妥当性をもつべきである，とアルトジウスは主張して詳細に述べている．その際，純粋にして真実の宗教のために配慮することが国家のあるべき姿として理解されることによって，彼ら文筆家にとって教会と国家は規範的にまったく一致する．それゆえに信仰の自由という理念は，他の全ての同時代人と同様に，彼らにとっても完全に異質であり続ける．

最後に，国家という統治組織を理論構成する場合にいかなる文筆家においても明らかとなるのは，ある種のはっきりと一致した特徴である．その特徴とは，【GA58】すなわち，カルヴァンの言葉にまでさかのぼり，とりわけ不正なる支配者に抵抗するエフォルと，その権利および義務についての理論のなかに現れるものである．

カノン法，教会の独立性，そして国家よりも古い教会の起源，以上のものに固執している同時代のカトリックの「モナルコマキ」，とりわけイエズス会の「モナルコマキ」と，彼ら文筆家とは，明確な境界線によって隔てられている．また，ドイツの宗教改革という上に立つ者の決定的な方向転換のあとになっても，ルター派の信仰告白という基礎の上には，人民の権利を前面に押し出すような政治制度はまったく生じなかった．

第1章　アルトジウスの国家論における宗教的要素

それにもかかわらず改革派のモナルコマキの間に存在する宗教的な要素の位置づけをめぐる相違／神政政治独特の国家観がアルトジウスには存在しないこと

　それにもかかわらず，前述の文筆家の集団には共通の宗教的な基礎が存在することは明白である．だがしかし，彼らには，政治的教義のために神学的な観点を利用することについての根本的な相違がある．この点に関しては，とりわけ神学的な観点以外の点ではアルトジウスの『政治学』にきわめてよく似ている『暴君に対する反抗の権利』[2]とアルトジウスの『政治学』との間のするどい対立が際だっている．ランゲはその全理論を純粋に神学的な基礎の上に置きながら，独特な方法で，ローマ法の口頭契約という特徴を帯びた神と〔人間と〕の契約から出発している．それに対してアルトジウスはその全体系を，合理的な方法で，純粋に世俗的な団体(ゲゼルシャフト)概念から導き出す．すなわち，聖書の言葉は，何よりもまず理性的な推論をとおして見出された帰結のための例証としてのみ，アルトジウスによって用いられる．また聖書に書かれている歴史の出来事も，世俗的な歴史の出来事と同様に，歴史的な実例として，用いられる．アルトジウス以外の改革派の「モナルコマキ」においては，神学的，法哲学的，そして歴史的な論証の結合が見出される．〔たとえば〕『執政官の権利』[3]という著書の場合には，このような構成要素がバランスよく結合しているようであり，〔あるいは〕オトマンおよびブカナンの場合には，歴史的な基礎づけという方法が〔他の要素よりも〕重きをなしているようであり，〔そして〕神学者の場合には，自明のことながら，神学的な観点が前面に出ているようである．しかしながら，改革派の「モナルコマキ」のなかには，のちの先験主義者の国家論および合理主義者の国家論のごく一部を，アルトジウスが導き出したように先取りする人はいなかった．これ〔国家論の先取り〕を，アルトジウスは，政治制度全体についての弁証法的な推論を用いながら，いわゆる理性によって明白になるわずかばかりの基本概念から導き出している．そのために，〔アルトジウスよりも〕古い書物は，確かに，その宗教的な抑圧に対抗した具体的な傾向によって，多少なりとも信仰告白という色彩を帯びることになるのに対して，アルトジウスの『政治学』は，国家の営みを全般的で体系的に整序することによって，内容においても目的においても純粋に世俗的な書物として現れることになる……．

【GA59】

【GA60】

このようなわけで，アルトジウスが厳格なカルヴァン派の精神をもっているにもかかわらず，アルトジウスの『政治学』は神政政治の国家観とは完全にといっていいほど関係がないことが明らかになる．この点においてアルトジウスの『政治学』の立場を評価するためには，神政政治の理念の歴史を一瞥しておく必要がある……．

中世の神政政治の理念

中世の固有の思想体系は，まんべんなく神政政治の理念によって満たされていた．中世の世界観は，次のような観念に由来していた．すなわち，宇宙とは，1つの精神によって生命を与えられ，1つの法に基づいて造られた有機体（大宇宙）であり，そこでは，全てを完全に支配する神の意志に基づく調和によって，（小宇宙としての）各部分の1つひとつが，全体像を写し出す．それゆえに，社会理論も，人間の団体(フェアバント)を理論構成するための基本原理を，神によって創造された有機体という原型から，全て推定しなくてはならない．こうしたことから，あらゆる社会的な構成〔体〕の出発点として，単一体(アインハイト)の原理が生まれた．すなわち，その単一体からいたるところで多数のもの(フィールハイト)が結果として生じ，その単一体にならって多数のものは規範をもち，その単一体へと多数のものは還元

【GA61】される．それゆえに，人類全体は，世界全体のなかで特別な全体目的を与えられた特別なまとまりとして理解された．同様に，神自身によって造られ君主によって統治される統一国家として〔も〕理解された．かかる国家は，普遍的教会と普遍的帝国というそれ自体重なっている2つの秩序のなかに，その姿を現

【GA62】すはずである．教会の部分も世俗の部分も，ふたたび，その特別な単一性という本質を，この単一性をもつ至高の創造から導き出した．しかしながら，同時に他方では，神が欲した宇宙という秩序と，あらゆる団体(フェアバンツアインハイト)には君主という頭(かしら)が1人いるという単一性の説明とは対応していた．かくして最後に，支配者の職務は，どの段階にあっても，直接的にであれ間接的にであれ，神がもっている全権に由来したものであるとみなされ，また程度の差こそあれ，神による世界支配を写したものであるとみなされた．

第1章　アルトジウスの国家論における宗教的要素

教会の側からの一撃

　まず始めに，ほかでもない教会派によって，このような世界観は動揺を被り始めた．それは，国家とは悪魔と罪の産物である，とグレゴリウス7世が宣言した時以降のことであった．それでもこうしたことが起きたのは，神が創られた教会をとおして〔悪魔と罪の産物である〕国家をあえて正当化(ハイリグング)することを要求する時だけであった．〔その際〕非正当的(イレジティーム)な起源をもつ国家は，その存在理由とその「真の」本質を，教会をとおして初めて授けられるべきであるとされた．それに対して国家派は，世俗の統治は神に直接的な起源をもつという彼ら【GA63】のきわめて重要な命題を盛んに擁護した．そうする一方で，聖職者階級における血気盛んな擁護者も，国家と王位は神に少なくとも間接的な起源をもつ，と繰り返し付け加えるようになっていった．

哲学に基づく国家論による〔神政政治の理念の〕解体

　それでもやはり神政政治の理念は，すでに中世において，長期にわたって衰退し続け，最終的には形骸化してしまった．神政政治の理念からその土台を徐々に奪っていったのは，古代の〔国家論の〕影響を受けた哲学的な国家論であった．第1に，国家の起源は自然本能か人間の意志行為か，そのいずれかに還元されるので，神による〔国家の〕創設という理念は色あせていく．すなわち，神の意志は確かに作用因とされるけれども，それは「遠因」という役割へと後退している．第2に，あらゆる支配者の権利は服従する者全体の意志から導き出されることによって，支配者たる個人(ペルゾーン)が神から直接任命され全権を授けられたという観念は消え失せていく．すなわち，上に立つ者はすべて神に由来するという命題は確かに維持されている．しかしながら，かかる命題は，次のような1つの教義にまで後退してしまう．すなわち，こうしてただちに神の裁可に関与する者，つまり上に立つ者を生み出す権限および能力を，神が直接〔人民〕全体に授ける．最後に，統治形態をどのように組織するかという問題を自由に選択することは，〔人民〕全体に委ねられる．それによって，君主の神的な権利は消えてなくなる．すなわち，時と場合が異なろうとも，いかなる統治【GA64】形態であれ，神の世界計画と合致し得るという色あせた命題が展開される．最終的には，この〔国家論の〕領域においても，スコラ哲学の遺産を受け継ぐの

は人文主義的な傾向である．この人文主義の，程度の差こそあれ，古代の異教的な特徴をもつ国家観そのものが，いかなるものであれ神政政治の理念に基づく統治形態を，破壊してゆくのである．

宗教改革による〔神政政治の理念の〕復活

【GA65】まさに宗教改革こそが，神政政治思想に新たな生命を与えた．あらゆる見解の相違にもかかわらず，ルター，メランヒトン，ツヴィングリ，そしてカルヴァンは，上に立つ者の，キリスト教的な天職とそれにつづく神的な権利を強調する点において一致している．確かに彼らは，一方では，教会の領域を程度の差こそあれ明確に国家へと服従させ，他方では，国家の権利をその宗教的な義務を履行しているかどうか〔という基準〕ではかっている．それによって彼らは「上に立つ者はすべて神に由来する」というパウロの命題[4]に，その当時までは知られていなかった意義を与えた．

ドミニコ会修道士およびイエズス会修道士の純粋に世俗的で自然法に基づいた国家の理論構成／特にスアレス〔の理論構成〕

これに対して，きわめて熱心な反宗教改革者，特にドミニコ会修道士およびイエズス会修道士がいた．彼ら修道士は今や国家および支配者の権利を純粋に世俗的に理論構成しようとして，精神的な武器を総動員して闘うようになった．彼らがこうした行動をとったのは，もちろん，国家を教会の対立物としてますます強調して位置づけるためであり，他方，教会においては，神政政治思想を最高位にまで昇華させるためであった．そればかりでなく，神の創造と人間の成すこととのこうした対立から，教会権力へ世俗権力を服従させる必然性を導き出すためでもあった．しかしながら，教会との関係を考慮しないですむ限りでは，彼らは実際各々のドグマ上の前提を度外視し，純粋に哲学的に基礎づけられた完全に世俗的な国家論を展開させた．こうしたことは，この集団固有の【GA66】「モナルコマキ」についてのみ妥当するわけではない．こうした傾向をもつ偉大な理論家も，次の点では一致している．すなわち，〔第1に〕国家団体（フェアアイン）は自然法に基礎づけられる，〔第2に〕自然法によって結合した〔人民〕全体には，その構成員に対する主権が帰属する，〔第3に〕上に立つ者のあらゆる権利は

— 68 —

第1章　アルトジウスの国家論における宗教的要素

〔人民〕全体の意志に由来し，〔人民〕全体は自然法によってその権力を委託する権限を否応なく付与される．にもかかわらず，もちろん彼ら理論家は，国家が神の意志に基礎づけられ，全ての権力は神に由来するという命題を放棄することは決してせず，もっぱら理性法的に国家を構成することをいかなる点においても貫徹するように，この命題をいっそう発展させていった．つまり，かかる命題は次のことを述べているにすぎない．すなわち，自然および自然的理性は，したがって，それに基礎づけられた関係も，また権利および義務も，結局のところ神の本質の流出である．このような教理の完成した姿は，特に独創的で示唆に富むスアレスのなかに現れる．スアレスは，主権的権力を，「政治的で神秘的な体」そのものとともに，直接必然的に生じさせる．かかる体を，個々人は，自然的理性とそれゆえに神の意志に応じながらも，しかしながら，まったく自発的な結合行為によって生み出す．それにもかかわらず，各構成員に対する〔人民〕全体の主権を生み出すのは，個々人の意志ではない．というのは，個々人は，〔人民〕全体から生じる権利（たとえば，生と死に関する権利および良心の義務への権利）を〔主権の成立〕以前にはもっていないからであるし，また結合を望むならばだが，団体（フェアアイン）が主権的になるのを妨げることができないからである．しかしながら，同様に，たとえば神は「第1の創造者」として，あらゆる権力の源泉である．けれども，神は，（たとえば教皇に対して，この権力を与えることはないのと同様に）特別な行為をとおして結合された〔人民〕全体に対しても，この権力を授けることはない．むしろ，結合された〔人民〕全体のために主権的権力は「自然的理性の力から」生じる．そして神は主権的権力を「自然に基づく固有なもの」として授ける．「〔当然〕神は，十分に人類に備えをなし，その結果，人類を保持し必要で適切な支配のために権力を人類に託したことを，自然的理性の命令を媒介にして明らかにしている」(5)．人間は存在するがゆえに自由であり，そして存在するや否や自由である．また人間は，自分自身とその肢体に対する権力をもつ．それとまさに同じように，政治体は，存在するがゆえに，そして存在するや否や，政治体そのものとその構成員に対する権力と支配〔権〕をもつ．また子の生みの親はその子に存在だけを与える．しかしながら，神は，理性の原理というこのような媒介をとおして，その子に自由を授ける．同様に，自然の創造者は，自由な人間の意志行為

【GA67】

— 69 —

第Ⅱ部　アルトジウスの国家論に刻印された政治理念の発展史

という媒介をとおして，共同体(ゲマインヴェーゼン)に主権を与える．確かに父は子を生むか生まないかのいずれかである．しかしながら子を生む場合には，自由な存在としてのみ生むことができる．それゆえに，ここでは共同体(ゲマインヴェーゼン)が存在するためには，ただ人間の意志のみが必要とされる．「他方，神によってあらかじめ備えられていた権力をその共同体(コムニタース)がもつためには，人間の特殊な意志が必要なわけではない．その権力は事物の本性および自然の創造者の摂理から生じる．正しくこの意味でそれは創造者自身から直接与えられたものと呼ばれる」(6)．まさ

【GA68】にここからスアレスは，のちのグロティウスとまったく同じように，自由の譲渡可能性をさらに論じることによって，人民主権の変更および委託の可能性を推論する．それにもかかわらず，国家権力は全体的に保持されるのか，それとも部分的に保持されるのか〔という問題〕，国家権力は1人の人間に委託されるのか，それとも複数の人間に委託されるのか〔という問題〕，そしてそれはいかなる契約条件のもとでなのか〔という問題〕は，人民の自由な選択に委ねられる．それゆえに，正当な支配権をもつ者は，常に，直接的には人民によって，間接的には神によってのみ，それを保持する．

国家および上に立つ者は神に起源をもつという命題への，その他の文筆家の固執

以上のような理論に対抗して，プロテスタントの政論家だけでなく，カトリックの反イエズス会系の文筆家も，国家は神に起源をもち，世俗の権力は神によって委任された，という命題に固執した．改革派の「モナルコマキ」も，それに熱心に賛成し，論争に参加した．

契約論および人民主権の体系におけるこの命題の位置づけ／特にアルトジウスにおける位置づけ

しかしながら，契約論および人民主権を真剣に論じるこの同じ人々のなかで，この命題は国家の構成そのものに対する意義を失っていかざるを得ない．確か

【GA69】に，この命題は，教会および信仰と国家権力の関係を定める場合には，きわめて重要である．すなわち，同命題は，〔第1に〕教権制度の要求を拒絶する根拠となり，〔第2に〕教会を国家の営造物として取り扱う根拠となり，そして〔第3に〕良心の自由の拒絶によって頂点に達する国家の宗教的な使命の根拠

第 1 章　アルトジウスの国家論における宗教的要素

となる．しかしながら，それ以外の点では，この命題は，普遍的で宗教的な見解を改めて単純に表現したものとなる．その見解とは，すなわち，すでに中世において類似したものがあるのだが，国家とは神によって定められた自然的で道徳的な世界秩序の不可欠な構成要素である，というものである．それゆえに，この命題は，国家を純粋に自然法に基づいて演繹する考えとも容易に結びつけられる．それ〔国家を自然法に基づいて演繹する考え〕はイエズス会の国家論に酷似していて，ただ教会を自然法的な構築物のなかに組み込むという点においてのみ，イエズス会の国家論よりもはるかに優れている．そして，まさにここにアルトジウスの『政治学』が，以上のような発展の首尾一貫した帰結として現れる．というのは，この発展のなかで，国家は神に起源をもつということが，少しも変更されることなく，常に考えられているからである．確かに，〔アルトジウスは〕独特な方法で，神へ言及する．〔しかしながら〕神への言及は，〔国家の〕基礎づけの出発点として述べられているわけではなく，その〔国家の基礎づけの〕最後の部分になって初めて，それもたいていの場合，上に立つ者の神的な権利に依拠した攻撃を防御するためにのみ，ただ形式的に現れる．自由な契約が国家を生み，自由な選択が国家形態を決定する．しかしながら，〔人々を〕結合させ，君主を任命するのは，自然であり，自然のなかの神である．また，人民は支配者を選び，全権を委任する．しかしながら，人民という媒介をとおして，神が，支配者に法および職務を同時に託す．そして，上に立つ者が人民と結んだ契約を侵すと，即座に，上に立つ者は神からの授権を全て失う．他方，人民は〔上に立つ者の〕罷免を遂行し，同時に，これによって神の意志を執行する．

神政政治の理念を復興する企図／特にホルンの企図

　まさに人民主権論との戦いこそが，17 世紀において，それ以降しばしばみ　【GA70】
られたような，本来の意味での神政政治の国家観を復活させる試みをいろいろとひき起こした．個人としてもつ主権（die persönliche Majestät）は，直接的には神に起源をもち，〔それゆえに〕神的な存在である，と改めて主張された．このことから支配者の権利は無制約の神聖性および不可侵性をもつことが導き出された．学問的にきわめて重要で同時にきわめて急進的に，この種の復興の

試みに着手したのはドイツ人であった．それはシュレージェン地方ブリーク出身のヨハン・フリードリヒ・ホルンで，彼は『国家建築家の政治的な役割』（ライン河畔トライエクチ，1664）[7]を著した．ホルンは，通説の契約論の不完全性および国家権力を個人から導出することの不可能性を，とてもあざやかに説明した．他方では，ホルンは，有機的な全体としての共同体(ゲマインシャフト)についてのあらゆる解釈を，いやそれどころか法人の概念を不合理として退け，それによって個人主義の最終的な帰結を引き出した．このような〔個人としてもつ主権は，直接的には神に起源をもち，それゆえに神的な存在であるという〕命題を，ホルンはさらに徹底させて，次のように結論づけた．すなわち，〔第1に〕

【GA71】「主権(マイエスタース)」は一般に超越的な啓示から明らかになるにほかならず，〔第2に〕「主権」は神の主権の正確な写しであり，そして〔第3に〕「主権」の担い手は，「神のために働く者」（Pro-Deus）として，神自身による以外には何人によっても拘束されることはない．同様にホルンは徹底して，次のことをも結論づけた．すなわち，〔第1に〕主権の主体はあくまで個人としての人間だけであり得るし，それゆえに〔第2に〕君主制だけが始源的で正常な国家形態である．また，君主主権に対するあらゆる制限を，ホルンは，主権の不可分割性・不可譲渡性・遍在性とは相容れないとして退けた．主権はどんなに些細であれ分割されると破壊され，犬には人間の意志および理解がほとんど伝えられないのと同様に，誰か他の人に〔主権が〕与えられることはほとんど不可能である．しかしながら，ホルンは，共和制(レプブリーク)は君主制の人為的な模倣である，と定義した．共和制においては，主権の主体は非常に見い出しにくく，実際には，真の国家権力はまったく存在しない．それどころか，共和制においては，このような一連の〔君主制と〕ほぼ類似した作用をもつ外観だけが，個人主義的な権利関係（「個人の相互的義務」）の網をとおして，契約に基づいて作り出されるが，かの「全能なる神の御業」は，このような方法では，もはや断じて生じることがない．

このような企図の失敗／絶対主義者による神政政治の理念の放棄

神政政治の国家観を復興させるというこの種の試みは，それにもかかわらず，17世紀の国家論のなかでかかる理念が止まることなく衰退していくのを避け

第 1 章　アルトジウスの国家論における宗教的要素

ることができなかった！　自然法の精神は，神政政治の理念よりも強かった．教会からも人民からも独立した支配者主権の擁護者が，イエズス会修道士およびモナルコマキによる純粋に自然法的な構成を継承しただけでなく，その頂点へと導いて以来，神政政治の理念の運命は決定された．論争の末にフーゴー・グロティウスの体系に与えられた測り知れない権威は，あらゆる反論を抑圧した．ホッブズは，万物を併呑する専制政治（Despotismus）を，契約の基礎の上に純粋に合理的に建て，それにもかかわらず，そのようにきわめて世俗的に生み出された国家を「死すべき神」にまで高めた．そのために，それ以降，きわめて極端な絶対主義者ですら，なお，国家および国家権力を超自然的な源泉に還元することが必要となった．しかしながら，ドイツでは，かなり以前から国家を単に自然法的に基礎づけることが通説の公理になっており，サムエル・プーフェンドルフが決定的な一撃を加えた．プーフェンドルフは，今や興隆しつつあるけれども抑制された啓蒙的な絶対主義の精神をもって，哲学的な国家論という〔形に〕具体化された体系を，徹頭徹尾，自然法という基礎の上に形づくり，きっぱりと神政政治思想を退けた．それ以降，ここに，数えきれない「一般国法学の自然法的体系」をともないつつ，理性法という教義の時代が始まった．かかる自然法的体系は，あらゆる解釈の多様性にもかかわらず，全ての超越的な国家概念および支配概念を拒絶するという点において一致していた．

【GA72】

このような展開と自然法の本質をめぐる論争との関係および自然法と神との関係

　ここは，このような展開をさらに辿り，18・19世紀における神政政治の理念の復活を論じる場所ではない．しかしながら，自然法と神との関係をめぐる解釈は，自然法的な国家論のなかに宗教的な要素を位置づけるさい重要であるとしても，自然法の固有の本質をめぐる中世からの激しい論争に注目することを，われわれは同様に断念せざるをえない．ここでは次のことを指摘するだけで十分である．つまり，自然法の支配領域が拡大され，それとともに，自然法は，止まることなく，宗教的理念から自らを解放し，そして合理化を押し進めた．けれども，中世のスコラ哲学は，常識的にはグロティウスに帰される次のような言説を，すでに敢えて主張していた．その言説とは，すなわち，たとえ神が存在しないとしても，また神性が非理性的であり公正ではないとしても，

【GA73】

【GA74】

そのような場合であっても，人間の理性によって認識できる，それ自体拘束力をもつ自然法が存在するであろう！というものであった．

第 2 章

国家契約論

国家契約論におけるアルトジウスの画期的な意義

　神政政治思想の遺産のなかに割り込んできたのは，いずれの場合でも国家契　【GA76】
約論であった．それは，何百年もの間，思想家を専制君主のごとく支配した．
この〔国家契約論の〕発展史にとって，アルトジウスの『政治学』は画期的な
意味をもっている．初めてアルトジウスが，論理的方法によって，一定の原始
契約という前提から国家論全体の学問体系を導き出した．確かにその限りにお
いて，アルトジウスは契約論を理論にまで全般的に高めた．これによって彼は，
独創的というに値する精神的な偉業を成し遂げた．というのは——他のあらゆ
る場合と同様に——かかる体系において類似した思想的材料は蓄積されており，
部分的にはすでにアルトジウス以前に形成されていたからである．

国家契約の 2 つの構成要素

　アルトジウスは，いわば国家を構成している意志の動きを社会契約と支配契
約という 2 つの構成要素へと引き裂くことを，彼の理論の基礎とした．この区
別は，前世紀の終わりまでは通説であったが，一般的にはまさにホッブズによ
って初めて論難されたものであった．この 2 つの基本契約の区別は，決して
〔アルトジウスと〕同程度の法学的厳密さではなかったけれども，すでにそれ
以前から言明されていた．いずれにせよ，その生成と運命は 1 つひとつ，別々
に追究されるべきである．ただその際には，論理的には，支配契約から検討す
るべきである．というのは，支配契約が発展史的には〔社会契約に〕先行する

ものとして現れているからである．

1 支配契約

【GA77】　国家権力の法的基礎として支配契約を前提とすることは，すでに中世において，ほとんど議論の余地のない程に受け容れられていた．

中世初期における最初の痕跡

　その最初の痕跡は叙任権闘争の時代にまでさかのぼる．所有も支配も存在しなかったはずであるとする始源的な自然状態についての教会の見解は，支配契約を論ずるには有益であった．それには，少なくとも次の2つ〔の要因〕が働いていた．その2つ〔の要因〕とは，〔第1に〕ゲルマン法の歴史から得られた自然状態についての多様な記憶であり，〔第2に〕君主と諸身分との協定をとおして一般に認められていた非常に多くの公的な法的関係を，契約に基づいて形成したことであった．しかしながら，何よりもまずその勝利を決定的にしたのは，世俗の最高権力の起源をめぐって，ますます〔強く〕展開されるようになった見解であった．そのなかに，人々はあらゆる国家権力のモデルを認めた．

皇帝権力の起源についての理論をとおしての〔支配契約論の〕形成

　法学は，その起源に基づいて，次の点については始めから意見が一致していた．すなわち，皇帝権力は，ローマ皇帝の支配権（インペリウム）を後継者として継承したものなのだが，最終的には，王法にしたがってかつて人民からなされた〔権利の〕譲渡に基づく．まさに世俗権力の擁護者こそが，こうした基礎づけをさらに拡張していった．〔すなわち〕教皇の要求に反対するためにもまた中世の歴史伝説によって伝承された帝国改変の場合にも，秩序構成権力が，教皇の協働から人民の意志へと移される．帝国が人民に由来するように，たとえ〔帝位が〕空

【GA78】位であるとしても帝国は人民に帰属する．したがって極端な場合には，帝国を民族から民族へと委譲することができるのは人民である．それゆえに，ギリシア人が失った帝位をドイツ人へと実際に委譲する場合には，カール大帝の戴冠式の際に言及された「人民の同意」に固有の権威がある．他方で，教皇は，人

民の意志を執行し公布するにすぎない．同様に，空位の後も，新しい皇帝を選挙する権利が人民にはある．その当時の全選帝侯による〔皇帝〕選挙は，このただ一度限り得られる授権に基づいて，人民の名および委任においてのみ行われる．

哲学的国家論をとおしての一般化

しかしながら，世俗の最高団体(フェアバント)について当てはまることは，神法と自然法とに基礎づけられた原理の帰結であるに違いなかった．それゆえに，実際，すでに13世紀の終わり以降，哲学的国家論は次のような公理を提起していた．その公理とは，すなわち，あらゆる支配の法的根拠は支配された者全体の契約による自発的な服従にあるというものであった．こうしたこととも一致していたのだが，支配者の任命は人民そのものにまた人民にだけ当然帰属するということが自然法の原則であるとされた．まさにここから次のことが結論として導き出された．すなわち，純粋に選挙〔に基づく〕君主制は，世襲君主制よりも神法と自然法とに近く，それだからこそ，教会におけるのと同様に帝国においても実現される．【GA79】

その他の支配の権限に対する契約理念の関係

国家権力は暴力による征服および成功に終わった簒奪の産物である，と教会側によってしばらくの間主張されていたが，そのような〔国家権力の〕成立の基礎は具体的な場合には不本意ながら承認されていた．しかしながら，支配に基づく法の基礎づけには，黙示的ないし明示的な人民の同意という事後的な正当化が絶対に必要であるとされた．〔それに対して〕世俗側が国家を門閥から有機的に発展させることが可能であるとする場合には，さらに，世襲君主の権利を門閥権力への相続から導き出す場合には，通説は，王位継承の全てを，人民の権利がある一門全体にかつて授与されていたということへと還元した．【GA80】

16世紀以降の支配契約論のさらなる形成

中世において形成されたこの理論は，後の数世紀の間，打撃を被らなかっただけではなく，自然法的国家論全体の本質的な構成要素にもなっていった．16

世紀および17世紀の初頭において，この理論は「モナルコマキ」によってその全体系の根拠とされ，また教会側の文筆家によって詳細に基礎づけられていった．それ以外にも，この理論はきわめて異なる傾向を帯びた政論家および法律家によっても採用され，ボダンによって自明の基礎として堅持され，実定的なドイツ国法学の最古の理論家によって受け容れられ，無制限の君主権力を主張する擁護者によってもほとんど批判されなかった．その後，グロティウス，ホッブズ，プーフェンドルフ，そしてトマジウスらが，あらゆる支配者の権利を服従契約に基礎づけた．それ以降，国家権力の契約による基礎〔づけ〕は確固としたドグマになった．〔この契約論に〕反対する個々の論者は，神政政治思想の復興以外の何ものをも対案として示すことができなかった．それゆえに，彼ら反対者はなおのこと成功をおさめることができなかった．

【GA81】

【GA82】

支配契約の意味と内容をめぐる論争

それゆえに実際の論争は，いよいよ，支配契約の意味と内容だけをめぐって行われた．

この論争も遠く中世にまでさかのぼる．かつてローマ人民から君主へと皇帝権の委譲が行われたのだが，すでに注釈学者によって討議されたこの皇帝権の委譲の法的性質をめぐる論争のなかで，かかる論争は，初めて法学的形式をもつようになった．一方〔の人々〕は，これ〔皇帝権の委譲の法的性質〕を，最終的で撤回できない譲渡であると解釈した．他方〔の人々〕は，慣習と執行の認容にすぎないと主張した．この論争は一般化されて，結果として支配者と人民との関係についてのきわめて異なる理論となった．一方では，人民が「身を引いたこと」から絶対的君主主権が推論された．このような意味でホーエンシュタウフェン家も，人民の意志をとおしてその支配の根拠づけを受け容れることができた．他方では，単なる「支配権の承認」を仮定することによって，人民主権論がその姿を現した．その狭間では，支配契約を多様に解釈することが可能であった．すなわち，分割された主権とか，制限および条件に拘束された主権である．

【GA83】

その後数百年の間，この闘争は続いた．〔その間〕人々は支配契約の法学的性質を詳細に定義することに専念しただけであった．すなわち，一方では，前

第2章　国家契約論

提とされた〔権利の〕譲渡をより明確に分析することによって，また他方では，代表ないし委任の観念を発展させて，最終的には，アルトジウスによって純粋な〔統治に関わる〕職務委託契約の概念にまで抽象化されることによって，支配契約は定義された．しかしながらその後，何よりもまず，その当時の一般的な論証方法に対して戦いを挑んだのは，次のものであった．それは，すなわち，事柄の本性に即した時にのみ可能となる契約内容の論理的な推論であり，それは，ますますはっきりと強調され，ますます大きな成功をおさめた．〔それに対して〕それまでの論証方法とは，契約内容の自発性から出発して，それゆえに本質的には，理論上の当事者の意志の推測に終わるものであった．この点に関しては，まさにボダンとアルトジウスこそが，新時代の画期を形成した．すなわち，ボダンは，必然性をもって，支配者へ主権を完全に無条件で譲渡することを，またアルトジウスは，支配契約をとおして人民主権を侵害することは，国家権力の本質からすると不可能であることを，〔それぞれ〕導き出した．

それでもやはり，まさにこの論争のなかにこそ，国家権力の主体をめぐる論争は全て基礎をもっていたので，次章をそれについての論評に当てる必要がある．それに対して，本章では，それ以外のことに注意を向けなければならない．すなわち，支配契約の理念を貫徹することによって，人民のためにも支配者のためにも，契約論の信奉者全員に共通するある一定の帰結が生じた．さらに，契約の観点を保持しながら，一定の帰結を打破することに初めて成功したのは，一方ではホッブズの急進主義であり，他方ではルソーの急進主義であった．

【GA84】

人民の諸権利および人民の人格に対する支配契約論の帰結

人民の諸権利についていえば，支配契約がもつ譲渡という性質を主張するきわめて断固とした擁護者ですら，始源的な人民主権という前提を避けることができなかった．というのは，第1に，譲渡するはずの権利を，人民は，以前には自らもっていたに違いないからである．第2に，設立されるべき統治形態の完全に自由な選択を，人民に，容認せざるを得なかった〔からである〕．第3に，資格をもつ主体（世襲君主制においては，当然のことながら，最初の支配的な一門）の没落によって，〔かつて〕締結された契約が終了するとただちに，人民のこの始源的な主権とこの始源的な選択権が，完全な力をもって改めて生じ

— 79 —

るに違いない，という帰結を避けることはできなかった〔からである〕．
　しかしながら，主権を所有しそれを譲渡するはずの人民は，権利能力と行為能力をもつ主体であるに違いなかった．それゆえに契約論は，実際には次のことを仮定することにおいては，元々〔意見が〕一致していた．〔第1に〕人民は，支配者が任命される前にすでに構成された「団　体（コルポラティオーン）」として存在していた．〔第2に〕人民は，支配契約が結ばれる際には，法的人格を備えた1つの体（ケルパー）として，団　体規則にしたがって単一性（アインハイトリッヒ）をもって行動していた．しかしながら，人民と支配者が始源的な契約当事者であるならば，かつ，契約思想が貫徹されるべきならば，〔契約によって〕成立した国家においても，人民と支配者は相互に義務づけられた2つの権利主体である，と常にみなされなければならなかった．それゆえに人民は，構成員が交代しても同一性を保つ不滅の団　体（ウニウェルシタース）として永続する．まさにこのことにこそ，後の世代に対する原始契約の拘束力が根拠づけられた．すなわち，人民は，今日においても，かつて法的に有効な義務を負った人民と，まさに同じ人民である．同様に始源から一般的にも，人民は，総体として，次のような主体であるとみなされた．すなわち，人民は，支配者に義務を履行させかつ支配者の権利に課された制限を遵守させるという権利請求を，あらゆる手段を駆使して実現する主体である．したがって服従契約論は，人民の権利にとってきわめて不利なニュアンスを帯びた場合であっても，それでもやはり支配者と人民は双務関係にあるという思想を承認するようになった．しかしながら，その際，服従契約論は，国家人格を二元的に分裂させるという代償を払っていた．

ホッブズの契約論における人民が権利をもつことおよび人民が人格を有することの否定
　この二元論のなかに，ホッブズは天才的な洞察力でもって，従来の教義の弱点を見出し，そこに彼の急進的な論理のてこをはめ込んだ．それから国家人格を分裂させることによって，同時にあらゆる人民の権利を根絶した．ホッブズは，万人の万人に対する闘争という自然状態から逃れようとする個々人の最初の結合契約のなかに，すでに服従契約を滑り込ませていた．それによってホッブズは，人民と支配者の契約の代わりに，各人の各人との契約を置いた．その瞬間に，この意志の一致によって，群衆は1つの人格（ペルゾーン）となる．その結果，同じ

第 2 章　国家契約論

行為のなかでただちに，全ての意志と全ての人格を支配者へと不可避的に譲渡することによって，人民は〔その〕1つの人格を再び失ってしまう．個人としての自然的な人格であれ集合体としての人為的な人格であれ，人民の全人格は，組織された国家においては余すところなく支配者人格のなかに組み込まれる．すなわち，人民は，支配者のなかにおいてのみまた支配者をとおしてのみ1つの人格なのであり，支配者なしでは単なる群衆にすぎない．それゆえに，人民は支配者に対抗する何らかの権利の主体である，とみなすことは絶対にできない．しかしまたその概念によれば，個々人には，絶対的支配権に対して完全に権利がない．それゆえに，原始契約から権限を引き出すことがもともとできない．というのは，個々人は，断じて支配者と〔契約を結んだの〕ではなく，自分以外の全ての個々人と，第三者のために，全ての権利と全ての自由を共同でかつ同時に放棄するという契約を結んだからである． 【GA87】

スピノザ

　法概念を権力概念から導き出すこと，社会を創設する理由を理性の力によって説明すること，国家権力の限界および理性の働きそのものによって国家権力を制限すること，そしてここから結果として生じる個人の精神的な自由を留保すること，以上の点を除けば，ホッブズの理論とスピノザの契約論とは，本質的に次の点においてのみ異なる．すなわち，スピノザの契約論は，何よりもまず，個々人が自然権を全面的に放棄することを，単 一 の 体（アインハイトリッヒ・ケルパー）に集約され生命を与えられている〔人民〕全体へ服従することである，と解釈した．かくして，その他の国家形態は，あるべき基準とされた民主政の変種にすぎないとみなした．

個人主義的で単一的（アインハイトリッヒ）な服従契約を主張したそれ以外の同調者

　国家の設立は個々人が直接締結した服従契約によるというホッブズによって完成された見解は，もちろんそれ以外にも同調者を獲得した．彼ら同調者は，全体としてみた場合には，少なくとも支配者に対する個々の臣民の不完全な権利請求を，かの契約から引き出していた．

契約の二元性の復興,かくしてドイツの自然法論における人民の権利の復興

【GA88】　けれども一般的には,この教義は結合契約と服従契約の分離に固執した.それゆえに,すでに1つの人格として組織された人民と未来の支配者の間に引き続き服従契約が結ばれていた.特にプーフェンドルフは,その2つの契約の間に,もう1つの統治形態を定めそれを導入することによって,この理論構成を強固にした.その際,結合された〔人民〕全体は,全く一貫して法的人格とみなされた.それにもかかわらず,既存の国家については,国家人格は完全に支配者人格へと同化する,という見解が確かにますます浸透していった.しかしながら,プーフェンドルフと個々の継承者はホッブズとともに,およそ人民人格を認めなかった.そして個々人だけを,支配者に対抗して根拠づけられた契

【GA89】約上の権利の担い手として認めた.〔それに対して〕たいていの論者は,むしろフーバーの例にならって,支配者によって現された国家人格と並存している人民の特別な人格を擁護しようとした.それゆえに,国家権力の担い手と服従する者全体そのものの間に双務的な関係を仮定することに固執した.

【GA90】　かくして,ホルンによって認識された契約論に内在するあの革命の芽を摘み取ろうとしても,服従契約についてのいかなる絶対主義的な解釈も〔そのためには〕不十分であることが実際に明らかになった.その革命の徴候とは,いつの日にか,自分たちの始源的な主権を教えられた人民が,その喪失を後悔し始めた時には,自ずと広まっていくはずのものであった!

支配者の権利のための支配契約論の帰結

他方,それでもやはり,結合契約とは異なる支配契約の理念が維持されている限りは,まさにその理念こそが,人民主権を謳う制度においてすら,そして人民が選択する場合においても,少なくとも理論的にはある種の超え難い制限を設けた.というのは,その理念は,人民の権利から何らかの方法で独立した支配者の権利を認めることを前提としていたからである.支配者を契約に基づいて支配者たらしめることが絶対に必要であり,それは支配者と服従者からなる団体(フェアバント)としての国家の本質を成すことについては論者の意見は一致していた.

【GA91】　しかしながら,いかになされようとも,これが契約行為である限り,支配者のためにも契約に基づく支配者の権利を生み出した.実際には「モナルコマキ」

ですら，ひとたび任命された支配者にも，協定次第では支配者の門閥にも，確固とした支配権を認めていた．かかる支配権は，もちろん契約違反をとおして喪失される可能性があった．けれども，その時までは人民によっても尊重されなければならなかった．以上のことから，支配者に賛成であれ反対であれ，双務性に基づく法治国家および立憲国家という意味での契約思想を，まさにアルトジウスこそが，いかに全面的に貫徹したか，ということが明らかとなった．

ルソーによる支配契約の破棄およびそれに伴う支配者の権利の破棄

それゆえに，ルソーが契約論から支配契約を削除した時，それは実に革命的な行為であった．全く事前の準備なしに，この一撃が加えられたのではない．しかしながら，初めてルソーが次のことを簡潔な定式化で明らかにし，急進的な前提に基づき自分の仮借のない論理でそれを論証した．すなわち，〔第1に〕支配契約は存在しないし存在する可能性もない，〔第2に〕「統治制度」には，契約の代わりに「委任」だけがある，〔第3に〕委任は，絶対に双務的な行為ではなく，むしろ主権を有する〔人民〕全体の立法行為と執行行為から構成されている．しかしながら，まさにこの点にこそ，ルソーの理論の真に新しい根本思想があった．この根本思想から生じたのは，ルソー以前には存在せずルソーによって初めて本当に明らかにされたあらゆる命題であった．というのは，次のような理由があったからである．〔第1に〕支配契約の破壊が，あらゆる支配者の権利を破壊する道を，ルソーのために用意したからである．〔第2に〕あらゆる組織的権力と既存の全統治形態を単なる結合によって打倒し得る人民集会は，唯一確固として存在する制約のない絶対的権力をもつのだが，この人民集会の絶対的権力からルソーは永久革命の計画を展開したからである．【GA92】

この攻撃にもかかわらず，支配契約は生き延びた．しかしながら，その生命力は失われた．特にドイツでは，契約論を哲学的に完成させたのはフィヒテおよびカントであったが，その際，ルソーの影響があまりにも強かったので，古くからの2つの契約論を再び論じることから理論を再展開することはできなかった．〔それゆえに〕服従契約の内容がどの程度社会契約へ持ち込まれたのか，ということだけが問題とされた……．

2　社会契約

中世の基本的な諸見解における社会契約論の萌芽

　社会契約論は，アルトジウス以前には完全に形成されていたわけではない．にもかかわらず，その基礎はすでに築かれていたのである．

　すでに教父が行っていた聖書の見解と古代の見解の融合に基づいて，中世の教義は始源的で国家なき自然状態を一般に仮定していた．かかる自然状態においては自然法だけが適用され，その自然法の力によって，あらゆる人間の自由と平等と，あらゆる財産の共有（ゲマインシャフト）が存在していたとされる．それゆえに国家状態または市民状態とは〔かかる自然状態が〕後代において変化した状態である，という点について人々の意見は一致していた．この〔変化〕過程の本質について研究する場合には，人々は次のような問題をめぐって一般に行われた討議で，最初は満足していた．その問題とは，すなわち，いかにして，またいかなる根拠をもって，支配と所有が統合された「支配権」（ドミニウム）という概念がこの世界のなかに現れたのか，というものであった．この問題を議論する過程で，国家権力の成立をめぐる問題と，私有財産の成立をめぐる問題が，ますます区別されるようになっていった．そこで前述の性質をもつ支配契約を仮定することによって，国家権力の成立をめぐる問題を解決せんとした．するとただちに，次のような先行問題が提起された．その先行問題とは，すなわち，国家権力の源泉は〔権利を〕委譲するという全体の意志行為にあるはずなのだが，かかる全体そのものは，一体いかにして，その構成員へと及ぼし得る権力を備えた，行為能力をもつ単一の団体（アインハイトリッヒ・ケルパー）になるのか，というものであった．

　それにもかかわらず，中世をとおしてさらに中世以後も長い間，この問題に対する答えは不確かで動揺したままであった．その際影響を及ぼしたのは，次のような古くからの長期にわたる論争であった．その論争とは，すなわち，国家共同体（ゲマインシャフト）は，人間の堕罪の帰結にすぎないのか，それとも，より自由でより純粋な形態においてであるとはいえ，罪なき人間の増加によって生じたのか，というものであった．〔この論争よりも〕さらに重要になったのは，これと関連する次のような論争であった．その重要な論争とは，すなわち，国家の法的根

【GA93】

拠は，実定法のなかにのみ求められるべきなのか，それともむしろ自然法のなかに，あるいは自然法から導き出された万民法のなかに求められるべきなのか，というものであった．そのうえ国家生活の起源について古代から伝承されてきた言説もまたいろいろな矛盾を含んでいて，異なる解釈が可能であった．したがってここでは，錯綜する見解と，しばしば無批判に結びつけられた見解が，数多く展開された．【GA94】

国家団体の成立をめぐる諸観念の抗争

　市民社会の源泉は神の直接的な設立行為にあるという理念は，必ずしも真っ先に消えていったわけではない．人民および国家それぞれからなる特別な単一体(アインハイト)だけが，人類の始源的で創造的な単一体(アインハイト)の成果であり遺物である，とする説が特に繰り返し主張された．けれども一般には，次のような見解がすでに中世において優勢であった．その見解とは，すなわち，アリストテレスによって明らかにされた国家の本質を，神が人間に植え付けたのだから，神は国家共同体(ゲマインシャフト)の間接的な原因にすぎない，とするものであった．それゆえに国家の成立の近因として〔神の代わりに〕自然が導入された．この点に関しては，人間の本質が直接的にかつ必然的に国家団体(フェアアイン)を生み出した，という見解を実際に主張する者が決していないわけではなかった．アリストテレスに精通すればするほど，門閥のなかに昔から存在した共同体(ゲマインシャフト)を徐々に拡大し徐々に改良することによって国家は自然に生じたとする有機体的な発展論に，人々はそれだけますますかたくなに固執するようになっていった．しかしながら，すでに中【GA95】世において，それとは異なる次のような見解がだんだんと勢力を増しつつあった．すなわち，〔神と同様に〕自然とは，単なる「遠因」ないし「誘因」であり，人間のなかで作用する社会生活への欲求および衝動の源泉であり，要するに国家を設立する場合にはいずれにせよ必然的な動因であると思われていた．それに対して，国家団体(フェアアイニーグング)そのものは人間の自由で理性的な行為であると考えられていた．実際に「市民社会(ソキエタス・キウィリス)」の設立は，暴力的行為であれ平和的行為であれ，それぞれの設立方法に基づいた人間の行為であるとされた．しかしながら，結合した全体の始源的で創造的な意志行為を仮定することが，ますます優勢になっていった．この〔人民〕全体の〔意志〕行為は，たとえ〔人々

が〕そのために固有に形成された法概念をもっていたとしても，団体（Körperschaft）の自己構成として特徴づけられなければならなかった．実際に現れていたのは，この種の見解の萌芽であった．しかしながら，それは〔理論的には〕依然として展開されないままであった．というのは，他ならぬ法理論が，このような性質をもって形成された概念を提供したからではなく，団体と社会（ソキエタース）の相違にもかかわらず，それ自体を単一体（アインハイト）として定める〔人民〕全体の単一の行為（アインハイトリッヒ）〔すなわち国家の設立行為〕を，多数の個々人の間で締結される双務的な契約と混同したからである．したがってこのような理由から，政治・公法学者の教義は，いわゆる国家の結合行為を社会契約という範疇に位置づけた．

【GA96】

中世における国家の基礎としての社会契約〔論〕の最初の兆候

かくして，国家共同体（ゲマインシャフト）の基礎は社会契約にあるという思想は，すでに中世において議論されていた．それにもかかわらず，かかる思想は，全体としては，それ以上は発展しないままであった．歴史的には，孤立した個人が共同体（ゲマインシャフト）〔の成立〕以前に位置づけられ，と同時に論理的には，あらゆる共同体（ゲマインシャフト）が個人から導き出されることによって，社会契約思想の個人主義的な帰結へといたる道が各々個別にすでに開かれていた．

16世紀における社会契約論の運命

16世紀においても，社会契約論の一部だけが引き続き議論された．

通説的な傾向をもった政論家は，アリストテレスの影響の下に〔あったので〕，新しい理念に対しては，あからさまに拒絶の態度を，または全く無関心な態度をとった．

通説に対して，かかる新しい理念は，その当時自立的に展開されていた自然法論からは進んで受容された．というのは，自然法・万民法・市民法という法の三重構成に，「家族社会」「人間社会」「市民社会」という社会の三重構造を対応させて，次のことを説明したからである．すなわち，〔第1に〕確かに，自然状態においても確認された「家族社会」については，純粋に自然な成長が仮定され，〔第2に〕「万民法」の根拠になっている「人間社会」については，

【GA97】

第2章 国家契約論

人類の始源的な単一体(アインハイト)の名残であるとされたが,しかしながら〔第3に〕「市民社会」は,「市民社会」によって初めて生み出された市民法と共に,人間の社会的性向をとおして,自然から,間接的にのみ引き起こされた結合行為に還元された.それにもかかわらず,たいてい,そのような一般命題はそのままにされていた.カトリックの自然法論だけが,国家を創設する結合契約の本質をさらに詳しく論じた.しかしながら,まさにそれ〔カトリックの自然法論〕こそが,この概念の展開を全く新しい道へと導こうとした.それは異なるニュアンスをもった表現で,次のことを強調した.すなわち,確かに,政治体の創設は,各構成員の自由で自覚的な結合によって行われるが,しかしながら,〔その創設は〕神が人間に植えつけた自然的な結合の衝動によって,あるいは自然的理性の命令に基づいて,それゆえに自然法に基づいて行われる.さらにそれは,別の文脈においてすでに言及された注目すべきことを試みていた.その試みとは,次のことを証明することによって,社会契約論からその個人主義的な根本的特徴を奪うものであった.それは,すなわち,前述のように生み出された〔政治〕体は,確かにその存在を個々人の意志を排除することに負うているが,しかしながら,各構成員に及ぼす主権的権力を,個々人からではなく,事物の理性的な本性によって直接自然法から,かくして神から受けとったとするものであった.しかしながら,まさにこうしたことによって,カトリックの自然法論は,社会契約〔論〕の発展史において,単なる過渡的なものになってしまった.というのは,結局のところ,ひとたび個人が国家の創設者になった場合には,国家の権力を個人の権利から導き出すこともまた否定できなくなったからである. 【GA98】

社会契約論に対する「モナルコマキ」の立場

「モナルコマキ」は,このような帰結を避けるいかなる動機ももってはいなかった.それにもかかわらず,彼らは何よりもまず,社会契約の理念を一時的に受け容れたにすぎず,その理念を,ほとんどまたは全く発展させなかった.こうしたことは,人民と支配者の契約関係を確定することによって十分に示されたモナルコマキの実践的な傾向から明らかになる.他方,人民全体そのものの組織化についての討議は,理論的な関心を提供するにすぎないと思われた.

それゆえに，オトマンおよび『執政官の権利』[(1)]の著者は，国家社会の成立とその本質については沈黙を守っている．同じことが，ユニウス・ブルートゥスについてもいえる．それにもかかわらず，彼は支配契約の発展史において傑出した地位を確保していた．このグループに属するその他の文筆家は，とりわけブカナンおよびマリアナは，確かに，支配者と契約を交わした市民社会は始源的には孤立して生きている人間の結合行為の産物であるとした．しかしながら，この結合行為の性質については彼らも不問のままにしている．ザロモニウスだけは，「市民社会」を根拠づける社会契約思想を多少くわしく論じている．にもかかわらず彼もまた，社会契約思想を，支配者の法的地位をめぐる問題のために利用したにすぎない．

【GA99】

アルトジウスによる社会契約論の完成

こうしたことが，アルトジウスが自説を展開した時の，社会契約論をめぐる状況であった．それゆえに，これまで（【GA21】以下および【GA48】で）述べた社会契約論についての批評を一瞥すると，アルトジウスが社会契約についての固有の理論の創始者とみなされるはずである，という議論は実際に正当である．というのは，アルトジウスは，人間共同体の営み全ては結合した人々の契約に基づくという思想を，突如として，彼の政治体系および社会体系の構成原理にまで高めたからである．同様に，アルトジウスの『政治学』の冒頭で述べられたのは，「結合体（コンソキアティオー）」という類概念は，結びつけられた人々の明示的なまたは黙示的な合意に根拠づけられる，というものである．家族の結びつきについてでさえ，それを自然でかつ必然的な関係であるとするけれども，アルトジウスは契約の原則という擬制を堅持している．それからアルトジウスは，団体（コルポラティオーン），共同体（ゲマインデ），そして国家についての契約思想を全面的に展開する．かかる契約思想をアルトジウスは，例外なく，人間の社会的性向によって制約されていたとしても，自由意志によって成立した関係であるとした．アルトジウスは，ここでは，根拠になっている形式的な「社会契約」を全般的に認める．かかる「社会契約」をアルトジウスは躊躇なく市民法の規則に従わせる．さらにアルトジウスは，契約に基づいた共有化（フェアゲマインシャフトゥング）の内容を，あらゆる種類の団体（フェアバント）ごとに詳細に分析することによって，次のことを試みるための手段を獲

— 88 —

第 2 章　国家契約論

得する．その試みとは，すなわち，個人と共同体(ゲマインシャフト)というそれぞれの法的領域の間に，同様により小さな団体(フェアバント)とより大きな団体(フェアバント)というそれぞれの法的領域の間に，確固とした境界線を引くことであり，アルトジウスが企図するまでは，このような方法では決して行われなかったことである．社会契約の概念だけを用いてアルトジウスが成し遂げたのは，社会の各構成員に及ぼす国家高権を全て付与された人民全体〔という概念〕の構築であった．その後になって初めてアルトジウスは，人民全体とその受託者との間に存在する契約関係を論じる．それゆえに既存の国家についても，アルトジウスは，「社会(ソキエタース)」という範疇を全般的に適用し，そして，国家の内容を全て，双務的な権利・義務関係の総和から説明する．このことと符合するのだが，国家共同体(ゲマインシャフト)が従来の領域を越えて拡大するためには，新たな契約を，したがって各構成員の満場一致を，アルトジウスは要求する．それゆえに，アルトジウスはそのあとで，契約理念の最終的で哲学的な帰結を完全に明晰に示し，共同体(ゲマインシャフト)のあらゆる権利を人間個人の生得的権利（angebornes Recht）から導き出す．国家高権もまた，アルトジウスにとっては，最終的には，自由意志によって譲渡され共有化(フェアゲマインシャフトゥング)された個人的権利の産物にすぎない．この個人主義的な根本原理を緩和することは，アルトジウスの場合には，次のことを仮定することによってのみ実現する．その仮定とは，すなわち，国家は，その権限を，個人から直接引き出すのではなく，不可欠な一連の中間団体（Zwischenglieder）をとおして引き出すというものであった．【GA100】

アルトジウス以降の自然法論における社会契約〔論〕，とりわけグロティウスの社会契約〔論〕

　この種の社会契約体系を主張することによって，アルトジウスは同時代に先行していた．もちろん，アルトジウスによって展開された思想は，全体としては，なお 17 世紀が経過するなかで，ほとんど完全な勝利をおさめるはずであった．けれども，実際には，社会契約思想は，神政政治の理念の信奉者によって支配契約ともども反論された．それだけではなく，相変わらず伝統的なアリストテレスの軌道の上を悠然と歩み，にもかかわらずたいてい支配契約を受容した政論家によって，程度の差こそあれはっきりと非難されたか，またはたか

【GA101】だが些細な契機として受容された.しかしながら,グロティウス以降ますます優勢になっていく自然法学派は,社会契約思想を,その国家論のなかに取り容れた.グロティウスその人は,しばしば非常に強くアルトジウスを想起させる表現で,その国家の定義と一連の重要な推論の根底にかかる社会契約思想を位置づけたが,グロティウスにとって自明と思われる公理を固有な方法で原理的に根拠づけることだけは絶対にしなかった.さらに17世紀の中葉以降,まさしく問題であったのは,何らかの影響力をもつ自然法的国家論全般において一致して受け容れられた社会的な根拠づけをめぐって,なお多種多様な理解と多種多様な展開が存在していたことであった.

ホッブズの理論と社会契約の概念の関係

いずれにせよ,本来の「社会契約」の概念とその概念から導き出されたあらゆる結論に敵意をもって反論したのは,アルトジウス以降の最初の思想家にして,いわゆる市民社会における契約の根拠を徹底的に分析した鋭敏な思想家で【GA102】あった.というのは,ホッブズは,前述のように孤立した個々人の最初の結合行為は,今やただ1人権限を付与された支配者の下への全面的な服従契約である,とただちに主張したからである.しかしながら,それでもやはり,ホッブズによって再構成された一度限りの原始契約は,依然として,万人のために共通な関係を樹立せんがための各人の各人との契約であり,そして,その契約の内容は,第三者のために生得的自然権を同時に放棄することを契約者に義務づけるものであった.それゆえにホッブズは,実際には,社会契約の概念と一線を画していたわけではなかった.〔ホッブズの契約論に〕類似したスピノザの契約論は,それどころかまさしく,この〔社会契約の〕概念へと移行した.そして,個々人が一度限りの直接的な服従契約を結ぶというホッブズ的な思想が,ホッブズの思想を信奉する者の間で被った全ての変化についても,程度の差こそあれ同じことがいえる.

プーフェンドルフとその継承者の社会契約〔論〕

それだけになおいっそう決定的だったのは,〔第1に〕特にドイツにおいてプーフェンドルフとその継承者によって作りあげられた通説が,服従行為に先

第 2 章 　 国家契約論

立ち個々人が独自に法を創造するという結合行為に固執したことであり，〔第2に〕同理論が，形式的に，結合行為を社会契約の範疇に包含し，かつそれを社会契約の規則の下に位置づけたことであった．それゆえに通説は，国家とは次のような「社 会（ソキエタース）」であるとみなし，そして論じた．その国家とは，すなわち，きわめて完全で，きわめて複合的で，そしてきわめて永続的な社会として，一連の社会のなかで最終的な構成部分を形づくるが，しかしながら，社会という概念の枠組みから出ることのないものである．このことと一致するのだが，通説は，初めてアルトジウスが行ったのと全く同じ方法で，ますます自立的になっていく，そして，ますます広範になっていく自然法に基づく社会論の一般部分を作り上げた．かかる一般部分において，同理論は，「社 会（ソキエタース）」と「団 体（ウニウェルシタース）」の完全な同一視の下に，単一性（アインハイトリッヒ）をもった，契約という根拠に基づいて組み立てられ，純粋に個人主義的な色彩を帯びた，したがって徹底的に社会に適合的な，団 体（フェアバント）概念を形成し発展させた．その次に通説は，「一般国法学」は社会法〔団体法〕（Gesellschaftsrecht）の特別な一部分であるにすぎないと論じた．かかる社会法において，同理論は，その理論を各種の団 体（フェアバント）に適用した．けれどもやはり，社会契約とならんで服従契約が不可避的に国家の根拠づけの一部を成すという〔通説の〕前提と一致させ続けるために，ますます重要な意味を帯びてゆく，いわゆる「平等な社会」と「不平等な社会」の区別が導入された．後者の「不平等な社会」は，命令する者と服従する者の分離によって特徴づけられ，それを形成することが国家の本質的特徴であるとされた．かくして通説は，今や，次のような命題を提起することができた．すなわち，確かに結合契約によって全く「平等な」社会が，しかしながら国家の基礎が，ようやく生み出されるにすぎない，それに対して，服従契約によって初めて，「不平等な」社会への変換が引き起こされ，かくして国家が生み出される．しかしながら，このような社会の区別と同時に，通説は，次のような機会を手に入れた．その機会とは，すなわち，〔第1に〕国家へ〔権利を〕譲渡する場合に，「不平等な社会」の特質を考慮することによって社会法（Societätsrecht）を恣意的に修正するものであり，〔第2に〕程度の差こそあれ，「不平等な社会」であることを本質とする絶対主義的制度の要求に〔社会法を〕適合させるというものであった．

【GA103】

【GA104】

第Ⅱ部　アルトジウスの国家論に刻印された政治理念の発展史

イングランドの社会契約論

【GA105】　この点についていうと，〔ドイツとは〕反対にイングランドでは，その間に，特にシドニーおよびロックによって，社会契約論は，人民主権の意味において展開された．イングランドの理論は，支配契約をあからさまに放棄することはなかったが，その意義を二次的なものに引き下げた．イングランドの理論にとっては，国家は，基本的に個々人の社会的な結合によって成立する．かくして，この点において社会契約思想は，アルトジウスにおけるのと同様に，再び政治制度の核心を成すようになった．それだけではなく，社会契約思想は，ルソーが政治制度のために要求した，あの独裁政治を準備した．

個人と共同体の関係をいかに解釈するかということに対する社会契約〔論〕の発展史の帰結

　それにもかかわらず，先駆者に対するルソーの位置づけを考察する前に，次のような帰結をなお考察しなければならない．その帰結とは，すなわち，個人と共同体の関係をめぐる見解に対して，社会契約のしばしば錯綜かつしばしば分裂した発展史が，結果としてもたらしたものである．というのは，そこにこそ，社会契約論全体の世界史的な意義が存在するからであった．

　あまりにも異質に理解されたあまりにも異なる政治的傾向に役立つ教義の信奉者のなかには，明らかに，この点においても〔個人と共同体の関係をめぐって〕徹底的な対立があった．それにもかかわらず，原則的な問題においては，ある種の〔意見の〕一致が共通の前提からの不可避的で論理的な帰結として生じた．この思想潮流は，時にはこの方向へ時にはあの方向へと脇道にそれたが，それにもかかわらず，全体としては止まることなく同じ方向へと流れていった．

共同体の個人からの導出

　社会契約論の免れ難い特徴として，ますます明確になったのは，理論的に，共同体を個人から導き出すことであった．自分自身〔の理論〕に忠実であろうとするならば，最終的には，常に，次のような命題に達せざるを得なかった．その命題とは，すなわち，〔第1に〕孤立した個々の人間は団体〔フェアバント〕〔の成立〕よりも前から存在する，〔第2に〕あらゆる団体〔フェアバント〕は，個人的行為の総和の産物

第 2 章　国家契約論

である．〔第3に〕団体(フェアバント)のあらゆる権利も，かくして国家権力そのものも，分離されながらも統合された個人的権利の総体であるというものであった．〔しかしながら〕各自然法論者は，幾度となく繰り返し，〔第1に〕この社会契約論の理論的個人主義に反対し，〔第2に〕再び〔人民〕全体から筆を起こし，〔第3に〕にもかかわらず，国家高権を個人から独立した源泉から導き出すことを試みた．かかる試みは見込みのないものであった．〔というのは〕彼らは，国家なしで生きている人間の結合行為をとおして国家が成立するという観念に固執していた〔からである〕．【GA106】

国家の成立に対して主権を有する個々人がもつ自由意志の意義と，その結合動機についての理論

　かくして社会契約の教義は，国家のこのような個人主義的な根拠づけをさらに詳細に論じざるを得なかった．すなわち，国家によるあらゆる拘束の法的根拠は，個人の自由意志に移されたのであった．というのは，かかる教義は，国家〔成立〕以前の自然状態を想定することから論じ始め，どのような自然状態を想定するのかという点については確かに数多の論争に明け暮れ，しかしながら，人間の始源的な自由と平等という思想およびそのなかから結果として生じる始源的な個人の主権という思想においては，常に意見が一致していたからである．もちろんかかる教義は，自然状態において妥当する純粋な自然法をとおして現れるような，人間に対する何らかの法的拘束をすでに確定していた．しかしながら，このことをとおして，個人の主権が破棄されるとはほとんど思われなかった．それは，個別国家の主権が国際法によって破棄されないのと同様であった．その場合の国際法とは，自然状態のなかで自由で道徳的な人格として生きている人民のために存続している純粋な自然法であり，それどころか，ますますより一般的に，明確に定義され構成されたものである．往々にして，自然状態とは，敵対的な孤立ないし無関心な孤立にかわる人間の自然な共同体（Gemeinschaft）であると仮定された．それにもかかわらず，社会契約〔論〕の信奉者たちは，この点に関してははっきりと，形式的に組織され，その構成員に対する何らかの権力を付与された「社会(ソキエタース)」についてのあらゆる思想を広く拒絶した．このような状態から，「市民状態」または「社会状態」への飛躍【GA107】【GA108】

― 93 ―

は，実際には明らかに，次のような方法にのみ基き法に則って実行され得た．その方法とは，すなわち，主権を有する個人が，自由意志によって自己支配権を放棄するというものであった．そのような移行過程を擬制するものは，実際に言葉と概念が一致するはずならば，文字どおり確かに，社会契約論であった．もちろん，このような社会契約論の信奉者は，自然状態と社会状態を混同するように人間の意志を規定した，一般的にある程度強制的な「誘因」を想定せざるを得なかった．しかしながら，この場合，おびただしい〔数の〕論争のなか

【GA109】を彼ら信奉者は迷走していた．すなわち，信奉者たちは，個々の事情に応じて，生得的で内的な社交本能か，外部から刺激された動機か，このいずれかを決定

【GA110】的であるとみなし，同時に自覚的に省察する理性が程度の差こそあれ働くということを前提としていた．この論争のなかで信奉者たちにとって常に問題であったのは，国家の遠因は何であるのかという問題であり，創造的な契約を直接行う人の動機と動因は何であるのかという問題であった．それゆえに，信奉者たちは，一致して，国家の法的根拠を，完全にかつ排他的に，この契約の実質をなす「合意」のなかに求めた．信奉者たちは，かかる「合意」を，その「合意」以前に存在する，およそ全ての内的・外的強制にもかかわらず，法的には自由で，それゆえに〔国家の構成員相互に対して〕拘束力をもつ意志表示である

【GA111】とした．かくして，すでにアルトジウスによって貫徹されたのだが，彼ら信奉者は，端的に，国家とは「自発的な社会」であるとみなした．外部からの力によってのみ根拠づけられ統合された団体（フェアアイン）を，信奉者たちは経験的には可能である，とやむを得ず認めていたが，しかしながら，構成員の明示的なまたは黙示的な事後の同意をとおして初めて，その団体（フェアアイン）を法的に存続させた．ますます断固として，信奉者たちは，その根本的見解を特徴づける次のような命題を提起した．その命題とは，〔第1に〕始源的な結合契約は，一般には，その参加者の合意を必要とする，〔第2に〕あらゆる個人には，それ自体として，自分自身を結合契約に関与させない権限と自然状態に留まる権限が付与されなければならない，〔第3に〕設立された団体（フェアバント）に多数決の原理が適用される根拠は，〔団体の設立〕以前の明示的なまたは仮定上の，団体（フェアバント）を設立すると

【GA112】いう満場一致の合意にのみ見出され得る，というものであった．最後に，信奉者たちは，次のような帰結を免れることはできなかった．すなわち，〔結合契

第 2 章　国家契約論

約締結〕後に国家という社会のなかに生まれた全ての構成員も，〔外部から〕その国家に移住してきた全ての構成員も，国家によって拘束されるということが，「黙示的な契約」という仮定をとおして個人主義的な契約によって根拠づけられたのである．

国家権力に対抗する個人の権利と，人間の権利についてのドグマの展開

　たいていの場合，設立された全体と個人の権利関係（または全体の権利を継承した支配者と個人の権利関係）については，社会契約論は論争の余地を残していた．というのは，この点については，万事は次のこと次第であったからである．すなわち，事柄の本性に応じて必然的に意欲されたのであれ，仮定のうえで意欲されたのであれ，いかなる内容が契約者の合意に帰されていたのかが問題とされた．しかしながら，この場合，主観的な判断と実践的な傾向は，ほとんど妨げられずに貫徹され得た．それにもかかわらず，一般的には，社会の概念を徹底的に展開する場合には，少なくともこの社会契約論の教義は，何よりもまず，近代の国家論を古代の見解から区別するあの思想に駆り立てられていた．すなわち，すでに中世の制度を一般に隈なく照らし出し，アルトジウスの『政治学』においてその姿をついに完全に現し，そして，グロティウスとその学派によって継承される，国家にとっても不可侵の，ある一定の不可譲渡の，個人の権利についての思想である．確かに，契約の解釈についての通常の規則によれば，社会契約を結ぶ場合には，社会の目的を達成するために，それが不可避的に求められる限りにおいて，個人が自然法の下でもっていた主権を放棄する，ということが受け容れられなければならなかった．しかしながら，人々は，実際には，すでに中世以降，ある限定された国家目的を確定するということでは意見が一致していたから，もちろん，〔個人から〕共同体（ゲマインシャフト）に譲渡された権利の範囲を，目的に応じて多様に決定することができた．たとえば，いろいろなニュアンスを帯びた古くからの福祉目的の理論に与したり，または単なる法目的の理論にほとんど同化したりした．しかしながら，いずれにせよ，次のようなある教義が結果として生じた．すなわち，〔第 1 に〕国家〔の成立〕以前に支配的であった自然法は，国家によっても修正されるにすぎず，破棄されることはない．〔第 2 に〕それゆえに，自由と平等という人間の始源的な人権【GA113】

についても，市民状態と一致できる〔自然法の〕残余が必ず存在する．最後に，ここから，国家に対抗する個人のための，恐らく不完全ではあるけれども保障された，真の権利請求が生じる．それゆえにホッブズも，この問題全てにおいて，〔前述のような〕社会契約論の教義を非難する論者を急進的な勇敢さをもって擁護せんとした時には，原始契約のために次のような固有な定式を提起した．すなわち，社会契約の概念の萌芽を改めて摘み取り，それに替えて，〔第1に〕あらゆる自然権が国家のなかで消滅すること，〔第2に〕個人が生得的自由権全てを不可避的に放棄すること，〔第3に〕臣民は支配者に対抗する権利を絶対的に喪失すること，以上のことをその定式は確かに根拠づけ得るものであった．それにもかかわらず，ホッブズですら，個人のためにある一定の留保がなければならないとし，またスピノザは，同じ原則に基づいて，個人の精神的な自由および道徳的な自由を，目的として同時に制限として認める国家秩序を要請していた．しかしながら，通説的な学派に属する自然法論者は，まさにホッブズに対する論争のなかで，古くからの社会契約概念をもって，個人の始源的な自然権の存続についての古くからの定理を引き続き展開した．今や初めて，あの生得的で不可譲渡の人権の体系が，確かに止め難く成長してきた．かかる人権の体系は，最終的には自然法論全体の固有の核〔になる〕と思われた．フーバーが成し遂げたように，このような方向へ法治国家の理念は形成されて

【GA114】いった．原則的には絶対主義的なあらゆる傾向〔をもつ〕にもかかわらず，かかる法治国家の理念に忠誠を誓ったのは，プーフェンドルフ，トマジウス，J. H. ベーマー，および類似の傾向をもつそれ以外の文筆家であった．かかる理念は，イングランドではロックによって古典的に完成された．ドイツではヴォルフとその継承者によって，理論的に詳細な解説のなかで独特に表現された．

【GA115】その際，国家目的を安全保障および権利保障の承認にのみ限定することが，プーフェンドルフ，ロック，そしてJ. H. ベーマーによって通説の見解にまで高められ，それが，国家契約によって言及されなかった基本的権利の領域を徐々に広げる適切な機会を提供した．同時にこの理論は，その原則に基づいて，特にトマジウス，ロック，そしてJ. H. ベーマーが良心の自由のために指導した闘争をとおして，理想的な目的を最重要視することができた．さらに，初めてロックが人格の自由と並んで所有権をあらゆる社会組織よりも優先させた時に，

第 2 章　国家契約論

かつ「自由と財産」は保障のためにのみ個々人から国家へ信託された人間の2つの不可侵の原権利であるとした時に，来るべき純粋で個人主義的な経済理論の基礎が築かれた．またクリスチャン・フォン・ヴォルフは，長期にわたって権威のあった重要な自然法の体系のなかで，生得的で不可譲渡の人権と，市民的に取得された権利の区別を貫徹した．前者は，自然状態の自由と平等から市民社会へと救い出され，自発的な〔権利の〕放棄によっても国家の法令によっても，個人から有効に剝奪され得ないものであった．このヴォルフの区別が貫徹された時に，「人権宣言」として公式に完成された，あの展開のための道が開かれた……．

ルソーの『社会契約』

　ルソーが社会契約についての煽動的な著作を著した時（1762），社会契約論は，非常に豊かにかつ非常に多様な形で，すでに完成していた．前述したように，ルソーは次の点を満たす限りにおいて，真の革命的な革新を成し遂げていた．すなわち，ルソーは支配契約を抹消し，社会契約が国家の唯一の法的根拠であるとし，かつ，公法関係その他のあらゆる根拠とは絶対に相いれないとした．しかしながら，この全能な排他的結合契約そのものを，ルソーの革命的な【GA116】プログラムという意味において完成するためには，彼はすでに存在している要素を組み合わせさえすればよかった．実際には，ルソーは，社会契約についてのイメージを，本質的に次のことによって完成させた．すなわち，ルソーは，民主的な先駆者から，あらゆる構成員の自由と平等に合致する純粋に社会的な枠組みを借用し，そして，この枠組みを，ホッブズ的な原始契約という絶対主義的な内容で満たした．ルソーは，自発的な合意が自然権を制限する社会的絆として唯一考えられる法に則った源泉であるとして（それも成人間の家族の絆ですらも同様であるとして），それゆえに，それだけで人民を人民たらしめる行為であるとする（第1篇第1～5章）．すなわち，ルソーは，〔第1に〕国家高権を，始源的に主権を有する個々人の生得的権利の　共　有　化（フェアゲマインシャフトゥング）の産物として理論構成し，〔第2に〕国家によるあらゆる拘束を個人の自由な合意に根拠づけ，〔第3に〕〔このように理論〕構成された国家を，徹底的に，結合した個々人の総計と一致する社会として論じ，〔第4に〕国家という団体（フェアアイン）についても，

97

【GA117】純粋に個人主義的な目標を設定する．その目標とは，すなわち，世界の災いのゆえに失われていった自然状態における自由と平等を，社会的な媒介によって再び生み出すこと以外の何ものでもなかった．しかしながら，このような目標を達成するために唯一論理的に考えられ得る法的に妥当な手段とされるのは，個人のあらゆる権利を，主権を有する〔人民〕全体に絶対的に譲渡するという内容の結合契約を授けること（各構成員をそのすべての権利とともに，共同体全体にたいして，全面的に譲渡すること）であった．そのようにして生じるのは，個人主義的な出発点および目標の全てにもかかわらず，その都度その都度の多数者の意志のなかに現れる主権者の無制限な専制政治（Despotie）であり，かかる専制政治に対抗してルソーは，破壊できない本来の人権概念を，一連の矛盾と詭弁によって救い出すことしかできなかった．

ルソー以降の社会契約〔概念〕の定義

【GA118】ここでは，社会契約論のさらなる展開を個別に辿ることを止めざるを得ない．社会契約論の普及はますます一般的になり，社会契約論の構造はますます機械論的で，合理主義的で，そして個人主義的になっていった．その際ルソーの定式化は，より大きな影響を及ぼした．ルソーの影響が，社会契約とは独立して理論構成された支配契約という古くからの仮定に固執するシャイデマンテルおよびシュレーツァーといった文筆家にすら現れたが，その影響は，一般的には，支配契約の消滅によって特徴づけられている．個人が共同体によって完全に包摂されるというルソーの仮定に対してだけは，通説の自然法論は一致して反論した．かかる自然法論によってますます明確に前面に出て来る不可譲渡の人権のために，社会的結合行為を個人の人格の一部に限定することによって，この自然法論はゆるがすことのできない基礎を獲得せんとした．このような方法で，チェザーレ・ボネザーナ・ベッカリーア（1738-1794）は，個人が犠牲にする自由の範囲を，あらかじめ可能な限り狭く想定することによって，死刑の許しがたいことを，社会契約から結論として導き出すことができた．またヴィルヘルム・フォン・フンボルトは，国家を個人の目的のための単なる手段にまで引き下げることを徹底的に貫徹し，それによって「国家の効力〔の及ぶ範囲〕の限界」についての考えられ得る限り最大の制限を，社会契約から導き出

すことができた．そしてフランス革命がその過程のなかで，ますますルソーの専制政治の（despotisch）理念を現実化するようになっていった時，それ以外 【GA119】
の点では自分の〔学問の〕師の急進的で機械論的な理論構成をなお高く評価していたシエイエスでさえ，この点については，それにもかかわらず，個人の擁護ために異議を唱えた．

フィヒテにおける個人主義の頂点

　自らの始源的な法哲学および国家哲学のなかで社会契約思想を，ひいてはその思想に内在する抽象的な個人主義を，その頂点に導いたのは，ヨハン・ゴットリープ・フィヒテであった．その哲学のなかでフィヒテは，主権を有する個人の，一瞬のうちに更新されていくきわめて自由な同意を，法秩序全体および国家秩序全体の基礎とした．それゆえにフィヒテは次のような帰結を前にして，それを恐れて後退することはなかった！　その帰結とは，すなわち，いかなる個人に対しても，国家という団体（フェアアイン）から離脱する権利を常に保障し，またいかなる多数派に対しても，「国家のなかの国家」を組織する権利を保障するものであった．というのは，「たとえ一方的であるとしても，人が望むならば，契約を解除すること」は「人間の不可譲渡の権利」であるからであった．それゆえにフィヒテは，生真面目にも，いかなるものであれ多数決の法的妥当性に対して疑いをさしはさみ，そしてきわめて力を込めて，一方では絶対的に〔意見の〕一致に固執し，他方では唯一の随時の救いとして意見を異にする人を非構成員として扱うことを認めた．その限りにおいてフィヒテは，主権を有する一般意志と主権を有する個々人の意志の総和を同一視することにこだわっていた！　ところが，それにもかかわらず！　フィヒテは，すでに比較的初期の著 【GA120】
作において，実践的には，国家絶対主義にかなり歩み寄ることができた．その限りにおいて，抽象的な個人主義と急進的な国家絶対主義はいつでも一脈相通ずるものがあった．フィヒテは，後になってから名付けた「高次の」国家観を展開し，それどころか今度は，個人を，人類が生存する場である国家のための単なる「器官」にまで引き下げた．そうした時でもフィヒテは，従来の自然法に基づく契約論の内容を，若干の変更を加えるだけで守ることができた．その限りにおいて，国家契約論は弾力的であったのである．

カントの理論

　イマヌエル・カントが，その抽象的な法治国家および理性国家を社会契約思想に根拠づけた時，最後の偉大な勝利を勝ちとったのは，社会契約思想であった．契約思想の論理的な帰結であるのだが，カントもまた，原子論的で機械論的な国家観を免れることができなかった．それにもかかわらず，そのような国家観を克服する端緒を示す一連の契機を契約論のなかに導入したのは，まさにカントであった．カントは，歴史的には，国家契約の実在が「事実」であるとは認めず，そして実践的には，「理性の理念」の実在だけを要請した．すなわち，「理性の理念」によってア・プリオリに理論構成され得るのは国家だけであり，「考えられ得るのは国家の正当性だけ」である．そうすることによって，カントは，国家の法的根拠をめぐる問題を，国家の成立をめぐる問題から引き離し，少なくとも後者の問題において，一層深い歴史的な理解のための，とらわれない道を開いた．さらにカントは，国家という社会へと入ることは拘束力を有する理性の命令であり，自然状態に生きる個人によるその命令の遵守は強制され得る法的な義務であると定義した．このように定義することによってカントは，哲学を，次のような理論へと移行させる道を準備した．その理論とは，すなわち，国家の法的根拠を，もっぱら，カントの理性の必然性〔の世界〕へ移すものであった．最後にカントは，確かに先駆者と同様に，主権を有する一般意志とは個々人の意志の結合にすぎないとした．しかしながら，現象人（homo phaenomenon）と本体人（homo noumenon）という区別に基づき，カントは経験的な意志の合計を理性的な意志の合計に置き換えた．そうすることによってカントは，国家とは個人主義的な社会であるという考えから，実践的にはきわめて危険な端緒を摘み取り，そして経験的に所与の国家権力は，主権的理性法という抽象的な原理をとおして支配されなければならない，ということを要請するに至った．

【GA121】

【GA122】

契約論の克服

　カントによって成し遂げられた哲学的な修正は，国家契約をめぐる自然法論に，なお一層長きにわたる存続および展開を保障した．しかしながら，思ったより早く，歴史法学のなかからそして法哲学のなかから，かかる自然法論に対

する克服し難い敵が復活してきた．その法哲学とは，両極端へと分裂するあらゆる傾向がありながらも，繰り返し繰り返し，〔人民〕全体および共同体(ゲマインシャフト)からその理論を展開するものであった．このような論難者の集中攻撃のために，自然法論は，最終的には倒れ，その姿を消した．しかしながら，われわれは今日でもなお，その失われることのない成果を享受している．その成果とは，すなわち，自然法論が，自らが招いた筆舌に尽くし難い誤謬と危険の最中にありながら，自由と権利についての思想のために闘いとったものである．

第3章

人民主権論

1 中世における人民主権論の形成
――ローマ法学者,カノン法学者,および政治・公法学者――

　すでに見てきたように,国家契約論の発展により,早い時期にそして一般的に,人民全体がすべての公的権力の始源的主体とみなされるようになった.同時に,支配契約という理念がより明瞭に表されるようになってきたので,支配者も〔人民〕全体も設立された国家においては互いに独立し〔相互に〕対立する2つの権利主体であり続ける,と考えられるようになった.しかしわれわれはこれに関連してすでに以下のことを指摘しなければならなかった.すなわち,支配者と人民の間に存在する公的権利関係について,支配を認めるということの本質は「委譲」なのか「承認」なのかに関する古くからの論争から,必然的に相反する理論が結果として生じたということである.

　「承認」に過ぎないという前提から,人民主権論が中世において生まれた.

　中世では遍在する制度を〔誰しもが〕ほとんど無視できなかったのと同様に,確かに,中世の委譲理論といえども異口同音に,固有の能動的な政治的権利を人民全体に承認していた.そしてその権利によって,君主の権利は明確に制限されていた.なるほど多くの面から〔見て〕,非常時に君主を罷免する人民の権利は,そうした制限と一致すると思われた.しかしながら,いずれにせよ,この理論の信奉者は,〔第1に〕君主は「人民より大きく」,真に「上位者」であると述べ,〔第2に〕「支配」(imperium)に関する〔君主に〕ふさわしい排

【GA123】

【GA124】

他的権利を彼のために要求し，〔第3に〕とりわけ人民の立法権力が継続するということに対して強く異を唱えた．

逆に，承認理論も，契約が守られている場合には奪い去ることの出来ない，独立した君主の権利を承認していた．しかしながら，その理論は，執行のために継続的に与えられる国家権力の実質を人民に残しており，それによって「人民は君主よりも大きい」という一般命題を打ち立てた．このことから承認理論は特に，〔人民〕全体には依然として君主に並ぶそして君主を超える立法権力が当然帰属し，人民全体は君主の職務執行に対して当然引き続き統制するという結論を導いた．そして人民には義務を忘れた君主に関しては審判を下す権限と，その君主を判決と法にしたがって解任する権限があるはずであるという一層踏み込んだ結論を大いに強調し擁護した．

【GA125】　最初に帝国で用いられて発展し，それから一般化したこれらの命題によって，いかなる国家形態においても人民が固有な主権者である，と事実宣言された．それにもかかわらずたいていは，実際，君主制が最も優れた正常な統治形態であるという中世の基本理論は保持された．しかしながら本当のところ，君主というものは原理的に共和制の執政官と同等であった．このことは，人民が固有な主権者であるという基礎の上に立てられた政治体制においては，同様に現れている．その他の点では非常に異なった理念で満たされていても，そうなのである．

マルシリウス・フォン・パドヴァ

民主的な急進主義をどこまでも貫くことにより，マルシリウス・フォン・パドヴァは「市民全体」と「支配する側」との間に権力を分配する，あらゆる国家形態に当てはまる抽象的なモデルを打ち立てた．パドヴァにとって主権者とは，常に立法者のみを意味する．しかし，立法権力は必然的に人民にあり，またそうであり続け，人民は立法権力を投票権のある市民の集会，あるいは彼らに選ばれた代表者の集会において行使する．立法という手段によって人民の意志は国家を作り出す．その国家には構成員全体，統治制度，官僚組織が伴う．それゆえ，人民の意志はとりわけ，「全体的な共同体」そのものでは行うことが出来ない固有の統治事務の遂行のために，最高執政官の職務を創設する．し

かし，支配者は立法者に従属したままである．彼は単に「立法者によって彼に承認された権威によるもの」でしかなく，国家の「二次的な，道具のようなあるいは執行的な部分」でしかない．それゆえに，支配者は立法者によって任ぜられ，正され，止むを得ぬ場合には解任される．支配者においては最終的に「全体そのもの」のみが重要であるべきなので，支配者は，彼の統治全体を可能な限り人民の意志と調和するよう（「彼ら臣民の意志と同意に基づいて」）指導しなくてはならない．

ルポルト・フォン・ベーベンブルク

しかし，君主制的かつ穏健であると思われるルポルト・フォン・ベーベンブルクでさえも，明確に次のように述べている．すなわち，帝国人民は「君主その人よりも大きい」のであり，（特に君主が空位の際や皇帝が怠慢である場合には）法を制定し，皇帝を廃位し，その上，根本的に，帝国を他の民族の手に委譲することができ，それぞれの人民は自らの王に対して全く同じ権利をもつ，と． 【GA126】

ニコラウス・クサヌス

同様に明確に，ニコラウス・クサヌスも人類の普遍的団体(ウニフェルサールフェアバント)という中世の思想を近代的内容で満たそうと試みる．その際に，彼はあらゆる段階で人民主権の原理を貫徹している．彼の説によると，臣民の自発的な同意以外におよそ世俗権力の正当かつ神意にかなった起源というものはない．しかし，任命された支配者も，団体(フェアバント)の規模の大小にかかわらず，団体においてはただ全体の法の執行者であり，全体意志の担い手（あたかもそれ自らのうちに全ての人々の意志を担うもの）でしかない．支配者が全体によって作られたものであるという自覚をもっている限り，彼は1人ひとりの父となる（「彼は，自らを，あたかもすべての集合的に服するものそのもののために創造されたものであると認識することによって，1人ひとりの父が生成される」）[1]．依然として彼は立法の支配の下にある．立法は，その拘束力が従う人々の同意に由来するという法令の本質により，必然的に全体に帰属する．さらに，支配者が全体から選ばれるので，彼は自分への委任の範囲内に「執行」と「裁判」を授かる．それらを行う際に，

彼は継続的な統制に服しており，自分の職権から逸脱する場合には人民によって裁判され罷免され得る．しかし，これらの命題は時効にかからない神のそして自然の法であるから，いかなる実定法を制定してもそれらからその効力を奪い取ることはできない．

さらに同様に，15世紀中にあらゆる理論的論証において人民主権論の特徴が繰り返されている．それらの論証によって，力をつけつつある君主の権力に対抗して諸身分の権利を守ろうとする試みがなされている．

人民主権論の教会への転用，および教皇と公会議の闘争におけるその形成

【GA127】　しかし，この理論〔人民主権論〕がより高次のそしてより一般的な意味を獲得したのは，教皇派と公会議派の間の大きな闘争に際してそれが教会へと応用されたことによってであった．公会議によって教会全体の権利が代表されるというのはある点で君主制原理を打ち破る思想だが，教皇絶対主義の教義には，たとえその絶頂においてすら，必ずしもかかる君主制原理を打ち破る思想を全面的に排除する力はなかった．そうではあるが，教皇絶対主義の芽を純粋に教会法的な基礎の上に確かに開花させることにより，ある理論が成長することができた．その理論によれば原則として教皇がもつ優位性をおとしめることなく，特定の関係においては〔教会〕全体の例外的優位性が妥当するべきであった．

【GA128】　しかし，比較にならないほど大胆な見解へと高まっていったのは，14世紀初頭以降の反ローマ教皇的教義であった．それは，かかる教義が，自然法的な国家および社会の構成を教会に応用することと実定法的論証を結び付けた時のことである．そこに至るまでに，すでにヨハン・フォン・パリスは教皇を普通の団体(コルポラティオーン)の長と同等視するまでになっていた．けれども政治的人民主権論を教会に移し替えることを貫徹させたのは，なかんずくマルシリウス・フォン・パドヴァとオッカムだった．そこでは，彼らは公会議によって代表される〔教会〕全体に，真の主権者のあらゆる権限を授けただけでなく，その上，後代のいかなる公会議主義者とも異なり，あえて主権を有する全体意志を平信徒にも能動的に担わせた．

教会のなかでは全体が自然法に基づいていて不滅の主権をもっているという理論が完全に仕上げられた．〔しかし〕大公会議時代の文筆家は，能動的構成

第3章　人民主権論

員を制度上聖職者に再び限定した．そしてそれはピサ，コンスタンツ，そしてバーゼルの公会議で正式に認められた．

　ドゥ・アイイ，ジェルソン，ザバレラ，アンドレアス・ランドゥーフ，ディートリヒ・フォン・ニーム，そして他の同時代人においては，教会制度全体は次のような思想に根拠付けられた．その思想とは，すなわち，教会権力全体は，その実体においては不可分割で不可譲渡であり，公会議によって代表された「教会全体」に宿っているが，それに反して，その執行においては，教皇と公会議とに共同に帰属するというものである．この関係をより詳細に定義するにあたり，彼らは互いに幾重にも意見を異にするものの，全体としては次の点で一致する．すなわち，彼らは，〔第1に〕教皇には最高の君主的統治権力の通常の執行を委ね，〔第2に〕公会議には，その君主的統治権力を規定し，矯正し，あるいは起こるかもしれない教皇の代理〔を務める〕権限を付与された始源的なより完全な権力を与える．それゆえに，公会議は，より重要な統治行為に際しては協働しなければならず，教皇の権力濫用に対しては干渉し，教皇を裁判し，罷免し，そして身体的に罰しさえしなければならない．公会議は通常は教皇によって召喚される．それにもかかわらず，この目的のためには自らの判断で，教皇なしにそして教皇に反してでも，公会議は成立し得る．教皇座空位の間は，公会議がその補完的権力によって不在である教皇の地位にさえつき，「全てのものに代わって，独力であるいは何らかの機関によって」統治権を行使することができる．新たな首(かしら)を選ぶことも公会議そのものが行うので，規則にしたがってこれに招集される枢機卿は会議の代表としてのみ行為する．もちろん，これらすべての命題では教会の君主制的統治形態を侵害することが考えられていたのではなく，貴族制的要素と民主制的要素を導入することによって「混合政体」を樹立することが考えられただけだった．「混合政体」はすでに古代において「最良の政体」として推薦されている．まさにこのことによって示されているのは，ひとえに，あらゆる国家形態の上にある人民主権という思想によって，君主制の概念がすでにいかに完全に解体されているかということである．なぜなら，あきらかに，教会権力の他の担い手は，普遍的教会会議の単なる派遣委員と呼ばれ，その教会会議が彼らを決議によって無条件に拘束し，衝突の際にはただ教会会議のみが教会を意味し，したがって教皇の「上位」に

【GA129】

【GA130】

第Ⅱ部　アルトジウスの国家論に刻印された政治理念の発展史

も立つからである．

　その上ニコラウス・クサヌスは，時効のない「神法と自然法」であると彼が宣言した人民主権の原理を教会において最も全般的に貫徹している．そのとき同時に，彼は教会の構成と国家の構成の間に最も完璧な並行関係を貫いた．

【GA131】　そしてこの同じ思想は，後の公会議支持派の教会法学者によって基礎とされるだけでなく，教会法の実定法的説明にますます利用されるようになっていく．

この教会の理論が政治的教義の歴史に対してもっている意味

　教会統治組織の教義にはこうした〔人民主権の原理を貫徹しようとする〕強力な運動が存在したが，その運動はまさに教会の統治組織に注目しているために，当然ながら，大部分は，特殊教会的な見解によって支えられ決定されている．その限りで，その運動はわれわれの論考の範囲外にある．したがって，その運動は，ここでは一般に軽く触れられるのみで，それが教会的見解にとってもっている精神的内実の豊かさは全く考察され得ないであろう．しかし，それにもかかわらず，――そしてこのことゆえにその運動は完全に無視されることはあり得なかったのだが――その運動は同時に自然法的国家論の発展史において重

【GA132】要な一章を成している．なぜなら，その運動の主な特徴の1つとして，その運動が進むなかで教会は，〔第1に〕ますますはっきりとそしてより強く「政体」として理解され解釈され，〔第2に〕古代の理念と自然法的基礎の融合のもとに国家のために作り上げられた統治組織のモデルに従わされ，最後には，完全な国家統治組織の理想を〔教会〕そのもののうちに実現することが使命であると公言されるからである．それゆえに，これに関して教会は，神法と自然法に基づく不可譲渡で時効のない全体の主権という思想を利用し，確立し，発展させながら，実際に同時に数え切れないほどの仕方で政治的人民主権論の発展に貢献した．それゆえに，正しい意味で教皇主義のための最初の学問的反動が始まったのは，一般に人民主権の原理を否定しながらトゥレクラマタがそれを開始した時であった．そして人民主権の原理に反対する者は，人民主権の原理が，根源的には誤っていて存在し得ないものであるということを証明しようとした……．

　その理論のさらなる展開を辿る前に，中世の教義によって作り上げられた概

第3章　人民主権論

念，すなわち，われわれがこれまで「人民主権」という，とにかく非常に多義的な名称で呼んでいた概念を，2つの観点でより詳細に分析しなくてはならない．第1に，最高権力の主体として定められた「人民」ということで，中世の理論は何を理解していたのかを問わねばならない．そして第2に，人民と支配者の間で争われていた権利に代わって，「主権」という概念がどの程度まで展開されていたのかを探らねばならない．

1.1 中世における人民の概念

有機的団体論

人民（Volk）が，国家において人（Person）となる有機的人民全体という意味で理解されるとただちに，人民主権の概念は国家主権の概念に変わる．まるで，中世の理論は迫り来るこの変化を避けようがなかったかのようである．

というのは，一般に全体という理念から出発する中世の根本的な思想に代わって，人間の団体（フェアバント）を有機的とみなす考え方が自ずと生まれ，もしそういうことなら，後代の哲学的国家論もまた，聖書の比喩と古代のモデルの影響を受けながら，そこから生じてくる次のような類推を徹底的に行う結果になるからである．すなわち，より規模の小さいすべての団体（フェアバント）と同様に人々全体（メンシュハイト）は魂を吹込まれた1つの肉体になぞらえたのである．教会と帝国に結び付けられている人々は，単一の有機体であるという古くからの観念，すなわち「キリストがその首（かしら）である神秘的な体」という古くからの観念は，あらゆる党派にとって冒すべからざる神聖なものであった．そして，あらゆる党派はこの観念を，明らかに非常に異質な法学的結論を引き出すために徹底的に利用した．そして，まさにニコラウス・クサヌスこそが――われわれは彼を人民主権論の擁護者としてまず第1に挙げなくてはならない――再び，命あるものが天地を覆うという構想を新しい壮大な形で作り上げ，教会と政治の全体系をその構想と結びつけた．しかし，全く同様に，各々の特別な，教会のまたは世俗の団体（フェアバント）は，したがってとりわけ国家は，1つの「神秘的な団体」として特徴づけられ論じられた．しかも，その「神秘的な団体」を，「道徳的・政治的な団体」として「自然的および有機的団体」とは多様に異なるものの，けれども根本においては

【GA133】

【GA134】

— 109 —

それ〔「自然的・有機的な団体」〕と一致するものとして特徴づけ論じたのである．この際，すでに早くも，幾分かは，人々は全く表面的な擬人的傾向に迷い込み，国家のそれぞれの部分にふさわしい肢体を発見する努力が熱心になされた．しかしながら，そのような小細工を弄した努力によって歪められるかどうかは別として，同時にさまざまな表現方法で，有機的考察の精神的内実が展開された．そして国家とは，本質的に次のような共同体的生活単位から成り立っているという思想が追求された．すなわち，自然的有機体に類似した，調和した共同体の秩序があり，〔そのなかでは，全体の一部である〕各部分は，独自性をもち，しかるべく配置され，個別の権限をもつ部分を構成する．議論の鋭さに程度の違いはあっても，この根本思想からすでに以下の見解がそれぞれ展開されていた．すなわち，その見解は，〔第1に〕個人とは，生きている1つの【GA135】全体の部分としてあるということ，〔第2に〕身分的および社会的な相違は，〔ちょうど〕有機体において諸要素が異なりながらまとまっているように，〔そのようなものとして〕存在するということ，〔第3に〕個人とより高次の全体の間に媒介団体(フェアバント)が不可欠な中間団体として存在するということ，〔第4に〕数多のものを1つにまとめる有機体として統治制度があるということ，〔第5に〕統治制度の適切な権限は有機体の役割としてあるということ，〔第6に〕各部分は諸器官としてこれらの役割を任ぜられているということ，〔第7に〕支配者は，各々の有機体において必要な，最高かつ指導的な器官として存在するということである．

国家人格概念の不徹底

しかしながら，中世の有機体的国家観は，そのようにあらゆる点で〔根本思想が〕熟成されたにもかかわらず，そして国家の独自の法学的構成を展望することができたはずであるにもかかわらず，その最終目的の達成を阻まれた．まさにそれゆえに，中世における国家有機体論は，原子論的かつ機械論的な国家〔の理論〕構成が止め難く進展していくことを，ここかしこで覆い隠すことはできたものの妨げることはできなかった．

というのは，国家権力の主体は何かという，全ての法学的な国家構成における先決問題に関して，有機体的思想は，一般に，単一的全体の人格という法概【GA136】

第3章　人民主権論

念を構築したものの,〔それが獲得した〕有効性と重大性はそれだけでしかなかったからである. かかる法概念構築の貫徹は,中世にはなされなかった. 中世の法律の専門家は, もちろんすでに幾分かは非常に厳密な仕方で, 国家の理念的権利主体〔の概念〕を使用していた. けれども, この場合彼らは, 市民法学の影響を受けたカノン法学の団体(コルポラティオーン)理論によって私法の基礎の上に作り上げられた法人格という概念を論じていただけだった. この法人格は, ますます一般的に, 純粋に思考の上での創造物(「代表された人格」), すなわち「法の技術」によって根拠付けられた擬制(「擬制された人格」)とみなされ, その他の多様な解釈があるにも係わらず, いずれにせよ単に表面的かつ機械的に実在の人々全体と結び付けられていた. それに対し, 奇妙なことに, 中世の固有の政治・公法学者においては, 教会と国家に人格概念を直接用いることはほとんどどこにも見られない. しかし, 彼らが人格概念の帰結を受け入れることを通じて, その概念を間接的に使用する場合, 彼らは一貫して市民法学の影響を受けたカノン法学の団体(コルポラティオーン)理論に依存している. しかしながら, そこからもう一歩のところにある次のような思想はわずかな痕跡すら見えない. その思想とは, すなわち,〔第1に〕法人格概念を社会的有機体の概念との結合によって深め,〔第2に〕社会的有機体の概念に存在する実質的生活単位を同時に権利主体として定立し, そして〔第3に〕擬制された人格の幻影を実在の全体人格 (eine reale Gesammtpersönlichkeit) という概念によって排除するというものである.

それゆえに, 実際は, かかる中世の〔有機体的な〕教義が国家主権思想にまで高まることはあり得なかった. 国家権力の主体に関する研究においては, むしろ, 一体としての国家人格〔という思想〕は完全といっていいほどに消滅し, 代わりに現れたのは権力を行使する権限〔をもった〕目に見える担い手であった. そして, 支配者および人民集会において具現化されたあるいは具現化されると考えられた2つの権利主体の間においてのみ, より上位のより完全な権利をめぐって国家権力の主体〔性〕が争われた. そして国家はそれらの2つの権利主体に割れた. 【GA137】

支配者人格

支配者が権利主体として定められる限り, 市民法学の影響を受けたカノン法

─ 111 ─

学の擬制的人格概念により，教会で以前から実現されていた先例に倣って，支配者に支配者として帰属する権利の領域と，支配者に私人として帰属する権利の領域が，確かにますます区別されるようになった．しかしながら，この目的のためには，擬人化された国家というカテゴリーよりもむしろ擬人化された地位（Würde, dignitas）というカテゴリーが用いられた．それは，その時々の保持者を超えて存続する支配者の職が，その保持者に左右されない，権利と義務の総体の，永続的担い手となることによる．しかし，いずれにせよ，おのおのの「地位」によって表わされた権限の範囲内で国家権力の主体が議論される際には，王が在位の間は，国家人格という概念は成立せず，国家権力の主体は生ける支配者人格によって完全に表現されていた．

人民人格

【GA138】　この支配者に並んでであれ支配者の上にであれ，人民は今やその権利主体であると宣言された．そのことによって，たしかに首(かしら)というものはいなくなっているから，組織された1つの全体という理解もなくなった．むしろ，〔支配者による〕統治に対立した人民全体の固有な権利主体性が明らかになった．しかし，この人民全体は，決して個々人が多数存在するということと同一視されはしなかった．それどころか，人民全体ははっきりと「〔1つの〕団体(ウニウェルシタース)」とみなされた．この「団体(ウニウェルシタース)」には，ローマ法学によって「団体(ウニフェルシタース)」のために作られてきた規則が例外なく適用された．そしてこの「団体(ウニウェルシタース)」では特に，もっぱら団体のしかるべき集会において規則に従った全体の決議をとおして，それ自体に与えられた権利主体性が展開された．有機的思想という対立する影響からの個々の痕跡があったにもかかわらず，全体としては止め難く次のように考えるように迫られるばかりであった．すなわち，他の全ての「団体(ウニウェルシタース)」と同様に，この「団体(ウニウェルシタース)」も結局は法学的単一体に集約された個人の総和に他ならず，この「団体(ウニウェルシタース)」が〔単に〕その「団体(ウニウェルシタース)」には構成員が現在多数いるということと区別されるのは，「ばらばら」にではなく「集合体として理解されている」ということであるに過ぎない．そのような見解は，まさに，政治的人民主権論のきわめて精力的な擁護者においてきわめ

【GA139】て明確に現れるだけでなく，この理論が教会に転用されたとき，教会権力の最

高主体にまで高められた「信徒全体」に関して，極めて単刀直入に表明されてもいる．

そのように，実際は，すでにその中世の表現様式において人民主権論が含んでいたのは，後代において非常に豊かに展開される，あらゆる国家権力の主体と考えられた「人民」の純粋に原子論的・機械論的な構成の芽であった．

1.2 中世における主権の概念

さて，しかしながら，さらに次のような疑問を出してみよう．人民と支配者の間の今問題になっている権利にとって，主権概念はすでに形成されていたかどうか，そして，どのような意味で形成されていたのか．そのように問えば，次の答えが明らかになる．すなわち，この概念は，中世の始源的思想体系には全く異質であったものの，中世の教義の内部においてその発展史の最初の段階をすでに通っていたということである．

対外的〔主権概念〕

主権概念の対外的側面は，ここで間接的にのみ考察される．ここでは以下のことのみが注意されなくてはならない．すなわち，元来人類の普遍的団体(ウニフェルサールフェアバント)の理念が，その団体の一部分の対外的主権という考えを排除する一方で，漸次的に法学上はバルトルス以来特に目立つようになった，上位者を承認する団体(ウニフェルシタース)と上位者を承認しない団体(ウニフェルシタース)の間の区別によって，主権概念は少なくとも相対的に基礎づけられたということが注意されなくてはならない．その主権概念は，その後，部分的には古代の国家概念の哲学的再生産によって，また部分的には皇帝の世界支配に対する政治的対立によって，絶対化された． 【GA140】

対内的〔主権概念〕

対内的主権概念もまた，本来の中世的な思想体系のなかに入り込む余地はなかった．というのも，その思想体系には以下のような観念が行き渡っていたからである．すなわち，最高の世俗的権力を含むすべての権力とは，神によって直接ないし間接に与えられた，一定の法的制限のある，責任ある職務であると

いう観念である．

支配者主権という理念

しかしながら，すでに 12 世紀以来，支配者の職務の古来の理念は，今や勢いを得ていた絶対主義的教義の側から撃退されるかそれとも修正されるかした．というのもかかる教義は教会における教皇にと同様，帝国における皇帝に完全な権力を与えるよう要求したからである．かかる君主の完全な権力には，それ以後実際にはますます主権的権力のあらゆる属性が与えられた．主権的権力の担い手は実定法を超えたものとして位置づけられ，その権力の内容は概念上当然あるものと宣言され，その権力の実質は不可譲渡，不可分割，非時効として扱われ，従属するすべての権力は主権的権力から単に委任されたものとして演繹されたにすぎない．

【GA141】しかし，時の経つうちに，そのように構想された支配者主権という理念は，全ての独立国に伝播しただけでなく，同時にその独特の君主制的装いをはぎ取られた．その意味で，特に，一方では法学の長きにわたる研究によって構築され，ますます一般的になった高権論が影響を与えた．この重要な高権は，破壊不能で譲渡不能な状態で，しかも 1 つの単一体に集中した状態で国家権力という概念そのものに含有されるものである．しかし他方，統治組織形態についてのアリストテレスの理論およびその分類の根拠を受容したことによって，次のような観念も復活した．すなわち，各々の国家形態においては，個人としてであれ集会としてであれ可視的な支配者（命令する者）が支配される者（臣民）に対する主権的権力の主体でなければならないという考えである．

〔主権の〕人民への譲渡

そのように，君主主権の敵も，改めて主権概念を問題にしなかった．むしろ彼らは，いかなる国家形態においても，人民のために真の固有な支配者の定立を要求した．それゆえに，もちろん彼らは，意のままになるあらゆる武器をもって，君主の完全な権力という概念に対して戦った．その代わりに今や人民の職務高権という意味に改造された君主の職務概念を蘇らせた．しかしながら，【GA142】彼らが君主から闘い取ろうとしたその完全な権力を，権力の完全性という本質

— 114 —

第3章　人民主権論

的属性をしっかりと保ったまま，人民を代表する集会に移した．そしてわれわれは，それゆえに，実際，すでに中世に関して一般に主権論を語ることができたのと同様に，人民・主権論についても語ることができる．

中世的主権概念の限界

われわれはここで次のことだけは注意しなければならない．すなわち，中世の理論ではかかる主権概念はすでに個別的に多様に展開されており，この主権概念は後代に確かに強調されるが，その強調されたものとは，かかる主権概念は原理的に2つの点においていまだ全く異なっていたということである．

すなわち，第1に，〔われわれの〕一致した見解によると，この中世の主権的権力は法・に対して，万能なるものとして効力をもつのではなく，主権的権力が実定法よりも上位にあるにも関わらず，自然法によって作られた限界に拘束されていた．これについては後に考察する（第6章）．

第2に，しかし，同様に〔われわれの〕一致した確信によると，非主権的な主体が国家権力に関与する〔ための〕独自の権利要求は，主権者という概念によって決して排除されなかった．それどころか，君主主権の信奉者は，全体の政治的権利に明らかに固執し，人民主権の信奉者は支配者の政治的権利を明確に支持した．その結果，これら両極端の理論によってさえも，国家にはある種の立憲的特徴が保たれていた．それゆえに，以下のこともあり得た．すなわち，〔第1に〕原理的に「制限された」君主制を要求することが，君主の主権と調和したということ，〔第2に〕「混合的」統治形態の概念にはいかなるためらいも抱かれなかったということ，そして，〔第3に〕人民主権という大地に権力分立論の芽が育まれたということである．もちろん，主権概念は不可避的に常に次の帰結をもたらさないではいなかった．すなわち，国家の構成員のうちの1人が最終的には「最高」権力の主体でなければならず，構成員の間で衝突が生じた場合には「最高」権力の主体のみが目に見える形で国家を体現せねばならない，ということである． 【GA143】

2 宗教改革からアルトジウスまで

宗教改革の影響

　中世の人民主権論は，教会と国家における権力の闘争と運動を促し，また同時にそれらに促されてもいた．それは教会と国家の権力闘争とともにあった．他の場合と同様にここでも，理論と実生活の間を支配する相互作用を暴露すること，人民主権論が徐々に一般化していった過程をたどること，そして，宗教改革時代のその内外の変革および変革の試みと人民主権論との関係を描き出すことは，ここでのわれわれの課題ではない．いずれにしても，人民主権の理念は近代世界の誕生に際して不可欠の働きをした直後に，官憲思想に完全に屈服した．そのようにして，人民主権論は理論においてもしばらくの間舞台から消えた．

「モナルコマキ」の理論

　人民主権論は，血なまぐさい事件との関わりから直接生まれた．プロテスタントはこの事件を，君主の国家権力が強化されて異なる宗派を抑圧したものと見た．改革派の「モナルコマキ」もカトリックの「モナルコマキ」も，双方とも同様に寛容思想からは全く縁遠かった．さらに両派のモナルコマキは，信仰の純粋さに対する配慮という使命を国家権力に委ねた．そのため，自らの宗教活動と教会生活を君主の侵害から守るために，彼らは国家権力そのものを君主の手から奪い取ろうとして，人民主権論を復活させた．

　この際，たいてい日常的な活動について書かれた沢山の書物のなかでは，本質的にはすでに中世において完成していた理論が再生産された．新しい視点が現れ，先鋭化された定式も現れ，そしてなかには結果がいっそう広く及ぶものもあったが，それらには互いに何の脈絡もなかった．アルトジウスにおいて初めて，一般国法学の完結した体系のなかに組み込まれることによって，それまでに立てられたすべての命題は高度な学問的意味，そしてとりわけ厳密な法学的表現をとっただけでなく，射程の長い重要な新しい思想もそれに加わった．

【GA144】

第3章　人民主権論
根本命題の定立

　その理論の根本命題は，まず古来の方法で，君主は個人より大きく全体より小さいと，それゆえに人民は，君主よりも大きく，より優れたより偉大な主人であると定式化された．ある者は，人民に「君主そのものよりも大きな権力」を与え，それによって国家のなかでの「最高権力」を人民に与えた．しかし，アルトジウスがはじめて，人民の固有の権利に，以前は国家にしかなかった主権という明確な概念を当て，君主主権の信奉者によって専門用語に作り直された「主権〔マイエスタース〕」という名称を用いた．

支配者の性質

　「モナルコマキ」は異口同音に，人民に対して支配者を，契約によって任ぜられた最高位の人民の官吏として特徴づけた．この官吏には国家権力を行使する権力が認められていた．その権力はたしかに独立した権利であったが，しかしながら明確に限定されていた．同時にモナルコマキは，支配権力を，職務委任による限界と臣民の権利によって制限され，統治組織と法令にのみ拘束された権限であると定義した．彼らは，このような君主制概念についての見解と，ありうるかもしれない人格的主権の概念との関係をあいまいなままにした．この点でもアルトジウスが最初にその原理の完全な帰結を引き出した．彼は，双方に対して拘束力のある任命契約思想を，すみずみにまで，純粋に私法的な定式で貫徹した．人民はその任命契約によって，職務の主人として，直接自らが執行するのではない主権的権利の執行を，最高位の職務執行者に委託する．その者は，与えられた委託の枠内で，その執行に関して独立した権利をもつ．しかし，何よりもまず，彼は次のことを明確に述べた．すなわち，実際のところ，人民の主権の他に君主の主権が存在する余地はあり得ず，それゆえに実は国家形態の違いは存在しない，むしろ統治形態の違いがあるだけであり，それは「最高執政権力」が君主制的組織であるかあるいは多頭制的組織であるかに応じていると．

【GA145】

人民の権利の内容

　〔人民〕全体の優越性に由来する人民の諸権利に関して，すべての「モナル

コマキ」は彼らが人民に与えた以下の権限に主たる重要性を置いていた．それは，「専制君主」となった支配者に暴力によって抵抗し，彼を裁判にかけ，そして必要な場合には罷免し，罰するというものである．一般に，これとともに〔1つの流れとして〕次のような一致した教義への固執がみられた．それは，宗教改革の闘士によって，前述（【GA58】，原注4〔邦訳省略〕）においてすでに引用されたカルヴァンの意見から展開され，リーグ派の擁護者によって変更されることなく継承され，アルトジウスによって体系的に完成されたものである．すなわち，正当な支配者はその職務義務（Amtspflicht）に違反することによって専制君主となり，そのような「僭主」〔称号による専制君主〕（tyrannus quoad titulum）に対しては一切のことが許されているが，他方，職務義務に反する「暴君」〔執行による専制君主〕（tyrannus quoad exercitium）に対しては，個々の私人に受動的抵抗権のみが許されているということが説かれ，これに対して下級の執政官は，彼らに委ねられた住民の保護のために，専制君主の執政に積極的に，そして非常時には武装して抵抗する権利と義務があることが説かれた．最後に，人民自身が代表者集会によって，それがない場合は直接集まって専制君主を裁き，彼を正し，必要な場合には罷免し罰を与え，それどころか死刑にするかあるいは公敵として法律保護外におく権利をもっているということが説かれた．支配者の暴力または人民の代表の多数による義務違反によって，この秩序にかなった手続きが妨害される場合には，この教義では，その擁護者の多くにおいては，明確に革命が呼びかけられ，マリアナの場合には暴君殺害（Tyrannenmord）を勧告するところまでいった．一方アルトジウスは，ここでも他の場合と同様に，統治組織法は形式的にも侵してはならないという考えに固執した．もう1つの流れとして，すべての「モナルコマキ」は，支配契約によって吸収されることのない人民の権利の1つとして，立法に際して決定的〔に重要〕な協働を強調した．同時に，ある者は国家領土と国家財産に関する人民の所有権を強く主張した．さらに〔ある者は〕すべての国家官吏は，最高の支配者が彼らを指名した場合，あるいは世襲の官職に封じた場合でも，宮廷官吏とは違って実際には主権的人民の官吏であり，それゆえに主権的人民にのみ従属すべきであるという命題を立てた．最後に，オトマンが，留保された人民の権利を敷延して，〔人民が〕恒常的に統制する体系へと作り上げた．

第 3 章　人民主権論

そしてそれによって議会主義的君主制の構想を立てた．この議会主義的君主制では，一般身分制会議が人民の名において国家全体の福祉（「国家全体の繁栄」）に関わる事柄すべてに，権威（「聖なる侵し難い権威」）をもって協働するのである．しかしアルトジウスは，最高執政官に対して当然に留保された人民の権利があるという，あらゆる国家形態に同じく当てはまる図式を貫徹し，これと同時に，代表者会議にそのようなものがない場合は人民の直接集会に恒常的共同統治を認めた．そればかりではなく，もっとも重要なことがらを決定するのは代表者会議あるいは人民の集会だけであり，君主は彼のもとに送られてきた議決を執行する義務があるとした（前述【GA30】）．

人民主権原理の基礎づけ／支配契約に由来する議論と主権の本質に由来する議論のアルトジウスにおける結合

最後に，人民主権原理の基礎付けに関して，改革派の「モナルコマキ」の場合，一部新しい神学的論証が現れた．それだけでなく，何よりも個々のラント法の歴史から具体的歴史的に演繹する試みが際立っていた．それに対して，人民主権論の理性的基礎付けははじめは本質的に古いままであった．それは完全に契約論に基づいていて，契約論の助けによって，次のことを証明しようとしている．すなわち，〔第1に〕人民の権利は支配者の権利の源泉として必然的により上位の権利であるということ，〔第2に〕支配者は人民によって人民のためにのみ存在し，人民なしでは決して存在し得ないので，人民に従属しているということ，〔第3に〕支配者の任命に際して全体は自発的にそして理性に従って契約するが，その自由を完全に譲渡することは意図され得ないということである．この非常に不確かな推論に，アルトジウスは実際のところ，全く新しい，きわめて長く影響を及ぼした論拠を挿入した．彼はそれを契約の本質による論証に主権の本質の論証を結びつけることによって行った．こうして，彼は，人民の主権的権利の絶対的な不可譲渡性，不可分割性，非時効性（前述【GA19】および【GA29】）に関する彼の命題に到達した．それによって彼は，確かに，とりわけ彼の同時代人を驚かせた．恐らく彼より前にすでにこの傾向の予兆が少なからずあった．しかし，この射程の長い命題を明確に定式化した者は彼以前にはいなかったし，いわんや同じほどに高い論理性をもって定式化

【GA148】

【GA149】

した者もいなかった.

　前述のことすべてから, アルトジウスの人民主権論はその新しく固有な特徴を, 主に, 洗練された主権概念の応用に負っていることが明らかになる. それゆえにわれわれは, この理論のさらなる運命をたどる前に, 今や再び, 一方では主権概念の歴史を概観し, 他方この主権をめぐって争った諸々の主体についての見解における変遷を問わなければならない.

2.1　この時代の主権概念

　この文脈で興味深い中世の主権概念は, 国家内部の生活への方向性をもっているのだが, ボダンに至るまで重要で学問的に新しい特徴を少しももってはいなかった. 有力な学説は支配者に主権的国家権力を与えたが, その学説は支配者に与えられた主権概念に内在する制限を, 除去するよりもむしろ強化する傾向があった.

16世紀における主権概念の衰退

　宗教改革によって神政政治思想が神学的に刷新されたことにより, 神法によって, 上に立つ者の職務の性質が最大限強調された. 同時に, そこから生ずる義務と制限とが強調された. それらに違反し, しかもそれが度重なる場合は, 人民の能動的抵抗権が, さらには, 誠実さを欠く支配者を罷免する権限さえも【GA150】擁護された. 実定法学は始源的な人民主権の譲渡によって根拠付けられた支配者主権を前提とすることに固執した. しかしながら, まさしくそのきわめて重要な擁護者は, 「君主は法に拘束されない」という命題にそれまで与えられていた効果を奪うことを試みつつ, 主権的権力が統治形態と法令に拘束されていると主張して精力的に戦った. そしてほとんど一般的に, 主権者の権利と並んで, 人民の国家への独立な請求権が原理的に承認されていた. 自然法学者のなかでは, 特にカトリック教会の傾向は, 支配者主権の概念を否認はしないまでも, 部分的には, 人民主権と同様の結論に到達するほどにその主権概念を和ら【GA151】げた. 政治・公法学者についていえば, もちろんマキアヴェリが主権概念の強化に多大な先駆的貢献をした. しかしながら, 国家権力の理論構成は彼によっ

第 3 章　人民主権論

て直接言及されてはおらず，その他の点では差し当たりアリストテレスの理論を土台としていた．

ボダンの業績

　そして実際，画期的な業績を完成させたのはボダンだった．彼は「主権」すなわち「ユース・マイエスタース」の概念を，厳密に「市民と臣民に対して最高で，法令に拘束されない権力」の意味で定式化しただけでなく，論理を徹底させて彼の〔述べる〕すべての帰結にその概念を一貫させた．彼は，一方では，いかなる時代的なあるいは実態にもとづいた限定も，統治形態または法令によるいかなる制限も，譲渡や分割や時効による個々の構成要素のいかなる分離も，主権の本質とは矛盾すると述べた．他方では，率直に，個人に存するのであれ集合的単一体に存するのであれ，ただ支配者しか主権の主体たりうるとは認めないとした．これら大きく分けて2つのことによって，彼は立憲国家の理念を完全に破壊した．彼によると，絶対的民主制，絶対的貴族制，絶対的君主制という3つの単純な国家形態のみが存在するのであり，それらのなかでは最後のものが最良である．それゆえに彼は，主権的権利が分割されるがゆえにかえって「諸国家の堕落」となる混合国家形態の概念を徹底して否認する．そこで彼は，実際に現れるこの妥協的な国家体制を説明するために「国家のあり方」と「統治の方式」を区別する．もちろん，この「統治の方式」は国家形態とは別なものであり得る．けれども，「統治の方式」とは，統治の手段として主権に奉仕する諸々の職務を組織化することでしかない．彼は，同時に同じくらい非論理的であるとして，制限君主制の概念も否認している．というのも，制限君主制において王は名ばかりの存在でしかなく，実際は「人民全体」が主権的であろうはずだからである．〔ボダンによれば〕本当の君主には主権が完全に永続的に制限なく委託されており，君主は人間の手によるあらゆる法令から解放されていて，全体，個人および団　体の諸特権を一方的に無効として破棄する【GA152】ることができる．君主にとっては万一帝国議会が開かれたときの議決も当然助言にすぎず，いわゆる専制政治を理由にした彼に対する抵抗権は考えられない．私権の前で初めてボダンの絶対主義的主権概念は停止する．諸契約は主権者をも拘束するからであり，人身の自由と所有権は不可侵であると主権者によって

― 121 ―

承認されるべきだからである．

絶対君主制の擁護者による先鋭化された主権概念の受容

ボダンの主権概念は，ただちに絶対君主制の擁護者に喜んで迎え入れられた．だから，それはグレゴリウス・トロザーヌス（1586）によって模倣されて取るに足らないものに矮小化され，バークレー（1600）によって「モナルコマキ」【GA153】に対する戦いに利用された．ボダンの主権概念はドイツでも受容され，特にボルニッツ（1607および1614）によって論理的により洗練したものに仕上げられた．

混合政体あるいは制限政体のための譲歩

しかしながら，たいていの政治学および国法学の著述家は，実際のところ支配者主権の原理を信じていながらも，差し当たり絶対主義を嫌悪して，特に混合支配形態の，あるいは少なくとも制限支配形態の可能性に固執していた．それゆえに彼らは，より厳密に定式化された主権概念を受け入れた場合でも，いずれかの方向に向かって主権概念を弱体化せざるを得なかった．とりわけドイツの政治・公法学者は，ボダンとは異なり，彼らが統一国家として理解した帝国において，皇帝が真の君主であるという点で一致していたので，このような【GA154】譲歩は避けられなかった．彼らは混合国家形態を，たとえばフリデンライヒ（1609）とラインキンク（1616）がはっきりとそうしたように，ボダン同様，考えられないものとして拒否した．その場合，彼らは皇帝の主権を守るために，君主を立憲的に制限することや君主の罷免さえできるということ，そうしたことは完全な「主権」と調和しうると述べざるを得なかった．逆に彼らは，たとえばアルニサエウスが徹底して行ったように，ボダンと同様に主権を制限することは不可能であるということに固執し，それにもかかわらず皇帝を君主として理解し得るためには，混合統治体制が可能であること，そして主権的権利を複数の主体の下に分割することをともに主張しなくてはならなかった．し【GA155】かし，通説的な考えでは，主権は制限可能かつ分割可能でもあるという古くからの前提がそのまま残った．さらにドイツ帝国は，たいてい，君主制と貴族制が混合された1つの国家であるといわれたが，その際，真の主権は，結合する

ことによってはじめて完全に主権的となる複数の主体に現に分割されているという理解がますます明確に確立した．

モリナとスアレスの主権論

モリナとスアレスは，一種独特な方法で，伝統的なイエズス会の国家論と関係を保ちながら，先鋭化した主権概念と折り合いをつけた．彼らは，支配契約とは真に人民主権の譲渡を意味し，それゆえに支配者は主権的（「国家全体よりも上位の者」）であるとした．しかしながら彼らは，人民は主権を自ら保持しながら任意の留保をつけて主権を移すこともできるし，それゆえに，制限されたまたは単に部分的な支配者主権を基礎づけることもできると説いた．そればかりか，彼らはあらゆる場合に，国家というものの本質に従って，実定法と存続している人民の権利とによって，支配者は拘束されているということも認めていた．特に彼らは，なるほど確かにひとたび委託された主権は，固有の，それゆえに奪われ得ない権利であると定義したが，それにもかかわらず専制政治の場合の抵抗権と罷免権を人民に与えた．というのも，人民によって〔君主〕に割り当てられた範囲を踰越すると，あらゆる権利は消え，それゆえに主権的権利も消滅し，したがって始源的な人民主権が今や再び効力を発揮するからである．【GA156】

「モナルコマキ」の主権概念

以上のように，君主制であっても人民または人民の代理人に独立した政治的権利が保障されている場合には，何らかの方向に主権概念の硬直した考え方を変化させるかどうかが問題になった．その際，「モナルコマキ」には，主権概念を全くそのままに維持することができるとは決して思えなかった．それゆえに彼らは最初，一般的に「主権」(マイエスタース)という技術的概念および用語を用いることはできるだけしなかったし，自分たちが君主に与えた権利の本質を往々にしてあいまいにしておいたし，国家形態についての従来の学説の根底を揺さぶることもしなかった．〔一方では〕明らかに，オトマン（『フランコガリア』第12章）とダノー（『政治学』第1篇第6章）は「混合」国家形態の概念とその長所を擁護した．他方，ブカナンはフッカーと並んで，イングランドにおいて形成【GA157】

途上であった権力の原理的な分立論の立場で影響を及ぼした．

アルトジウスの業績

　それゆえに，実際アルトジウスが絶対主義者の主権概念を彼の鋭敏な理論に採用し，それを人民主権に転用したのは，大胆で独創的な企てだった．〔第1に〕彼は初めて人民の「主権」について語った．〔第2に〕彼は初めて，はっきりと，排他性，不可譲渡性，不可分配性，そして永続性という，ボダンが支配者「主権」に求めた属性を人民主権に与え，彼の論敵と同様に，混合統治組織と国家権力の分割という概念を拒否した．最後に，アルトジウスが初めて，ただ1つだけ正しい主権がありうるように，1つだけ正しい国家形態がある一方で，いわゆる3つの国家形態は統治方法の違い以外の何ものでもないという命題を大胆に提起した．その際，彼は，主権の不可譲渡性という仮定と，始源的人民主権の譲渡から支配者主権を演繹するという仮定との間にある矛盾を示すことによって，論敵の理論の非常に弱い部分を突いた．スアレスが，そして後にグロティウスが，この指摘に応じて自ら奴隷の境遇に身を委ねることはあり得ると答えた時，それは実に哀れなその場しのぎだった！

　重要な一点においてのみ，アルトジウスはボダンの主権概念を修正した．

【GA158】〔すなわち〕法治国家および立憲国家の理念を完全に貫き，彼は直ちに「絶対的権力」の概念そのものを否認し，主権的権力は，実定法によって，またとりわけ統治組織法によっても拘束されていると断言し，主権的権力はただ単に神法と自然法によって拘束されているだけではないと述べた．そのようにして，彼は主権者に対して，支配下におかれている人およびその集団の私法的権利と同様に公法的権利も十分に承認した．他方で，先鋭化した人民主権の概念にもかかわらず，彼は先駆者と同様に，ともかく正当に構成された諸権力には，定められた限界内では人民によっても侵すべからざる権利を与えることができた（前述【GA91】，原注44参照〔邦訳省略〕）．

第 3 章　人民主権論

2.2　この時代に主権をめぐって争った諸々の主体についての見解

　しかし，さらに主権を争う諸々の主体が何かをわれわれが問うてみても，この関連では，中世に展開された考え方が重要性をもちつつ発展し続けたことを今では確認できない．

国家人格をもたない有機体論

　確かに，相変わらず国家は様々な形で有機体にたとえられ，部分的にではあるが国家全体の団体的性質が法学的正確さをもって記述されもした．しかしながら，この団体(ケルパー)に内在している人々の営み全体を国家人格として理解する考え方にまでは，まだ達していなかった．〔それでも〕国家の権利主体が支配者と人民に分裂し続けている一方で（前述【GA85】以下参照），名ばかりの国家人格そのものを明確に強調した人もわずかばかりいた．しかしながらこれら少数の人々も，「国家人格」ということで，最終的には支配者人格かあるいは人民人格のいずれか一方だけを，彼らの時代における意味で理解していたにすぎない．

支配者主権と支配者人格

　支配者主権の信奉者は国家人格を支配者人格に同化させた．彼らは，支配者がそして支配者のみが，活発な団体(フェアバント)生活を担うものであり，国家という団体を1つにまとめ，秩序付け，それに魂を吹き込む力であり，国家を可視的に体現〔する存在〕そのものであると定義した．それゆえに彼らは，君主制において国家権力を構成するのに決して法人概念を必要としなかった．しかし共和制では，もし彼らが単一的支配者人格を国家権力の主体として探し求めようとするならば，確かに彼らは法人概念なしで済ますことはできなかった．彼らだけがこの〔単一的支配者人格〕探求に際して，純粋に集団〔主義〕的見解をまさしく競って強調しようとした．純粋に集団〔主義〕的見解にとっては，共和制における支配者の単一性は，ただ多くの支配する人格の機械的集合から生じるのであり，共和制における支配者の人格は，論理的カテゴリーを実際の人と人

【GA159】

【GA160】

― 125 ―

為的に等置したものにすぎなかった．全く同じ方法で彼らは，主権者に対抗して人民そのものに権利主体性を与える場合には，人民も集合人として把握していた．しかし彼らは，現実の国家を単独で説明する際には，あるいは現実の国家を何か他のもので説明する際には，できる限りその集合人に言及せずにすませようとした．

人民主権と人民人格

【GA161】　逆に，人民主権の信奉者にとっては，国家人格は人民人格と一致していた．それゆえに彼らは，支配者に対峙する最高権力の主体を示そうとした時に，明らかに「人民」「人民全体」あるいは「市民と臣民の全体」を「国家」あるいは「王国」と同一視した．これをもって彼らは，自立的主体としての支配者を国家からいわば締め出した．その上彼らはもちろん，国家と一致する「人民」は，1人ひとりの総体とは異なる，人格性を与えられた「団体（ウニウェルシタース）」であるとした．しかしながら，その際彼らは，単一体——単に集団として1つにまとめられ，自然人のアナロジーに基づく擬制によって論ぜられる，個々人が多数いる状態——という見解を乗り越えることはできなかった．

アルトジウスにおける国家人格

　アルトジウスは，国家とは，独自の人格性をもった，有機的に秩序付けられ，組織された社会的団体であるという思想を，先駆者よりもさらに厳密に深く貫徹させた．より頻繁にこの「共に生きる人々の団体」を国家権力の主体とすることによって，彼は国家主権概念への移行を完成したかのように見える．しかしながらただちに，まさに彼によって非常に先鋭化された契約論により，彼はこの目的から遠く離れてしまった！　支配契約の概念により，彼は単一的国家人格を分裂させ，主権的な国家という団体と「人民全体」を同一視した．この人民全体は統治者に対して独立しており，〔独立して〕人格化されたものである．それにもかかわらず，彼の社会契約の概念は，次のような人民についての

【GA162】　見解を強いるものであった．すなわち，人民は最終的には，その他の各「団体（ウニウェルシタース）」と同様に，「同意に基づく多数の人々」や「協同し，結合し，凝集した人々」の総体，そして，多様で相互的な権利関係によって結合され，こ

の結合において単一体と考えられる多数の人々以外のなにものでもなかった．

折衷論の信奉者について

　主権問題で一層折衷的立場をとっていた文筆家は，国家の権利主体性についてのかかる見解を乗り超えることはなかった．彼らのなかではモリナとそして特にスアレスが，アルトジウスと似た方法で，国家権力構築のために構成員に対し命令を下す団体(ケルパー)という思想を利用した時，最終的には彼らもやはりアルトジウスにみられる国家人格の概念と全く同じ概念に達していた．

3　アルトジウスからルソーまで

イングランドにおける固有な人民主権論の形成——ミルトン，シドニー，ロック

　アルトジウスからルソーに至るまで，人民主権論が十分かつ全体にわたって徹底された政治制度は〔ヨーロッパ〕大陸には存在しなかった．むしろこの時代は，人民主権論の実際の中心地は，革命によって揺り動かされ，議会によって統治されていたイングランドであった．イングランドではミルトンが，彼の民主的共和国を求める批判的書物を人民主権論の上に基礎づけた．彼は，人民の基本的権力は，生得権の侵害なしには奪うことができないと述べた．彼は，すべての君主の地位を次のような人民の下僕の地位にまで引き下げた．すなわち，その人民の下僕とは，世襲であり，法令で拘束され制限されるものであり，委任の執行に忠実に責任を負うものであり，議会と枢密顧問官による恒常的統制の下に置かれたものであるにすぎない．かかる人民の下僕は「閣下」という称号を臆面もなくもっているに過ぎない．専制政治の場合には人民が君主を罰し死刑にし，そのような理由がなくとも人民が（「自由民にとって最良であると思われるように統治される自由と権利のみにより」）君主を罷免したり統治形態を変更することができるように，ミルトンは人民を君主よりも「よりすぐれたるもの」そして「審判者」にまで高めた．この点で，次にシドニーは，〔確かに〕自分が擁護した議会制統治形態において少なくとも名目上君主制の要素を堅持し統治形態に即した権力分割があるべきだと主張してはいたけれども，基本的には〔ミルトンと〕同様に，議会によって代表される人民の無制限の主権

【GA163】

【GA164】を擁護して論争に加わった．この点で，最後にロックが――〔確かに〕彼は立憲君主制において権力を独自に分割させたことから立法部の完全な主権の他に執行の担い手の部分的な主権を生じさせるという要求もしていたのだが――三権のモデルを始源的人民主権から導き出しただけでなく，国家の理想にまで高められた立憲君主制において，第3の，かつ最高の，通常は休止しているがしかし必要な場合には自ら立法権力を凌駕する主権というものを，不可譲渡の人民の権利として要求してもいた．

大陸におけるその他の人民主権論

その間にヨーロッパ大陸でも，深く人々の心のなかに浸透したこの〔人民主権の〕理論は消えてしまった．しかし，たとえそのような理論が二度と全く同じ姿で誰からも代弁されることはなかったとしても，政治理論家の著作には何らかの痕跡が残った．

ドイツおよびネーデルラントにおける実在的主権および人格的主権(マイエスタース・レアリス・エト・ペルソナーリス)という二重主権論／この学説の内容および普及

とりわけドイツとネーデルラントで，17世紀半ば過ぎまで人民主権論は，広く普及していた教義のなかで実在的主権と人格的主権を区別することによって独特に改造されて，生き残っていた．この教義の起源は，アルトジウスの『政治学』にあった．しかし，異なった定式化がなされていたにもかかわらず，そしてしばしば実際の目的が非常に多様かつ異質であったにもかかわらず，この理論はその基礎付けと帰結において，まもなく「王の露払い役」と酷評される【GA165】ようになった理論とほとんど異なるところがなかった．いたるところで繰り返されたその理論の内容は，次のようなものであった．すなわち，支配契約で支配者に「人格的主権(マイエスタース・ペルソナーリス)」が生ずることによって，どの国家形態にも二重の主権が生まれるが，「国家」には，ただちには破壊できない「実在的主権(マイエスタース・レアリス)」が留保されたまま残るということ，そしてこれらの主権のうち人格的主権は実在的主権に必然的に従属させられるということであった．このような意味で，この新しい理論は多くの政論家と国法学者によって述べられ，そして，個別的には非常に重要な様々な違いをもちながら展開された．政治制度の起草者につ

第3章　人民主権論

いていえば，その新しい理論を信奉していたのは早くにはキルヒナー（1608），ボックスホルン，アルシュテット，後にはディオドール・フォン・トゥールデン，ヴェルデンハーゲン，リーベンタール，さらにベルクリンガー（1662）であった．たとえまだ技術的にその名称を使用していなかったとしても，ドイツの帝国政治・公法学者の間でその理論をすでに擁護していたのは，レグナー・ジクスティヌスであった．より力強くそうしたのはパウルマイスター・ア・コッホシュテットであった．多くの論文でその理論を展開したのはアルメーウス 【GA166】とその弟子，すなわちダニエル・オットー，ゲオルク・ブラウトラハト，とりわけマティアス・ボルティウスであった．独自の方法でその理論を引き続き形成したのはベゾルトであった．その理論を信奉すると公言していたのはフランツケンとベネディクト・カルプツォフであった．最後に，その理論に執拗なま 【GA167】でに固執したのはリムネウスであった．

「実在的主権」の実体／「実在的主権」の主体／「人格的主権」に対する関係／主権概念を貫徹する際のこの学説内部での違い／とりわけドイツ帝国に対する適応に際して／パウルマイスターの理論／アルメーウスの理論

ところで，われわれは，再度これらの学者が述べたことをより綿密に注視してみよう．すると，実際のところ，彼らすべてにおいて，「実在的主権（マイエスタース・レアリス）」は，原理的には，それまで保持されてきた古い人民主権に対する新しい名称でしかないことがわかる．もちろん，当初は，人民主権の主体と呼ばれていたのは，「共和国」「王国」あるいは「帝国」であった．そこで，人々は国家主権の概念について考えるように誘われたのだろう．しかしながら，いずれの表現でも，結局は，他でもなく，支配者に対峙して人格化される人民，しかも集合的な全ての人々からなる統一体という意味での人民が理解されている．これに特徴的なのは以下のことである．すなわち，民主制においては，多数決で決定する人民会議には人格的主権（マイエスタース・ペルソナーリス）のみが，それに対してすべての能動的市民の集合体には実在的主権（マイエスタース・レアリス）が与えられ，ここから統治体制を変更することと国家に関 【GA168】して諸々のことを定めることには意見の一致が必要だということが演繹されるのである．さらに，もちろん，人民主権の他に，古くからの支配者主権が「人格的主権（マイエスタース・ペルソナーリス）」の概念には残されており，従来の属性で飾り立てられてい

129

る．しかしながら，人格的主権は，最高かつ最終的な国家の法廷としての人民主権の支配下にあり，それによって単なる相対的意味にまで引き下げられている．それゆえに，アルシュテットですら，より完全に「モナルコマキ」に寄り掛かっているにもかかわらず，人格的主権を受け入れることができた．しかし，この新しい理論の他の信奉者は，なお力強く，支配者主権こそが真の主権であり，〔真の主権は〕断じて執政官職ではないと強調することはできただろう．彼らはそれでも結局のところ，大なり小なり認められた人民の権利に対抗して，主権の本質的属性を人格的主権(マイエスタース・ペルソナリス)に与えなければならなかった．一方で彼らは異口同音に，その主体そのものに，法令によって拘束され制限され，それぞれの国家の実定的な統治組織によって任意に制限され得る権力を，そして何よりも基本法の変更と，国家の実態と国家の財産に関する処置には，人民の同意によってのみ行使しうる権力を帰属させた．また，彼らは人民全体が一切の主権的権利を真に完全に所有することを明らかに擁護した．〔さらに〕また，彼らのほとんどは契約を破った支配者について人民に抵抗権と罷免権を認めた．こうしたことにもかかわらず彼らは，実際には人格的主権(マイエスタース・ペルソナリス)をまさに実在的主権(マイエスタース・レアリス)と同様に最高の永続的権力，それどころか絶対的権力と呼び，2つの権力のうち一方が「より高い」他方の権力に従属しなければならず，なおかつ各々が「最高」でなければならないという矛盾を論理を駆使してごまかした．それは実際はむなしい言い逃れであった．その他の点でも，この体系では，主権概念が実在的主権(マイエスタース・レアリス)に関しては一般的に強化されたが，人格的主権(マイエスタース・ペルソナリス)に関してはあえて取り上げることはなされなかった．特に，この教義の信奉者の多くは，二重の主権を仮定することで，実在的主権に対して人格的主権(マイエスタース・ペルソナリス)は分割可能でありかつ何らかの方法で多数の主体の間に分割可能であると定義し，そうすることで混合国家形態の概念を擁護するための手がかりを見つけた．それに対して，その他の者は，人格的主権(マイエスタース・ペルソナリス)にも単一性と不可分性という属性をしっかりと保持し，それゆえに，彼らが任意に拡張可能な分裂（Konkurenz）によって実在的主権に不可欠なものとみなした混合国家形態(フォルマ・ミクスタ)を否認した．

だが最後に述べた点において相違した意見をもっていたのは，特に帝国政治・公法学者であった．彼らは二重主権論を採用し，その助けを借りてドイツ

第 3 章 人民主権論

帝国の国家形態をいかに説明するのかという難問を解決しようとした．彼らはそこから 2 つの方向に別れていった．一方は，最初にパウルマイスターによって作られたモデルに従って，帝国は君主制と貴族制の混合した国家であると説いた．その国家では，実在的主権(マイエスターズ・レアリス)は，全体としての帝国人民に帰属し，人格的主権(マイエスターズ・ペルソナーリス)は皇帝と諸身分により共同で占有される．他方は，特にアルメースウスによって完成された図式にしたがって，混合国家形態を否定し，帝国は制限されており貴族制的統治方法によって緩和されてはいるものの真の君主制である，と定義した．その君主制では，人格的主権(マイエスターズ・ペルソナーリス)は皇帝にのみ帰属するが，帝国議会が帝国人民の完全な代表として，実在的主権(マイエスターズ・レアリス)を行使する．〔そして〕以下のことは明らかである．すなわち，特にこの第 2 の定式化では，アルトジウスの体系をほとんど修正もせずに完全に使うことができ，しかも，それにもかかわらずその教義は実定的帝国国法の基礎の上にしっかりと自らの立場を保っていることができたのである！ 【GA171】

論敵によるこの学説の克服

こうした事情の下では，人民主権論の敵対者が実在的主権(マイエスターズ・レアリス)と人格的主権(マイエスターズ・ペルソナーリス)の理論を単に人民主権論の変種とみなしてそれを攻撃したとしても，さほど不当なことではなかった．その上彼らは，いかなる国でも人民に最高権力があるという命題を論駁する時に，この二重主権論の表現形式を特に好んで用いた．〔それにより〕二重主権論が論理的に立証不可能であることを彼らはたやすく証明することができた．さらに，実際のところ，かつては広く受け入れられていた二重主権論は，それに内在する矛盾が証明されたことにより致命的な一撃を加えられて消滅し，17 世紀中葉以降永久に文献から消えた． 【GA172】

グロティウスの主権論──主権の共同体的主体と特定の主体の理論，国家主権思想の観念，形成された国家人格概念の欠点克服の試みの失敗

だが，実在的主権(マイエスターズ・レアリス)の概念において少なくとも輪郭だけは描かれていた正しい思想の実を，殻を破って取り出し展開しようと試みたのは，ほかならぬグロティウスであった．彼は，純粋なものであれ，修正されたものであれ，人民主

権論を無条件で否認した．他方彼は，まさに当時ほとんど通説となっていた二重主権という仮定に明らかに刺激されて，国家主権思想という観点をもつに至った．ものを見るためには，体全体同様目も主体である様に，実際は国家においても最高権力の二重の主体が存在すると彼は主張した．最高権力の共同体的主体(subjectum commune)は，国家という団体全体（国家すなわち完全な共同体）であり，最高権力の特定の主体(subjectum proprium)は支配者（その民族の法令と慣習に基づいた1人の人格あるいは複数の人々の人格）である．しかしながら，そのように定式化された思想を実際に貫徹する手段をグロティウスはもっていなかった．というのも，彼には国家人格という概念が全く欠如していたからである．彼が国家を自然的有機体と比較し得る道徳的団体とみなす

【GA173】理解から出発しようとも，〔あるいは〕彼が国家に団体法(コルポラティオーン)の規則を完全に転用しようとも，なお彼にとっては，人(ペルゾーン)は単に1人の自然人か，あるいは契約によって1つにされてまとめられ擬制によって単一体として作られた個人の総和のいずれかでしかなかった．それゆえに，国家法あるいは国際法の主体は個にあるということを示す場合は常に，彼は「君主」あるいは集合的全体の意味で理解される「人民」のいずれかを主体と呼んだ．そして彼はまた，支配者にその他の者の政治的権利を対立させるか，または支配者を他者の権利の単なる代表者として特徴づける限り，正当なあるいは代表された主体としては，「全体として把握される人民」または「人民全体」しか考えることができなかった．その際彼が時として「人民」という言葉を「国家」という言葉と混同したのは，単に偶然の言い換えでしかなかった．それゆえに，このような事情の下では，グロティウスの「共同体的主体」もまた，結局は人民全体以外の何ものでもなかったし，彼の国家主権は人民主権以外の何ものでもなかった．しかしながら，この〔共同の主体〕全体は，グロティウスの説によれば完全に余す

【GA174】ところなく支配者によって代表され，この人民主権は支配者主権によってのみ可視化され有効となった．それゆえに，「共同体的主体」はそれ自体として，一般にいかなる実効的な権能も，いかなる実際的意味ももっていなかった．それゆえに，それら2つの区別は非常に強調され明確にされたものの，全く価値のないことが証明され，その後の論考では実際どこにも用いられなかった．けれどもグロティウスは，あらゆる国に国家主権というものが存在すると仮定し

第3章 人民主権論

たからといって，契約によるのであれ，征服によるのであれ，設立された世襲国家を擁護できなくなったわけではない．世襲国家においては，国家権力は支配者の世襲領地全てにおよび，したがって，支配者には，国家と国家の権利について，存命中にそして遺言によっても，任意に定める権限がある．それゆえに，国土または国家財産の譲渡について，摂政の任命について，そして王位継承の変更について，決定がなされず，人民の協働をグロティウスが要求する場合，結局彼はそのことを〔推論によって，契約が結ばれたものとするという〕通常の方法で手に入れた支配契約の想像上の内容から演繹する．そして，反証されるまでは，支配契約の際には国家権力についての用益権の譲渡のみが始源的主権をもつ人民の側で容認されたとみなされるであろう．同様に彼は，彼が一定の前提の下に支配者へと譲渡した人民の抵抗権を，主に〔用益権以外の〕留保された始源的人民主権の残余の上にのみ基礎づけた．彼が，支配者に対抗して常に活動し続ける実効的な人民の権利は個々の国家において統治形態に即して基礎付けられていると考えた．その場合でも彼は，人民の権利を具体的事例において結ばれた支配契約の一種に還元した．その支配契約は主権概念と調和する一定の制限の下でのみ〔人民の〕主権を認めるか，あるいは，王と人民の間で，ないしは他の主体の間で支配者主権を分割するものであった． 【GA175】

グロティウスの学説の運命

「主権の共同の主体と主権の特定の主体」の理論は，少数の者にしかその理論の創始者の意味で受容・継承されなかった．大多数の者は，それが単に余計であるだけでなく有害でもある教義として，その理論を攻撃した．かかる教義は，「実在的主権(マイエスタース・レアリス)」という有害な概念に酷似しており，まったくその概念の起源であると思われるものであった．他の者は，グロティウスが人民主権を間接的にであれ促進しているという非難を和らげるために，彼の主張をできる限り緩和して解釈したり，解釈を改めることに努めた． 【GA176】

そのようなわけで，実際，17世紀中葉以降，大陸では排他的支配者主権の理論だけが生き残った．純粋な民主制以外では，人民の権利があるかどうか，それはどの程度かということが，とりわけ君主制においては，君主制であるにもかかわらず人民の権利が基礎付けられているかどうか，あるいはそれが少な

くともあり得るものとして承認されているかどうか，が問題である．この問題は，今や再び，主権概念をどう捉えるか，国家人格をどう捉えるかにのみ依拠することとなった．両方の点で，ホッブズが，その画期的な演繹によって従来の学説の全体系に衝撃を与えた．彼の主張は，それが及ぼした明確な影響により，またそれに刺激された反論によって，両方の概念を更に発展させる原動力となった．

3.1　排他的支配者主権の勝利

この時代の主権概念．その概念の衰退．
その概念のホッブズによる最終的なありとあらゆる強化

　主権概念は今まで述べられてきたことで明らかな通り，ボダン以降ニュアンスの豊かさを徐々に失い，いかなる点においても強化されてきてはいなかった．ホッブズこそが，それ以上にもはや強化する点が何もないほど，考えられ得る最終的な強化を主権概念に行った．彼は以下のように定義した．すなわち，主権は，国家権力にそして国家権力にのみ残存する，万人に対する自然状態の法（万人に対する法）であり，そして国家権力の所有者は可死の神である．そのようにして，一切を包括し，無制限かつ無答責の支配権力が生じる．この支配権力は臣民の人格，財産，権利，良心そして宗教を呑込み，いかなる法令，いかなる契約，いかなる義務によっても拘束されず，自分自身以外の裁判官を知らない．あらゆる国家形態において支配権力は同様にこのようなものであるが，各々の国家形態においてそれは必然的に余すところなく完全に一点に集中しており，それ以外のあらゆる現存する権力のための唯一の源泉である．非常に不平等な臣民あるいは臣民の団体(フェアバント)であっても，この支配権力の前では，権利に関して平等である，あるいはむしろ平等に無権利である．主権者が，統治形態に即して制限されるということは，主権の概念とは両立しがたい．そのような

【GA177】制限がある場合主権者の主権は無効とされ，別な主権者が立てられるだろう．権力分立は全く考えられないし，それゆえに混合国家形態も全く考えられない．不合理なのは，王は「個々よりも大きく，全体より小さい」という説である．なぜなら人民は王においてのみ全体なのであり，王なしでは個々人の集積以外

の何ものでもないからである．最後に，国家形態のいわゆる変種という概念もまた不合理である．というのも，主権者は確かに公共の福祉（salus publica）に配慮しなくてはならないが，そのためには，全く1人で何が公共の福祉であるかを決定するからである．

厳密な絶対主義体制がもつ主権に対するホッブズの教義の影響

　この種の支配者主権の前では個人と全体の権利は全て絶望的に消滅したが，けれども人権を同様に無条件に放棄する者は他にはほぼいなかった．人民の諸権利の根絶が問題である限り，粗野な絶対主義的体系は全て，ホッブズ的主権概念を完全なままあるいはささいな修正をしただけで採用した．すでに基礎付けられた主権の内容を決定するには，それらの体系は，いずれの場合も，主権の源泉として個人主義的原始契約を仮定するか，あるいは神からの直接の授与を頼りにするかという区別は全くしなかった．始源的人民主権（前述【GA84】【GA178】以下）は一般的に引き続き仮定されていたが，それを仮定すること自体は，決してホッブズ的主権概念を受容する妨げにはならなかった．というのも，次の選択肢が主権的人民の選択に任されたからである．すなわち，直接民主制によって人民自らを無制限の支配者として創立するか，あるいは人民の主権を，〔主権にとって〕本質的であるとされるあらゆる特徴と一緒に，完全かつ不可逆的に君主制的あるいは貴族制的支配者に譲与するかのどちらかである．

フーバー，ライプニッツ，フォン・ゼッケンドルフによる絶対主義的主権概念の克服／アリストテレス，実定国法学，および特にドイツの帝国公法学に固執することによる絶対主義的主権概念の修正

　それに対し，なんとかして，支配者の絶対的な権力を人民の権利によって原理的に制限したり，あるいはさらに立憲国家の可能性を支持する者がいた．その様な者は誰でも，主権概念そのものと戦い，ホッブズが不滅であると定義した最高執政官の属性で武装した鎧のどこかに突破口を作らなければならなかった．この意味で，フーバーは徹底的に絶対主義的主権概念を攻撃し，国家権力はそれを基礎づけている契約の黙示的または明示的な条項に従って制限されるという考えに完全に立ち返った．さらに徹底したのはライプニッツだった．と

【GA179】いうのも，通説は絶対的で論理的なカテゴリーを掲げ，かかるものとして獲得されたその学派の概念に従って社会を統制しようとする傾向をもっていたが，彼はあらゆる人間関係は相対的であることに言及しつつ，そのような〔当時の〕通説の方法を，原理的に攻撃し，彼自身はもっぱら相対的主権概念のみを認めようとしたからである．他の文筆家は，ファイト・ルードヴィヒ・フォン・ゼッケンドルフ男爵のように，自分の役割を，君主にその地位から来る義務を訓示することにみいだした．彼らは原理をめぐる論争には関わらなかった．

【GA180】しかし彼らは，主権概念の強化には反対して，新たに支配者の特徴を道徳的かつ法的に拘束された職務として強調した．厳密で絶対主義的な政論家でさえ，硬直した主権概念の修正をしばしば迫られていた．彼らは，新手の批判に対してアリストテレスの理論の権威に固執したか，あるいは，基本法の拘束力という命題と人民の同意なくして国土と国有財産は譲渡できないという命題を受け入れたかのいずれかであった．これらの命題は実定国法学ではほぼ一般的に認められていたものであった．

ドイツ帝国の国家形態としての混合国家形態論の更なる展開

ドイツでは特に，通説は皇帝に君主の地位を拒むことはできなかったにもかかわらず，ウエストファリアの平和以降は皇帝に排他的支配者主権を与えることもできなかった．そしてそのことによって，すでに，通説は混合国家形態という概念を維持せざるを得ないことがわかった．こうした通説は，不可分割な

【GA181】主権を引き裂いてしまうと非難されたが，しかしそれを退け得ると思われる定式を今や徐々に手に入れつつあった．というのは，実際，通説はますます明確に，次のような命題を述べるようになっていたからである．すなわち，混合国家においては最高権力は分割されているのではなく，2つまたは3つの要素から構成される1つの主体のみに帰属すると．そして，ついに〔通説は〕ドイツ帝国にとって，一般的な，そしてある程度は公式に受容されもした教義となるに至った．それによれば，君主たる首と貴族層は結合して主権の主体たるべきであり，皇帝は「命令者」として，「共同命令者」である帝国貴族と一緒になってはじめて，真の帝国主権者であるとされる．

けれどもこの教義は，2つの有名な攻撃——それらは帝国国法学の伝統的見

第3章　人民主権論

解全てが17世紀に受けたものだが——との激しい戦いにおいて形成され確立されざるを得なかった．そして二度とも，その論敵の最も鋭利な武器は主権論に由来していた．

ボギスラウス・フォン・ケムニッツによるこの学説の動揺

　フィリップ・ボギスラウス・フォン・ケムニッツが1640年にドイツ帝国の国家形態に関して彼の煽動的な著書を戦乱の世に送った時，まだホッブズの最初の政治的論文は現れていなかった．しかしながら，大胆な帝室の敵であるケ　【GA182】
ムニッツにとっては，彼が完全に受け入れたボダンの主権概念で十分だった．皇帝は，本質的には諸君主からなる貴族制的共和国の長以外の何ものでもないことを彼は証明した．ケムニッツの著書は，強烈な政治的意味を帯びていた．すなわちそれは，その内容によって同時代人の見解に影響を及ぼしただけでなく，同時にその方法によって公的事柄の全く新しい考察方法を開拓した．一方，その著書は，一般国法理論には何一つ新しい観点をもたらさなかった．一般国法理論は概して政治的議論の補助手段としてしか役立たなかった．ドイツ帝国の国家形態に関する論争問題においても，その著書の積極的成果は，極めてまれにしか受け入れられなかった．しかしながらこの点で，その著書は，帝国を制限君主制として解釈する新しい試みが困難に思われ，それゆえに帝国政治・公法学は否が応でも混合国家形態の概念に順応しなければならなくなったほど，非常に大きな影響を及ぼした．

プーフェンドルフの批判

　プーフェンドルフが1667年にドイツ国家に関して天才的な考察と深く考え抜かれた改革提案を匿名で公にした時，彼は様々な国家形態のそのような混合が帝国のなかにもあると認めた．しかしながらまさにそれゆえに，彼は，帝国統治形態は怪物であると定義した．しかし，この考えを彼は自分の巨大な体系　【GA183】
的作品のなかに取り入れ，自分の主権論にそれを組み込んだ．この主権論は，国家論の発展に最も永続的な影響を及ぼした．

第Ⅱ部　アルトジウスの国家論に刻印された政治理念の発展史

契約思想によるホッブズ的主権概念の緩和〔形態〕としての
プーフェンドルフの主権論

　プーフェンドルフの主権論は，特にグロティウスにならって契約思想を利用することにより，ホッブズ的主権概念を制限することを前提にしている．プーフェンドルフがあらゆる国家形態において支配者に与えている権力は，最高の，刑罰を受けることのない，無答責の，いかなる実定法によっても拘束されない，臣民にとって全く神聖かつ不可侵のものである．その権力はそれ自体で，現にある国家の諸権利の全内容をいかようにもできる．しかし，彼は，第1に国家契約の性質から，強制不能だが主権者にとって真の義務〔であるもの〕を演繹し，そして完全に護られてはいないが支配者に対抗する臣民にとって真の権利〔であるもの〕を演繹する（前述【GA89】，原注41〔邦訳省略〕および【GA113】，原注96〔邦訳省略〕）．第2に，彼は，同じ権利でも「保持の仕方」で区別する説を受容し，それゆえに，国家権力は，確かに「命令する者の世襲財産」に数えられ得るが，しかし〔そのことが〕疑わしい場合には，命令する者の用益権の一つとみなされた．そして最後に，上のいずれにも増して，決して必然的に，最高権力は絶対的でなければならないわけではなく，それどころか，統治形態に適合する制限があっても問題はないことを彼は明らかにしようとしている．特に支配者は，自らの主権を失うことなく，一定の行為には人民または代表者会議の同意を乞うように，契約に基づいて拘束され得る．確かに，不作為の場合のために付け加えられる失効条項でさえ，支配者から主権を奪うものではない．というのも，その失効条項は解除条件という性格をもつが，その条件が侵された場合には，権利侵害についての「単なる弁明」が行われるだけであり，いかなる判決も下されはしないからである．しかしながら，プーフェンドルフの説明によると，以下の限りにおいて「制限された支配権」は，分割不能で破壊不能な最高権力のままである．すなわち，後者〔制限主権〕の場合には，統治形態に基づく制限があるにもかかわらず，最終的には支配者の自由意志がもっぱら国家の意志であるとされ，それゆえに，国家は支配者をとおしてのみ意志し行為し（「国家が欲するすべてのことを，国家は王の意志によって欲する」），

【GA184】支配者の意志および行為の効力が，特定の点においてのみ一定の前提（「必須条件」）によって制限される．他方，支配者が何らかの本質的な高権を欠いて

— 138 —

第3章 人民主権論

いたり，あるいは支配者が自らの意志の何らかの明確な内容について他者の意志によって義務づけられ得る場合には，事情は異なる．その例としてプーフェンドルフは，君主が，人民会議または代表者会議を招集し，それを解散し，それに提案をし，その決議を却下する完全な自由をもっていない場合を挙げている．この場合には，権力が分立している．しかし，権力が複数の人々または複数の会議の下に実際にすべて分割されているのは国家の本質に反している．というのは，主権は魂と同様に「単一で不可分」であり，その内部における肢体は，魂における精神力同様，区別されないからである．プーフェンドルフは，そのような権力分立をしている国家が現に存在していることは認めている．しかしながら，彼はそのなかにいかなる新しい国家形態（「混合形態」）をも認めず，変則的で怪物のような統治形態像を見ている．彼はそこから「逸脱した国家」についての独自の教義を展開する．その教義を彼は，アリストテレスのパラバーゼン〔正しい国制からの逸脱形態〕と同様に不健全であるとした．しかし，プーフェンドルフはアリストテレスの議論と自分の教義を次のことによって区別する．すなわち，逸脱のあり方は統治にではなく統治形態そのものに求められるべきであるとされる．

プーフェンドルフの主権論の大勝利およびその追従者におけるそれへの寄与

　啓蒙的でかつ抑制的な絶対主義にある程度まで沿うように作られたプーフェンドルフの主権論は，重大な影響を及ぼした．〔すなわち〕それは，以後 18 世紀の中頃過ぎまで，特にドイツにおいて体系的に論ぜられた一般国法学にとって権威であり続け，この土台を礎としてトマジウス，ヘルト，ティティウス，ケストナー，グントリングそして後の多くの者が学問的営為を続けた．他方，J. H. ベーマーもまた，影響力の大きかった彼の体系のなかで——その体系にハイネッキウスは大体において従っていた——プーフェンドルフの主権論を再生産した．ベーマーはプーフェンドルフの主権論を，若干の点について絶対主義的意味においてさらに強化したにすぎなかった．カトリックの一般国法学の教科書ですら，シュミエルやハインケのように，大体においてプーフェンドルフが作った土台に依拠した．プーフェンドルフの追従者の多くは，一方では，彼らが矛盾する概念であることを明らかにした世襲国家の仮説をついには完全 【GA185】

【GA186】に否定し，他方では，逸脱した国家形態についての理論を，確かに部分的にはその創始者の意味で継承した．しかし彼らのほとんどはそれを，根本的には全く別なものに作りかえ，正当な根拠をもつある種の統治形態を教科書風の鋳型にはめることはまさに不可能であるとした．そのような理論化をおこなえば，特定の人民と時代のための生命力と妥当性を完全に奪ってしまうであろう．

立憲主義的教義の発展およびそれに伴う主権概念の衰退もしくは完全な崩壊／モンテスキュー／ヴォルフおよび彼の学派／モンテスキューの意味における政治的教義

　かくして通説の教義はプーフェンドルフの主権概念を強化するかあるいは弱めるかした．そのことが絶対主義的傾向がどの程度であるかを直接示す尺度になると思われた．そのような状況の下で，以下のことが明らかになった．すなわち，18世紀の中頃いたるところで改めて燃えあがった人民の権利を求める闘いは，まず最初にプーフェンドルフの主権概念を弱めるかあるいはそれどころか粉砕しなければならないということが明らかになった．この意味で，何よりも効果をもたらしたのは，今や次第に人々の心を捉えつつあった立憲主義的
【GA187】教義だった．かかる教義はイングランドで時間をかけて人民主権論から成長してきた．それ〔が成立したの〕は，一方では混合政体論が，他方では種類の異なる国家権力の〔すなわち三権の〕原理的な分立――そのことに国家の安寧がすべて秘められている――という理念が，受け入れられることによってであった．モンテスキューはそうしたありとあらゆる要素を駆使して権力分立に，長期にわたり，さらにその後も〔引き続き〕権威のある定式を与えた．だが，その定式は，実際のところさらに多くの互いに完全に独立した主体の下に，真にかつ意識的に主権を細分化した．その間に，〔すでに〕ドイツではヴォルフ以来自然法的国家論がますますある傾向に向かっていた．その傾向というのは，しばしば支配者主権の諸原理に人民主権の諸原理を混入するというものであった．いずれにしても，主権概念は人民主権の原理からすべての弱点を取り去った．そのような主権概念では，権力分立と混合主体を伴った任意の統治形態構成が国家契約から作られることになんの障害もなかった．そのように地ならし
【GA188】された土台の上に，さらに，ここでも政治理論家によってモンテスキューの教義が多少修正されて受容された．それに従って形成された立憲国家が模範的国

― 140 ―

第 3 章　人民主権論

家として称賛された．

ルソーによる人民の権利と主権概念の関係の新たな逆転

　以上のような展開全体とは逆に，ルソーは，彼が排他的人民主権の理論を復　【GA189】
興した際，人民の権利と主権概念の間の関係を改めて逆転させた．かつてアル
トジウスがボダンの主権概念をそうしたのと全く同様に，ルソーはホッブズの
主権概念を人民の破壊不能な権利に移した．しかし，これについて論じる前に，
われわれはなお，国家人格の概念史に一瞥を投じなければならない．

3.2　この時代における国家人格の概念

ホッブズにおける「国家人格〔ペルソナ・キウィターティス〕」およびその支配者人格との一致

　・国・家・人・格・概念は，上に示された通り，・実・在・的・主・権〔マイエスタース・レアリス〕の理論によって明らかに
されたものでも「共同体的主体」の理論によって明らかにされたものでもなか
った．ホッブズ以前には誰一人として国家人格の概念を理解するものはなかっ
た．それ程鋭く，彼は「国家人格〔ペルソナ・キウィターティス〕」という専門用語を用いて表現し，初
めてその概念を国家に関するあらゆる権利主体の法学的構成の中心点にまで高
めた．

　それでもなおホッブズの国家人格は，古い教義の，・支・配・者・人・格が絶対化され
機械化されたもの以外の何ものでもない．ホッブズは徹頭徹尾個人主義者であ
り，団体の権利主体と国家の権利主体についての彼の理解はこの個人主義に由
来している．もちろん彼は『リヴァイアサン』での描写では国家を怪物として
描き，生物とのアナロジーを個人〔のレベル〕に至るまで貫徹した．しかし，
この一見有機体にみえるものは，結局，純粋な機械であることが，そして一見
生物にみえるものは単なる自動人形であることが明らかになる．明らかにホッ　【GA190】
ブズは自動人形すなわち「人工人間〔ホモ・アルティフィキアーリス〕」という表現を利用し，時計すなわ
ち無数のゼンマイや歯車で動く機械になぞらえたりした．明らかに彼は，国家
を，合理的に考え出された（考案された〔エクスコギタートゥム〕）人工的生命をもった芸術作品
（術の所産〔オピキウム・アルティス〕）と呼び，厳密な数学的規則に従ってそれを作ることが可能であ
ると信じている．明らかに彼は，諸個人の契約が創造行為であるとし，その創

141

造行為をここでは「生まれてあれ」(Fiat) と言っている（『リヴァイアサン』序および第19～21章). それゆえに，彼にとって真の人格はそのように個人でしかないし，個人のままである. 国家のような団体(コルポラティオーン)にふさわしいのは「国家人格」だけであり，それは「擬制的団体」の「人工的人格」以外の何ものでもない（『リヴァイアサン』第22章). しかし，この人工的人格は他でもなく次のような方法でのみ成立する. すなわち，一個人の権威・意志・行為が，あるいは少数派に対して多数派が有する力を備えた可視的な集合体にまとめられている個人の集合体の権威・意志・行為が，正当に，すべての個人の権威・意志・行為とみなされることをすべての個人が契約によって決定するという方法で（たとえば『リヴァイアサン』第16章および第22章，『国家論』第5章第9～10節参照. 特に団体の〔契約〕違反と債務拘束性に関する部分も). 多数〔の個人〕に統一をもたらす方法は他にはないし，それゆえに国家に統一をもたらす方法も他にはない. しかし，あらゆる団体の人格も，したがって国家の人格も，結局は「1つの」人格でしかありえないのだから，「代表的人格」にまで高められた「1人の人間あるいは1つの共同体」の人格は，人民全体の考えられる限りすべての人格を余すところなく吸収する. その全体は，支配者においてのみまた支配者をとおしてのみ1つの人格なのであり，支配者なしでは単なる個人の集積にすぎない. 支配者こそが「すべてのものの人格を現わす」,「支配者の人格は市民全部の人格である」, そして支配者において「全国家が保たれている」（『国家論』第5～7, 12章, 『リヴァイアサン』第16～18, 22章). それゆえに，人はその命令する者をあの怪物の首(かしら)と考えてはならず，彼をその魂と考えなければならない（『リヴァイアサン』序および第19章以下，『国家論』第6章第9節). これは比喩である. この比喩は，確かにすでにしばしば考えられてきたが，しかし，常により唯心論的に，国家権力にそのようなものとして適用されていた. しかし，初めて，その比喩はあからさまに唯物論的にこの肉体をもった支配者人格を意味することによって，実在的全体人格についてその比喩がもっているあらゆる概念をその芽のうちに摘み取ってしまう効果を発揮した！

第3章　人民主権論
集合人格一般に対するホルンの攻撃

　主権概念の強化という点で，ホッブズに勝る者はいなかった．だが，国家の権利主体の個人主義的構造〔という点〕においては，ホルンが彼を凌駕した．ホルンは，以下のことを詳説することによって，個人主義の究極の帰結を引き出した．すなわち，地上〔の世界〕では一般に個人以外の権利主体は存在しないし，存在し得ないということ，そして社会的ないわゆる「団体(ケルパー)」はすべて，したがって国家もまた，個人の集合以外の何ものでもないということ，および，いかなる契約にも多数のものを単一体にしたり多数の人間を真の全体にする力はないということである．ここから彼は，真の国家権力は，一方では個人の上位におかれた人間の世界を超えた起源をもつ単一体という意味において存在していなければならないし，他方ではそれは個人としての人間にのみ帰属し得るということを結論づけた．それに対して，彼は単一体のなかに多くの人々がいるということ以外の意味で集合人格が存在し得るということを否定した．それゆえに，国家には，単一的な国家の権利主体も真の国家権力も認めてはいなかった．

【GA191】

国家人格についてのホッブズ的理解の普及／プーフェンドルフによる意味深長な展開／道徳的諸存在様式(エンティア・モラリア)一般および特に単一の道徳的人格と複合的道徳人格に関するその学説／複合的人格の実体／支配者人格と国家人格の同一化への回帰／プーフェンドルフの追従者における国家人格

　ホルンの集合人格に対する攻撃に加わる人はいなかった．ホッブズによって作られた教義は，差し当たり，修正を加えられることなく，すべての文筆家に受容された．彼らは，支配者人格と並んで人民人格というものが存続するかどうかという論争でホッブズを支持した．ホッブズの教義を，サルマシウスはミルトンに対する攻撃に利用し，スピノザは彼自身の体系に取り込み，ボシュエは「朕は国家なり」(L'état c'est moi)を解説するために利用した．他の多くの政論家もそれを語ったけれども，独自なものは何も付け加えることはなかった．しかし，ホッブズの教義の最も重要な後継者はプーフェンドルフだった．この天才的思想家は，彼の自然法的体系の基礎を据える「諸道徳的存在様式」(entia moralia)論のなかで以下のことを詳しく論じた．すなわち，〔第1に〕

【GA192】

143

人間の精神は道徳的世界秩序の領域を物理的実体から構築するのではなく精神的実体から構築する．〔第2に〕それゆえに，道徳的世界秩序の領域のすべての「諸存在様式」は諸表象（modi）であるが，かかるものが，意志の自由を方向付けるものとしてわれわれが自然的な事物および運動に附加しているものである．〔第3に〕しかし，「諸道徳的存在様式」は，そのように（「創造」とは逆に）「附加」によって生ぜしめられ，変えられ，そしてなくなってしまうものであり，それは，われわれの物質的に捉えられている感覚によって物理的な物事とのアナロジーにしたがって（「諸物理的存在様式の規範に基づいて」）把握される．そしてそれは〔諸物理的存在様式〕との〕アナロジー的関係におかれることにより，あくまでも「諸表象」でありながら，これに反して一方では存在し続ける「諸実体」として，そして他方ではあるものに付着している「諸表象」として，〔両義的に〕理解される．そのようにして，法における人格は自然的存在からは明瞭に区別されるべき概念的属性であり，それはその他の法概念との関係ではわれわれによって実態として構想される，その様な認識にまで彼は至った．この意味で，彼はそれを「道徳的人格」と命名した．その理由は，その属性はすべての「諸道徳的存在様式」と同様に道徳的世界の領域のために存在するということである．そして，従来の肉体的人格と擬制された人格の区別を，単一の道徳的人格と複合的道徳的人格の区別で置き換えた．しかし，実際彼が複合的道徳的人格の分析をおこなった時には，彼は自然法論に内在する個人主義によって，完全に，ホッブズがたどった道へと追い込まれた．彼は単一の人格が自ずから単一であるのとは逆に，複合的人格の一体性は全て1人の人間もしくは1つの集合体の力と意志の下ですべての人の力と意志を契約に即して服従させることの帰結であるとした．このいわゆる全体人格すべてを，諸々の義務関係に基づく，個人の個人による代表へと解消し，それによって人為的・擬制的な契機を，それとともに間接的に「自然」人と矛盾するものを改めて導入した．このようにして彼は結局，自ら明確に中心点に据えた国家人格を，ただホッブズ的な〔すべてを〕呑込む支配者人格の意味で構成した．ただ制限国家形態を許容したいがために，命令する者の意志と行為が唯一かつ完全に代表する力をもっているという〔ホッブズ的な〕理論を次のような方法で修正した．すなわち，それは，代表制の影響が現れるように統治組織上の諸条件

【GA193】

【GA194】

の可能性を十二分に考慮し叙述することによってであった．これらの事情により，プーフェンドルフの「諸道徳的存在様式」についての理論は，その理論のもつ正しい豊かな成果を人格概念のために発揮することはできなかった．一方でドイツの政論家および自然法論者が結果的にしばしば彼の教義に従ったものの，彼らは〔プーフェンドルフが語った〕「単一の人格」が「道徳的人格」でもあるという指摘をしばしば無視した．そのために，改めて導入された「肉体的人格」に対する反対概念であるというレッテルが道徳的人格の概念に貼られてしまった．その結果，他のすべての場合と同様に国家においても，道徳的人格は，一方では単一体となった多くの自然人の人為的集合状態に還元され，他方では集められた数多の人々が「命令する者」を通じて契約に即して代表されるということに還元された．確かに，この時以来特にJ. H. ベーマーが平等な社 【GA195】
会と不平等な社会（societas aequalis und inaequalis）を次のように鋭く区別した．すなわち，平等な社会では一般にただ集合状態のみを受け入れ，それに対して不平等な社会では非常に力強く代表関係を強調した．その結果，絶対主義的傾向の多くの信奉者には，「国家人格」という概念——それは苦労の末獲得されたものであったが——その概念全体が再び不要であると思われた．そして，国家の理論構成のためには法的人格という概念は，支配者自身が集合人格であるとされる場合にのみ必要であると思われた．

フーバーおよびその他の信奉者の，支配者に対抗して存続する人民の権利主体性がもつ国家人格

しかし，支配者主権の信奉者——彼らはフーバーのモデルに従って支配者そ 【GA196】
の人と全体としての人民の間に引き続き存在する権利関係の理念に固執していた（前述【GA89】参照）——も，国家人格の見解についてホッブズとプーフェンドルフと同じ見解をもっていた．その〔支配者主権の〕信奉者は，しばしば国家人格という言葉と概念を用いて議論をした．しかしながら，彼らにとっても，国家それ自体は，1人のあるいは人為的に1つとみなされた支配者においてのみ現れたのであり，支配者は，服従契約によって能動的な国家の意志と行為すべてに関して臣民の全体を唯一人で代表するはずであった．それとともに，彼らは，この集合的単一体にまで統合された臣民全体という意味においてのみ，

人民は特別な道徳的人格であるとした.

ライプニッツの場合

【GA197】　ライプニッツも，フーバーによって強く主張された「国家の市民法的人格あるいは国家の道徳的人格」について別の見解を抱くまでには至らなかった．同様に，支配者の職務という理念の刷新もそれ以上なされることはなかった．徐々にまた個別に現れつつあった歴史的・有機的考察方法は，差し当たり，人民の生活と人民の精神に関するその思想を国家人格の構築に利用しようと試みてさえいなかった．

支配者の職務という理念の主張者の場合／歴史的・有機的考察法の議論／自然法論の全盛期における「道徳的人格」およびその国家への応用，特にヴォルフ，ネッテルブラット，そしてシュレーツァーの場合

【GA198】　それに対し，ますますすべてを覆いつつあった自然法理論は，きわだって抽象的に社会モデルを形成するほど（前述【GA102～104】），より一層厳格に純粋に機械論的・原子論的な精神で「道徳的人格」を考え続けた．この，義務的にのみ結合されている，明らかに自由で平等な個人によって築きあげられた組織において，「道徳的人格」とは，一般に，諸個人の総和に共通する何らかの権利関係を意味する短縮的な表現以外の何ものでもなかった．それゆえに，「道徳的人格」の概念はもっぱら外部に対してのみ価値をもっていた．というのも，その概念は，多数の人々（Vielheit）に共通する領域に関して多数の人々を他の主体に対して形式的に単一体として扱うことができるからである．〔しかしながら〕内部に対しては，その概念はまったく無意味であることがわかった．というのは，内部では権利関係それ自体は，1つに集められたものがその構成要素へと解体されることなしには，そして共通領域がその反対の特別領域へと解体されることなしには，考えられないからである．したがって，特に，国家を一般に道徳的人格として考察することは，国際法にのみ根本的意味をもつ．それに対して，国内法においては，国家人格は，様々な個人間の結社関係と委任関係に還元可能な個人主義的権利関係の前では，完全に消滅する．その場合，このような権利関係の下では，一方では「不平等な社会」の概念により，支配

第3章 人民主権論

者あるいは支配する多数の人々が上位の地位を占めるにすぎない．また他方では，改めて，共に権利をもつ多数の人々と，それゆえに，特に，支配するあるいは共同に支配する全体も，そして支配される人民全体も（また），相互の関係において，あらためて「道徳的人格」というカテゴリーに分類される．そして，そのテーマはすでにヴォルフに存在している．しかし，とりわけ典型的な【GA199】方法でこの示唆に富んだテーマをやり遂げたのはネッテルブラットである．彼は「道徳的人格」の本質を，「道徳的人格」の下では「1人は1人以上にはみなされず」，そしてそれゆえに「個の人格」(persona singularis) に法的資格が付与されるということに見た．しかし，このような道徳的人格を，団体（コルポラティオーン），共同体，教会そして国家の場合と全く同様に，彼は次のようなすべての結合体（ソキエタース）に適用した．すなわち婚姻および他のすべての家族の結合に，人々が共に担う主権者と最高執政官そして公共の組織体に，そして国家に抗して立てられる人民の全体に．というのは，「1人ひとりの人間の多くの意識，意志そして力が同じものを目指すたびごとに，こうしたものが同じものである限り，彼らは1つの人格とみなされるべきであり，したがって，彼らは道徳的人格である」(2)からである．全く同じ方法で，ここでも彼は一般に，単一的な権利主体という思想を外部に対してのみ利用している．他方彼は，内部に対しては，権利主体である多数の人々の間の契約関係という概念に強く固執している．そうして彼は，特に国家全体も確かに道徳的人格であるとしている．しかし，彼はこの道徳的人格をただちに，譲渡契約に従って定められた範囲で一定の肉体的あるいは道徳的人格によってのみ代表される，結びつけられた個人すべての集合的単一体と同一視する（第1133項）．それゆえに，彼は，もっぱら国際法の関係においてのみ，国家人格の単一性を主張する．それに対して，国内法については，彼は国家人格そのものを利用していない．そうではなく，彼は一切のことを，国家を多様に構成する肉体的および道徳的人格の間の義務に解消してしまうのである．その際，彼は，単一のまたは集合的な多くの権利主体の間に国家権力を分割することにも，支配者人格と人民人格という徹底した二元論を採用することにもためらいをもたなかった．全く同様の見解は，アッヘンヴァルやこの【GA200】時代の他の文筆家によって述べられている．そのような見解は，18世紀の終わり頃までにはますます普及する．すなわち，例えば才気溢れたシュレーツァ

ーですらわれわれを唖然とさせるあの戯画をものすほど，ますます広まっていくのである．

人民主権論の側の人民理解

【GA201】さて人民が一般に権利主体であるとされ，いずれの国においても単に個人の集合的単一体としてのみ理解されるならば，イングランドの人民主権論もまた，同様の人民概念を貫徹していた．但し，その概念の国家人格概念との関係をより厳密に言い表してはいなかったのであるが，ルソーはこの点でもまた，ホッブズによって開始された絶対主義的教義の肩をもった．そして，その単一的国家人格という強力な概念を彼の理論の不可欠な要素にまで高めた．

4 ルソーおよびその追従者の人民主権論

ルソーの教義，アルトジウスの教義との関係およびその新要素

そのようにして，ルソーの人民主権論は長きにわたる発展の結果であり，しかも先行諸要素を天才的に結びつけたものと思われる．

ルソーの主権概念／ルソーの国家人格理解

基本的に，ルソーの教義はアルトジウスの『政治学』を基礎にして話をはじめている．この『政治学』と同様，ルソーの教義も，しばしば著しく類似した，しかし何人によっても繰り返されたことのない言い方をした．すなわち，社会契約によって設立された人民の主権は，不可譲渡，不可分配そして不可分割であること，それゆえに，いずれの国においても全体が必然的に単独かつ排他的に主権をもち，統治する側が主権を簒奪するならば社会契約を破棄したこととなり国家全体を解体することになること，そして，社会契約に対して，いわゆ
【GA202】る国家形態は統治形態以外の何ものでもないことを述べた．しかしながら，それまでの人とは異なり，ルソーは，人民主権に絶対主義者の主権概念を転用することによって，それを次のように定義した．すなわち，人民主権は完全に無制限でなおかつ制限不能であり，いかなる法令や統治組織にも全く拘束されず，そして人民主権自体は行使された後も譲渡され得ないと．そのようにして彼は

第3章　人民主権論

支配契約を打ち壊しながら，主権的人民に対抗して統治組織に基づいて根拠付けられた他の何らかの政治的要素に権利があるという可能性，すなわち，統治する個人または統治する人々の集団に権利があるという可能性，こういうものを根絶した．このように〔統治する側の権利を〕根絶したことによって，ホッブズが人民の権利を滅ぼしたときと同様に，急進的な影響がもたらされた．しかしながら，彼は，主権の内容を，一般意志の普遍的表明である立法にのみ存するとし，個別のものに向けられ，必然的に従属的な活動である法令の執行を主権者から明らかに奪った．そして主権者ではない主体に法令の執行を委託している．それにもかかわらず，そうすることによって次のような可能性が作り出される．すなわち，〔第1に〕政府の設置が国家の不可欠の要素として主張されるということ，それだけでなく〔第2に〕固有の道徳的人格が統治体に付与され，〔統治体には〕貸与されただけのものでしかないにもかかわらず現実の命が与えられ，個々の人々に対する少なくとも相対的には独立した権力が付与されるということ，〔第3に〕そのようにして彼が強く否定した権力分立論から彼は自分の教義に役立つ思想的要素を借用している可能性が生み出される．しかし，最後に，主権的権力の主体をめぐる問題に関しては，1つには，ルソーはアルトジウス同様，結合契約から，その構成員に対する権力を授けられた社会的団体を生ぜしめ，その団体を，人為的な存在であるにもかかわらずしばしば人間の体と同じものとして扱い，そして2つには，ホッブズ同様，この団体が必然的に単一的かつ分割不可能な人格をもつという思想を貫いている．しかしながらルソーは，他でもなく，当時一般的だった個人を集合としてひとまとめにするという方法で，国家人格の単一性を獲得することができると思っている．彼は代表思想には一切頼らないので，個人主義的な集団主義をそれだけいっそう乱暴に貫徹している．「一般意志」が主権者であると宣言することによって，彼は，明らかに，それとは正反対である「全体意志」との相違を詳細に説明しようとしている．しかしながら，さらに詳しく考察するうちに，その相違は以下の点にしかないことがわかる．すなわち，「全体意志」においては個々人の意志が具体的にはお互いに異なっていることを考慮するが，他方，「一般意志」においては，諸契機は全て集まって調和するということから，個々人の意志のそれぞれの特質は破棄され，平均的意志で代えられてしまう（第

【GA203】

【GA204】 2篇第3章）．それゆえに，ルソーの主権的国家人格は，いかなる瞬間においても，存在する諸個人の総体以外の何ものでもないという点が堅持される．確かに，彼は次のように計算している．1万人の市民をもつ国家では，各人は「主権的権威をもった1万分の1」であり，10万人の市民をもつ国家では各人は10万分の1であり，それゆえに，国家が大きくなると自由は減少する，と（第3篇第1章）．さらに彼は，主権者は，もっぱら全員の直接の集会においてのみ現れ，行為することができると説明する（第3篇第12章）．そして彼はなお，彼の国法によれば今日の主権者は昨日の主権者によって拘束されるということは全くないのであるから，その結果，法令の継続的効力は，もっぱら，現在の主権者が〔過去の法令を〕撤回しないことによって表明する暗黙の承認にのみ基づくのであり（第3篇第11章），ひとたび人民の決議があれば，いつ何時今までの法秩序が全て一掃されるかもしれないのである（第3篇第18章）．

ルソーの教義の運命

人民主権論は，それ自体に内在する思想的萌芽を論理的に展開させることによって，その道の終わりに向かって，すでに中世以来，止まることなく前へ前へと駆り立てられていた．今や人民主権論は，その道の終わりに到達した．その限りでは，ルソーをもって，人民主権論の発展史は終わりを告げる．ルソーの教義は，恐らく，個々の点で凌駕されはしたが，原理においてはそうではなかった．実際，フランス革命でこの傾向の極端な党派は，社会契約のできるだけ完全な実行以上のことは何も企てることはできなかったし，その革命理論の師の原理をそれ以上高めることはできなかった．そればかりでなく，その党派はしばしば現実へ順応することによってそれを緩和せざるを得ないとみてもいた．

フィヒテの学説

【GA205】 ドイツでは，自らの自然法的体系にルソーの人民主権論を決然として取り込んだのはフィヒテだった．フィヒテは法のみに依拠する国家の統治組織を構想するなかで独特な特徴をもつ権力分立を採用した．そうすることで，彼は権力分立採用に当たって原理的には人民の主権を認めた．しかし，〔それについて〕

第 3 章 人民主権論

詳述する際に，彼は，あらゆる統治組織法よりも重視した人民の主権を上位に位置づけながら，それを緩和した．そして彼は，有機的全体としての国家という見解を，また実在的全体人格という概念を得ようと努力した．けれども，粗雑な個人主義的基礎に基づいていたがためにその努力は無駄であった．その一方で彼は，主権的人民と抽象的に把握された個人の総和とを同一視し，〔現実に〕支配する一般意志と，1人ひとりの意志が一致していることの総和とを同一視するに止まった． 【GA206】

カントの人民主権および彼の主権と国家人格の理解に内包されているかかるドグマの勝利の端緒

　カントもまた，原理的に明らかにルソーに依拠しながら，人民主権論を採用した．しかしながら，その適用にあたって，彼はそれを独特なそして全く異なる政治体系に改造した．というのは，とりわけ，実践的観点から，彼はこの主権的人民に，確かに存在する最高権力の源泉について「詭弁を弄すこと」を一切禁じ，ただちに，国家元首に対するいわゆる革命権，強制権，抵抗権あるいは不服従権を否認したからである．それどころか，彼はすべての臣民に，「目下存在する立法権力に従うべきことを義務づけ，その権力の源泉は主権者が意志することにあり得る」とした．そして，再三再四，原理的には主権者の単なる「代理人」であり主権的一般意志の単なる「代表者」でしかないと烙印を押された「国家元首」を，事実上人民の権利を全て呑み込む「主権者」として扱うだけでなくそう命名しさえした．このために，人民主権の理念は，結局，理性によって定められたあるべき方向を指し示す定理となり，形式上主権的な支配者の行為に対する実体的正義の「試金石」になった．すなわち，それは「あたかも法令は結合された全人民の意志から生じ得るかのように」，法令を制定する「理性の理念」となり，「全ての臣民は，市民であろうとする限り，全ての臣民があたかもそのような意志にも同意していたかのようにみなす」「理性の理念」になったのである．さらにカントは，もちろん彼の意図に従って，公然と既存の国家権力によって徐々に実現しつつある，法のみに基づく最後の国家形態として，「共和国」という国家の理想をたてた．この「共和国」においては，1つにまとめられた人民は主権者であり，単に主権を代表するものでは 【GA207】【GA208】

― 151 ―

ない．しかしながら，この国家の理想は，立憲国家の特徴を引きずっている．すなわち，立憲国家においては，人民主権は，もっぱら代表者会議においてのみ活動するだけでなく，権力分立原理が厳密に貫徹されるならば，〔実は〕執行権の担い手に対して完全に無力となってしまう．最後に，確かにカントもまた，「道徳的人格」の概念を徹底的に個人主義的自然権論の原子論的で機械論的な意味でのみ理解しかつ用いたので，実在的国家人格の理解に至ることはできなかった．かえって，彼は，1つにまとめられた個人の総和を国家と同一視し，同意しかつ結合された全員の意志を主権的一般意志と同一視するに止まった．けれども，結局カントは次のような仕方で根本において，一般に，生ける主体の主権を破棄し，抽象的理性法の主権を代置した．すなわち，現象人と本体人を徹底的に区別した．「もっぱら各人の人間性に従って」人間自体として，そして〔各人〕自らのなかに「適法に立法する純粋理性」が現れる限りにおいて，各人に一般意志の共同構築という使命を与えた．それによって彼は立法を，理性を通じて決定可能であり定言命法に従って決定する個人の意志が集団的に自らを律すること，として理解した．その結果，すべての理性的存在における自由の外面的制限に関して先験的に与えられる定言命法は，外面的強制法へと強化されるであろう．前述のとおり，社会契約（前述【GA121】）の場合と同様の方法で，ここでもまた，カントの人民主権論の定式化は，人民主権論が理論的に勝利する始まりと考えられる．

【GA209】

主権問題の更なる展開への一瞥

だが，われわれは人民主権論に関してここで筆をおかなければならない．以下のことを明らかにしようとするならば，われわれは全く新しい，自然法的国家論からますます離反する思想領域に足を踏み入れねばならないからである．すなわち，〔第1に〕一方では人民主権原理が，もう一方では支配者主権原理が，時代が進むにつれてどのように理解されてきたのかということ．〔第2に〕2つの原理の相克がどのように伝播していきながら，しかし同時に，この相克の理論的解決が要請されるなかで国家主権という新しい概念がどのように現れてきたのかということ．〔第3に〕主権概念自体が近代立憲国家の理念の影響を受けながらいかに様々に作り変えられてきたかということ．〔第4に〕いか

【GA210】

にして，国家人格の概念が歴史的・有機的人民概念で再び鮮やかに蘇ったのかということ．そして〔第5に〕〔国家人格の概念が〕いかにして，一方では支配者の権利と人民の権利の法的結びつきを断念することなく支配者人格と人民人格の二元論を克服することを可能にし，また他方では立憲的な権力分立を犠牲にすることなく国家権力の一体性を切り裂く権力分立の原理を克服可能にすることができたのかということ．

第4章

代表原理

中世における代表原理

　アルトジウスの政治学体系の特徴的な傾向の1つは，これまで述べてきたことによると，代表の原理（Repraesentativprinzip）の全面的な貫徹である．この原理の発展史もまた中世にはじまる． 【GA211】

　中世における政治・公法学者は，他の場合と同様にここにおいても，彼らの用いたローマ法的・カノン法的な団体論（コルポラティオーン）というモデルに基づいて，代表（Stellvertretung）という概念を，あらゆる「団体」の理論構成にも，教会および国家の理論構成にも，同様に広く適用した．そのようなわけで，かかる理論は団体（コルポラティオーン）法から次のものを引き出した．すなわち，かかる理論は，〔第1に〕支配者とは全体の代表者であるとみなし，〔第2に〕多数者によって万人を代表するということから多数決の原理を導き出し，それだけではなく〔第3に〕本来全体に帰属する権利を代表者会議をとおして行使する，という古代においては未知の，〔しかしながら〕中世においてはかなり以前から周知である思想を理論的に定式化した．同時に，重要なものであれ些細なものであれ，人民の権利が支配者に対置される場合でも，その権利は，代表者の集会をとおして行使することができる，とかかる理論は説明した．そして，その団体（フェアバント）の大きさゆえに全構成員の集会が不可能であると思われる場合には，また，この全構成員の集会をとおしてある特定の機能を直接実行することが不適切であると思われる場合には，〔代表者会議による人民の権利の行使は〕不可欠である，とかかる理論は説明した．しかしながら，その理論は，このような代 【GA212】

― 155 ―

表のはたらきを,いかなる条件にも拘束されない代表という意味において厳密に定義した.すなわち,〔代表者〕会議における代表者の適切な決定は,〔全構成員の〕集会における万人の適切な決定がもつであろうものとまったく同じ正当な意味をもつ.

教会における人民代表および国家における人民代表

このような原理に根拠づけられたのは,教会においては,一般に公会議の地位であった.とりわけ一般公会議を求めて提起されたあらゆる主張は,次のことから導き出された.すなわち,一般公会議は,完全かつ十分な方法で,教会の全構成員からなる全体を代表し,その公会議には,彼らが本来もっていた一切の権利が付与される.限定された範囲においては,枢機卿団にも〔教会を〕代表する職務がある.とりわけ,教皇を選出する枢機卿団の権限は,本来選挙権をもっていた〔教会構成員〕全体から〔枢機卿団に〕託された委任に由来する.しかしながら,国家においては,同様に,大小の諸身分会議が人民の権利を行使するために招集された人民代表である,とみなされた.ドイツ帝国においては,ルポルト・フォン・ベーベンブルク以降,特に選帝侯の固有の地位も,とりわけ皇帝を選出するという選帝侯の権限も,彼ら選帝侯が本来〔その選帝権という〕権利をもっていた帝国の全人民の代表である,ということに根拠づけられた.

代表の理念・委任の理念・そして選挙の理念とりわけオッカムおよびニコラウス・クサヌスの理論／すべてを包摂する代表／マルシリウス・フォン・パドヴァおよびオッカムの論難／代表がもっている団体という特徴とルポルト・フォン・ベーベンブルクによるその定義

【GA213】　単一な国家人格という完成された概念がなかった場合には,そして人民全体を集合体として理解することが通説であった場合には(前述【GA135〜139】),この種のあらゆる代表関係は真の代表という意味にほかならない,と理解することができた.したがって,上によって定められた後見という思想が否定されるやいなや,政治・公法学者が主張する代表権限の根拠はますます代表された全体の側から与えられた委任のなかに探し求められるようになった.それゆえ

第4章　代表原理

に，支配者によって万人を代表することは支配契約から導き出され，そして多数者によって万人を代表することは社会契約から導き出された．同様に，代表者会議によって万人を代表することは選挙における委任に由来した．かくして，教会の代表という公会議の地位を根拠づけるために，次のことが証拠として示された．すなわち，公会議は，選挙をとおして大小それぞれの教会団体(フェアバント)の長に選出された教会指導者からなるのであり，かかる教会指導者はみな，この選挙をとおして，彼らの下に服した全体の側から〔全体を〕代表する委任を与えられる．それどころか，オッカムの場合には，平信徒が参加する全体集会(ゲマインデ)の代表者選挙をとおして形成されるべき一般教会会議がある，という思想がすでに現れていた．次に，ニコラウス・クサヌスは，政治的な委任の唯一想定し得る法的根拠として，彼によって一般的に特徴づけられた選挙の原理を，枢機卿にまで広げた．【GA214】クサヌスは，枢機卿を，〔選挙で〕選出された常任の地方代表者に変えようとしていた．しかしながら，国家においては，同様に，代表者会議のあらゆる権限は，少なくとも始源的には（おそらくは世襲の権利を承認したとしても）選挙をとおして与えられた委任に由来する．〔その場合〕人民を構成する個々人は，自分の指導者および団体の長に，かかる委任を与える．以上のことから，ニコラウス・クサヌスは，代表に基づく議会主義についての整った体系をすでに展開していた．すなわち，機械的〔に設定された〕地区の代わりに，人民1人ひとりから組織された一塊の有機的な団体が，選挙団体(フェアバント)として機能する．このように理解する場合には，あらゆる会議体の代表者の権限の範囲ですら，本来，その根拠になっている選挙における委任の意味内容に左右されるはずであった．それでもやはり，全構成員による集会が実現できない場合には，完全にかつすべてを包摂する代表への委任が，たいてい容易に仮定された．しかしながら，その場合には，最終的に，人民全体が人民の支配者の上位にあるように，人民の代表者の上位にもある，ということが原則的には保持されていた．【GA215】マルシリウス・フォン・パドヴァだけは，その徹底した急進主義のために，すべてを包摂する代表の可能性について，何も述べようとはしなかった．一般公会議に関しては，とりわけオッカムが，次のような通説に対して強く異を唱えた．その通説とは，すなわち，一般公会議の代表者の権限に基づいて招集された「普遍的教会」と一般公会議を，その効果において完全に同一

視するというものであった．最後に，その個人主義的なあらゆる前提にもかかわらず，中世の教義は次のような命題を立てた．その命題とは，〔第1に〕個々の構成要素から成る全体から，まず，その代表権限を委任された代表者がいる，しかしながら〔第2に〕，かかる代表者は，代表者の集合体のなかでは団体という形で意志決定を行なう単一の会議体として，人民全体を代表することができるというものであった．そうであるとしても，ルポルト・フォン・ベーベンブルク以降，このことは次のように根拠づけられた．すなわち，各代表は，自分が代表するものの法的性質を身に帯びるものであり，それと同様に，（前述【GA138】で説明された意味における）「人民全体」の代理として組織された人民代表そのものも，総体として〔人民〕「団体ウニウェルシタース」とみなされなければな

【GA216】らない．このような意味において，初めてニコラウス・クサヌスが次のように述べた．すなわち，〔会議に〕招集された代表者は「1つの代表者の集合体において」人民全体を体現する……．

16世紀における代表制論／「モナルコマキ」の見解

したがって，中世において形成された代表の原理についての理論は，16世紀においては，新たな思想によって豊かに展開されることはなかった．人民全体に政治的な権利が与えられている限り，身分制会議[(1)]をとおして政治的な権利を行使することは，たいていの場合自明のことであるとみなされ，〔そして〕この代表機能の基礎がより詳細に考察されることはなかった．人々は様々な方法で以前よりも強く古代にこだわった．〔しかしながら〕かかるこだわりは，代表思想の継続的な展開を妨げるようになった．〔さらに〕ボダンによって基礎づけられた絶対主義論は，かかる〔代表思想の継続的な〕展開に，明らかに敵対的であった．かくして，その人民主権論を実践的に貫徹するためにはおそらく不可欠な代表の原理を，多少なりともいくらか根本的に考察したのは，概して「モナルコマキ」だけであった．しかしながら，そのモナルコマキも，ある程度一般的でかつあいまいな命題を立てる程度であった．その場合，人民は〔会議に〕招集された諸身分によって完全に包摂され代表されると想定する傾向が，たいていのモナルコマキにはあった．見方を変えると，人民の直接集会

【GA217】に最高決定権がある〔とされる〕ことはめったになかった．それに対してユニ

— 158 —

ウス・ブルートゥスは，確かに，「人民を代表する者」から構成される会議体は「国家の縮図」であるとして，その会議体に人民と同等の権利を与えた．それにもかかわらず，かかる会議体は「人民が構成するもの」に従属する，とブルートゥスは考えた．そして人民代表はその怠慢および決議によって人民の権利を現実に侵害しようとしても，そうすることはできない，とブルートゥスは特に詳細に論じた．同時に，大部分はカルヴァンのエフォル論の影響を受けて，〔そして〕一部分は既存の身分制度との関係によって，「モナルコマキ」が提示した国家〔像〕は，人民代表をいかに構成するのかという点では，その民主制的な基本原理にもかかわらず，著しく貴族制的な特徴を帯びていた．

アルトジウスにおける代表による統治組織の思想

　アルトジウスは，その先人の誰よりも，代表による統治組織の思想を全面的にかつ体系的に貫徹した．アルトジウスは，あらゆる国家において，最高の執行権が存在するとともに，人民代表が存在することが望ましい，と明確に説明した（前述【GA30】）．但しアルトジウスは，いかなるものであれ，人民主権の原理を損なうことがないように綿密に注意していた．きわめて舌鋒鋭く，アルトジウスは次のことを強調した．すなわち，〔第1に〕エフォルは，最高執政官と同様に，人民によって任命された人民の主権的権利の執行者以外の何者でもない，〔第2に〕エフォルが職務義務に反する場合には，〔人民〕全体〔から〕の委任を裏切るがゆえに，〔人民〕全体からの委任がエフォルからも改めて剥奪され得る，〔第3に〕エフォルは，個人としても全体としても，人民が自分の主権者である，と認めなければならない．それゆえに，代表に関する制度が存在しなかった場合には，それがどこであろうともいつであろうとも，〔また〕個々の国家におけるすべての慣習や掟が人民の直接集会にたまたま対立するとしても，アルトジウスは躊躇なく次のことを強く要求した．その要求とは，すなわち，時効のない権利としてかつ実定法によって破壊不能な権利として，議会主義的な権限を行使することである（【GA30】）．〔けれども〕代表者会議の構成に関しては，アルトジウスも，既存の身分制による構成に後退した．しかしながら，身分制という要素は，アルトジウスにとっては，数ある契機のなかの1つに過ぎなかった．かかる契機によって，一連の段階のなかで〔お互

【GA218】

いに〕結合して国家へとなってゆく団体的で有機的な組織体の形成が規定されるはずであった．それにもかかわらず，アルトジウスは，政治的な代表団を構成する場合の決定的な原理として，そしてどこでも通用する形式的な原理として，むしろ団体からの〔代表団〕派遣の原理を採用した[14]（【GA23～25】および【GA27】の［14］）．かくして，その統治組織の構造を身分制という構成に根拠づける場合であっても，アルトジウスは，理論においても現実においても，民主的思想を貫徹した．アルトジウスは，〔かかる場合においても〕市民身分（Bürgerstand）が騎士身分（Ritterschaft）と完全に同等の権利を得ることに賛成しただけではなく，農民身分（Bauernstand）が完全な権利を得ることにも賛成して，精力的に戦いを挑んだ．

アルトジウス以降の若干の展開

【GA219】　アルトジウスの人民代表論は，ホエノニウスによって若干緩和された形で再展開された．ホエノニウス以外の政論家も，アルトジウスの人民代表論を限定的に受容した．すなわち，彼ら政論家は，確かに純粋な３つの国家形態をアリストテレスの基準にもとづいて構成した．しかしながら，彼らは，混合国家形態とみなされた身分制に基づく君主国においては，人民代表には人民に帰属する部分主権（Theilsouveränetät）を行使する権限があり，身分制会議にはかかる意味での人民代表という性質があるとした．「実在的主権」という概念を用いた帝国政治・公法学者がある程度一般的に説明したのは，人民全体から与えられたいわゆる委任に基づく，帝国議会の権限一般であり，そのなかでも特に選帝侯会議の権限であった．すなわち，帝国議会および選帝侯会議は，〔人民〕全体の主権的権利を行使する場合には，かかる委任に基づいて〔人民〕全体を完全に代表しなければならない．同様にドイツのラントの諸身分については，ラントの諸身分が集まって１つの人民代表になっている，という見解が決して完全に消えてなくなることはなかった．

【GA220】　けれどもやはり，全体としては，代表制に基づく統治組織論の歴史的な展開においては，絶対主義的な傾向が通説となり，それとともに完全な停滞が生じていた．支配者主権という概念の厳密な理解は，特にホッブズ以降優勢になった．かかる理解は，支配者が万人を完全にかつ唯一人で代表するとして，それ

第4章 代表原理

以外には,より広範な人民代表が存在するための余地をまったく残してはいなかった.しかしながら,あらゆる国家形態においては,あるいはそこまでいわなくても制限国家形態および混合国家形態においては,支配者の権利以外に人民の権利がそれ以降も認められていた.〔けれども〕その場合でも,かかる人民の権利が代表者によって行使される可能性については,ほとんど言及されていない.同様に,この理論が,貴族制と民主制を論じる際に,直接制という形態と代表制という形態とを概念的に区別することもまたなかった.

代表の原理のイングランドにおける理解

イングランドにおいてのみ,代表の原理は,理論においても現実においても活発に展開された.それにもかかわらず,人民代表の本質については,ここでもさしあたり,新たな思想が現れることはなかった.一般的な立憲主義的国法学の歴史にとってきわめて重要な〔ミルトン,ロック,シドニーらの〕教義は,議会の権利を,集団的な人民主権から導き出していた.それゆえに,かかる教義は,議会主義に基づく代表とは委任に基づく真の代表である,とみなす見解にも固執していた.〔それに対して〕人民主権に基づく代表原理とは異なる次のような重要な原理が,徐々にその姿を現わすようになった.その異なる原理とは,すなわち,〔第1に〕あらゆる議会構成員は,全国民を代表しなければならず,自分の選挙区を代表してはならない,〔第2に〕あらゆる議会構成員は,訓令に拘束されてはならない,そして〔第3に〕あらゆる議会構成員は,その選挙民に対して,いかなる説明の義務も負ってはいないとするものであった.しかしながら,シドニーは,このような原理と集団的な委任という理念を調和させることができるとした.というのは,彼はかかる原理を単に集団の規模の大きさのゆえに選挙民によって選挙する人民団体の一体性により,また,政治的に要請された,選挙権の賢明なる自己制限によって,かかる原理を正当化したからであり,しかし,普通の代理とは異なる人民代表の法的性質によって正当化することは,おそらく決してなかったからであった. 【GA221】

モンテスキューの代表理論

大陸にあっては,モンテスキューが代表思想の改革者になった.モンテスキ

ューは，代表による統治組織制度の歴史的な展開について，かかる制度は古代共和制国家にはなく，その最初の兆候は古代ゲルマン国家にあると論評した．またモンテスキューは，近代世界におけるこのような重大な成果がもつ政治的な意義について考察した．モンテスキューのこのような論評および考察は，画期的な偉業である．さらにモンテスキューは，人民代表の形成に関しては，原則として各地区団体(フェアバント)において一般的な公民の投票権に基づいて行われるべきであるという選挙の理念を，初めて明確に述べた．しかしながら，代表者の法的性質については，モンテスキューは従来からの〔通説における〕見解に完全に従った．モンテスキューにとっても，代表者の選挙は，本来立法権をもつ【GA222】〔人民〕全体に代わって，代表者に集団的な委任を託すことなのである．〔したがって代表者に〕拘束的な訓令が与えられることに対しては，モンテスキューも，目的に適うか否かという判断を述べることしかできない．〔最後に〕権力分立の原理を厳密に貫徹することによって，モンテスキューの場合には，先人の場合よりもはるかに鋭く，次のような見解が現れている．すなわち，代表体とは，特に積極的に活動する国家権力に対抗して自ずから組織される権利主体としての人民である．

代表の理念に対するルソーの批判

　モンテスキューの場合には，代表の理念は，古くからの人民主権論を立憲主義的教義へ移行させるための，きわめて重要な手段の1つになった．それに対して，この点については対照的なのだが，ルソーは，意図的に，人民主権論のいっそう急進的な主張のなかで中世以降すでに周知となっていた傾向をその頂点にまで導いた．その傾向とは，すなわち，代表者会議が人民集会を包摂することに反対するものであった．ルソーは，この点においても絶対主義の物わかりのよい弟子であったが，代表の原理を即座に拒絶した．ルソーがその原理を拒絶したのは，それがまさしく古代ギリシア・ローマに由来するからではなく，封建的な中世において基礎づけられ，そして貴族制のイングランドにおいて形成されたからであった．ルソーの個人主義的・集団主義的な前提に基づいて，彼は次のことを徹底的に述べた．すなわち，〔第1に〕一般意志という主権は，代表され得ることもないし，譲渡され得ることもない．〔第2に〕〔一般〕意志

第4章　代表原理

が代表されることは絶対にない（一般意志は決して代表されるものではない），〔第3に〕「人民の代理人」だけは法律を審議しても差し支えないが，他方，「人民がみずから承認したものでない法律は，すべて無効であり，断じて法律ではない」，〔最後に〕「人民は代表者をもつやいなや，もはや自由ではなくなる．もはや人民は存在しなくなる」．

急進的な理論

　ルソーの教義は，この点においても，次のような徹底した急進主義の福音であった．かかる急進主義とは，すなわち，代表の原理を可能な限り弱めることによって，少なくとも，直接民主制という国家理想へ近づこうと努力し，こうしたことを今日まで続けているものである．ルソーの教義の影響の下に，ドイツでは特にフィヒテが，その自然法に基づく国家の構成から人民代表という概念を一掃した． 【GA223】

ドイツにおける立憲主義的国家論

　しかしながら，最後の勝利は，代表の原理に基づいて構成された立憲主義的国家論のものであった．かかる国家論は，何よりもまず，ほとんど無条件でモンテスキューに賛成した．このような意味において，ドイツにおける自然法論も，18世紀の半ば以降は，代表による統治組織の理念をますます受容するようになっていった．カントはやがてこの理念を，自由国家に不可欠なものとして要請するまでになった．同時に今やドイツ国法学者によって，ラントの諸身分は代表者としての性格をもつという——決して完全には消滅したことのない，実定法に根拠づけられた——思想が，立憲主義的教義の精神のなかに復活した．そして最後に，このように根拠づけられた基礎の上に，われわれの世紀の立憲主義的国家論が現れた．かかる国家論は，多様に枝分かれしながら，代表制のあらゆるバリエーションとあらゆる変化形を検討し，その実践的な具体化を準備し導き解釈した． 【GA224】

人民代表とは集団的な委任に基づく代表である，と自然法的国家論は規定したが，かかる思想の克服を概観すること

しかしながら，ここでも，次のことがまたもや明らかになった．すなわち，自然法的国家論に基づいて人民代表の本質を法的に考えるならば，次のような思想——人民代表とは集団的な委任に基づく代表であるという思想——を否定することはできなかったのである．しかも，この代表思想は，国家の団体的(オルガニッシュ)本質とは一致しないし，国家人格の単一性とも本当には一致していない．かかる代表思想は，根本的には機械的で個人主義的な急進主義であり，したがって，その展開においても急進主義の目的を絶えず追求するに違いない．それにもかかわらず，かかる急進主義は今日ですら克服されていないし，次のような一層優れた理論の構築もなされていない．すなわち，ここでも，実在的全体人格の思想は完全に貫徹されるべきであり，したがって，〔第1に〕委任という概念は，特別な性質をもつ国家機能への任命という概念に，〔第2に〕代理という概念は，有機体(オルガンシャフト)という概念に，〔それぞれ〕躊躇なく全面的に置き換えられるべきである（言い換えるなら，前者の代表という概念は，ある個人が別の個人を，したがって全体が全体を代表する，〔それに対して〕後者の有機体という概念は，その統治形態に基づいて任命された個々の人々が全体の人々を，したがって部分が全体を代表する）．

【GA225】

第5章

連邦制の理念

アルトジウスの体系における連邦制の特徴

　アルトジウスの政治学体系に固有なあらゆる特質のなかでも，完全に全体を貫いている連邦制の思想ほど際立っているものはおそらくないであろう．諸団体から成り立つ全体という意味での社会構成が真に中世的な体系の中核思想であったとしても，〔それとアルトジウスの思想の〕違いは次の点にある．すなわち，中世において上から下に向かって構築されていたものが，アルトジウスにおいては社会契約という考え方によって下から上に向かって再構築されている．しかしなお注目すべきは，アルトジウスによるこうした連邦制の構造が，明確に表現され凝縮された彼の主権概念と共に現れていることである．この主権概念は，特に〔全体は〕肢々がそれぞれところを与えられた1つの社会的体〔である〕という中世的思想を解体し，その後もあらゆる中央集権主義的志向の主要な原動力であった！……　　　　　　　　　　　　　　【GA226】

1　団体相互の関係についての中世の学説

有機的に組織された世界全体という始源的理念

　中世に固有な思想体系は，全体からそして統一体から出発した．しかしそれは，神の霊に満ちた世界全体という調和的に組織された有機体を前提とし，そのなかで下は個人に至るまでのそれぞれのより規模の小さな全体に，固有の生活，特別な目的，そして独立した価値を与えた．そうして，その思想体系は中

世的な生活のあり方と一致しつつ，結果的に完全に連邦制的に社会全体を構築するようになった．中世の思想体系が教会と帝国における，人類の目に見える統一を仮定しているとしても，それはすでに2つの剣〔両剣論〕という二元論のゆえに，一般に2つの連合した秩序という思想から出発している．それだけでなく，その中世の思想はその統一を，次のような関係に限定している．すなわち，人類の普遍的目的によって共通性がなければならないとされている関係である．それゆえに普遍的団体(ユニフェルサールフェアバント)は，その思想体系からみれば絶対的でもなく，排他的でもなく，そうではなく，自立的な個体から組織された社会構造の上にかかるドームを形成しているにすぎない．こうした原則は，さらに，下は最小の地方団体(フェアバント)，職業団体(フェアバント)，家族団体(フェアバント)に至るまで何段階においても繰り返される．教会も国家もそれぞれ1つの統一的な全体であって，それは次のような生きている個々の団体(ゲザムトケルパー)から成っている．すなわち，かかる個々の団体は確かにより高次の全体との結合を不可避的に必要としている．しかし，同時に，個々の団体そのものは特別な目的をもっているだけでなく，さらに，個々の団体の内部で，数多のものを生み出し支配するという単一性の原則に従って組織された全体(ガンツ)を形成してもいる．そうして，最高の普遍性と，個であることを失いようのない単一性との間を，一連の団体が存在し媒介している．そうした媒介的団体のそれぞれは，より小さな統一体を総括し束ねている．政治・公法学者の理論は，こうした人類の組織について確固たる図式化を試みている．その際，彼らは，教会については所与の位階的秩序に従うが，世俗の団体(フェアバント)についてはアリストテレスが述べた共同体の範疇を拡大することによって類似の位階的秩序を構築するに至っている．

【GA227】

教会がこの理念を動揺させ，そして古代の国家概念の復活がこの理念そのものを分解させたこと

　教会思想の側からこうした連邦制的構造に最初の深刻な衝撃が生じた．それは次のような出来事が起きてからであった．すなわち，教会思想で教皇中心主義が強化され，一方では教会が国家を吸収するまでに至り，他方では教会の中央集権化により構成員の自立的生活のすべてが抑圧されるまでに至った．しかし，壮大な思想構造を決定的に崩壊させたのは，ここでも国家論および法理論

【GA228】

によって復活した古典的国家概念であった．そうした国家概念の影響を受けて，理論上国家を排他的団体として理解するよう人々はあらがい難く駆り立てられた．

国家が教会を吸収する契機

もちろん，国家は人間共同体にすぎないという思想を受容するにあたり，通説は大きな留保をつけた．〔つまりそれは〕このような包括的な国家的共同体を，現世的幸福に属する人間生活の側面に限定したのである．その学説は永遠の救いを目指す共同体としての教会に，より高いか少なくとも同等の外形的権限を残した．それでも，後になされた国家による教会の包摂は，すでに14・15世紀に理論的に準備されていた．中世の政治・公法学者のなかでも，個人に至るまで徹底的に貫かれる体系をあえて立案したのはただ一人だけであった．そうした体系においては，教会はほかならぬ国家の一機関であり，教会財産は国有財産であり，聖職は官職であり，教会政治は国家政治の一部であり，至高の教会共同体は政治的な市民集会である．そのただ1人の人物というのはマルシリウス・フォン・パドヴァであった．一般に，彼にならう者はいなかった． 【GA229】しかし，同じ思想の個々の帰結は，すでに中世において位階制に対する他の反対者によっても引き出されていた．そして教会法（jus sacrum）は公法（jus publicum）の一部であるという古典的命題がこうした意味において既に使われ始めていた．

国家概念の一点への収斂および国家の排他的主権概念の漸次的成立

その他の点では，哲学的国家論は，一般に，アリストテレスから次のようなものとしての国家の定義を借用した．〔それによると〕国家とは，第一段階をなす家族や〔より規模の小さい〕共同体(ゲマインデ)とは対照的な，最高の・完成した・自己完結的な共同体である．こうした概念が貫徹される場合には，おそらく，相互に上位・下位をなす人間の団体(フェアバント)のなかでともかく常に1つだけが国家となりえた．〔しかしながら〕現実には徹底してこの概念を貫くということがなかったおかげで，こうした帰結はさしあたり回避されていた．というのは以下のような2つのことがあったからである．すなわち，〔第1に〕哲学者はアリス

第Ⅱ部　アルトジウスの国家論に刻印された政治理念の発展史

【GA230】トテレスにならって定義した「ポリス」または「キウィタス」を中世の都市共同体のなかに再発見したが，しかしながら，人間は社会を有機的で統一的に構成するという考えに基づいて「王国」や「帝国」という補完的かつ限定的な団体（フェアバント）をかかる都市共同体の上位に位置づけたにもかかわらず，現実に合わせてそのような国家の定義をすぐまた撤回し，最高級を比較級に，絶対的な属性を相対的な属性に置き換えた．〔第2に〕法学者は反対に，『ローマ法大全』を根拠として帝国だけが真の国家であると定義し，その際，彼らは「キウィタス」「人民」「王国」の概念を，「〔より規模の小さい〕共同体（ゲマインデ）」または「地方（プロヴィンツ）」

【GA231】と理解して定義づけたが，それにもかかわらず現実に合わせて国家概念をより規模の小さい共同体（ゲマインヴェーゼン）にも引き続き適用した．しかしながら，それでもなお，古代の国家概念がひとたび受容されると，たちまち，その国家概念の排他性はますます貫かれざるを得なかった．それゆえに実際には，哲学的国家論は，次のような前提に基づいて，しばしば躊躇なく，その理論展開を始めている．かかる前提とは，〔第1に〕国家という団体（フェアバント）はただ1つだけ存在するということ，〔第2に〕その上位には世俗の国家なるものが存在する余地が全くないということ，〔第3に〕その下位には〔より規模の小さな〕共同体（ゲマインデ）だけが存在する余地があるということである．しかし，法学においては，バルトルス以降ますます明確に，上位者（スペリオール）を戴く団体（フェアバント）と上位者を戴かない団体（フェアバント）で区別され，上位者を戴かない団体（フェアバント）については帝国と同一視された．そして，キウィタス，王

【GA232】国，帝国と人類が織り成す有機的な組織との相違は，単なる規模の相違になり，国家とはもっぱら「上位者を認めない団体（ウニフェルシタース）」であるとされた．

主権国家の上にはいかなる上位国家も存在せず，主権国家の下には共同体および団体だけが存在すること

　このようにして，中世末期以前にはすでに国家概念のエッセンスが出来上がり，排他的主権という特徴が国家の本質的で際立った特徴へと高められた．主権国家のもとでは，世界帝国は，特に論争でもされない限り，現実にはずっと以前からそうだったように，今や理論においても実体のない陰となって消失し，いずれにせよ国家権力の性格を奪われた．しかしそれによって，国家のなかに複数の国家の存在する余地は全くなく，より小さな団体（フェアバント）はすべて共同体（ゲマインデ）や

― 168 ―

第5章 連邦制の理念

団体(ケルパーシャフト)という〔下位の〕範疇に入らざるを得なかった．

他方団体理論は〔国家〕より小さな団体にまず公法上の固有の権利領域を保障すること／政治理論家の〔教会および国家の〕中央集権〔化〕への反論

　国家の営みはある一点に収斂した．しかしながら，そのことによって，あらゆる共同体の営み(ゲマインレーベン)が全てこの一点へ集中することを求められることはまだ決してなかった．人類の有機的組織という中世の理念は，主権国家のなかでは縮小された形で継承され，人民の有機的組織という理念となった．こうしたことは実際にある程度まではそのとおりであった．〔国家〕より小さな団体(フェアバント)は，ローマ法およびカノン法に基づく法学によって展開され細部に至るまで完成された団体(コルポラティオーン)理論の下でその当時もっぱら論じられていた．当然のことながら，かかる団体(コルポラティオーン)理論は，自立的な仲間団体的共同体(ゲノッセンシャフトリッヒェス・ゲマインヴェーゼン)というゲルマン的概念を根本的に変容させ破壊してしまった．しかしながら，それでもやはり，かかる理論は，ゲルマン的概念の意味内容を十分に受容していた．〔というのは〕それは，排他的主権国家にも対抗して，非主権的団体(フェアバント)すべてに，〔第1に〕固有で自立した共同体の営み(ゲマインレーベン)，〔第2に〕非主権的団体という概念から生じる公法上の権利領域，〔第3に〕最高位とされる〔主権をもつ〕全体と個人の間の有機的で中間的な立場，というものを保ち続けた〔からである〕．そしてあまりにも権力的な団体の営みに満ちていた中世末期の数百年間に，政治理論【GA233】の内部で，次のような試みがないわけではなかった．その試みとは，〔第1に〕教会および国家の至る所で進行し差し迫る中央集権〔化〕に対抗して，団体に基づいて〔社会を〕組織するという思想を原理的に基礎づけること，〔第2に〕中間団体(ツヴィッシェンフェアバント)の独立した価値および固有の権限を原則的に論証することであった．

それにもかかわらず排他的国家主権の強化を志向する傾向は止め難く，もっぱら国家によってあらゆる共同体の営みを説明するようになったこと

　それにもかかわらず，すでに中世において，排他的国家主権の強化を志向する理論傾向は全体として止め難く進行しており，もっぱら国家をとおしてあらゆる共同体の営みを説明するようになった．〔まず〕制定された後期ローマ法

は，中世的・ゲルマン的な再解釈の全てを絶えず打ち破る内容をもっていた．
〔次に〕穏やかではあるけれども社会〔共同体の営み〕が変化する場合には，常に，その変化に先立つ団体(コルポラティオーン)理論の変容があった．〔最後に〕このような後期ローマ法によって，法学は必然的に，団体(フェアバント)というものをどのように理解するかという観点から団体理論を〔再〕検討するように迫られた．かかる団体(コルポラティオーン)理論によれば，国家は公法の唯一の源泉にして唯一の主体であり，それに対して団体とは，それと結びついた公法の権利領域については権限を委任された国家機関であるにすぎないとされ，私法の領域についてのみ，国家から与えられた擬制的人格をとおして個々人の集合体に対応する固有の権利主体の1つであるとされた．しかし，哲学的国家論は，一方では古代の国家思想に満たされ，他方では，それに対してキリスト教的・ゲルマン的自由思想によって保護し展開したすべてのものを，個人主義的な自然法論のなかで守り続けた．このようなことを哲学的国家論が断固として行えば行うほど，後の数世紀を覆い尽くすかの闘争をますます強力に準備することになった．その闘争のなかでは，主権的国家と主権的個人が，国家に対する個人の自然権の範囲の限界をめぐって争った．それに対して，あらゆる中間団体(ツヴィッシェンフェアバント)は，まず単に実定法的でいくらか自由意志をもった組織(ゲビルデ)におとしめられ，最終的には押し潰されてしまった．……

【GA234】

2　16世紀以降

中央集権的で原子論的な傾向を支える強力な理論装置の展開

すでに中世において形成され，中央集権的かつ原子論的傾向をもったこれらの強力な理論装置のすべては，16世紀以降より精緻化しその影響力を増していった．

教会と国家の関係の激変

宗教改革によって生じた教会と国家の関係のはなはだしい激変がこの点においてもった特別な意味について，ここでごく簡単に考察しておこう．教会が主権をめぐるライバルからますます国家の一機関になっていく一方で，国家をあ

第 5 章　連邦制の理念

らゆる〔他の〕人間団体(フェアバント)よりも格上げすることを妨げていた最後の大きな障害がなくなった．宗教改革者は普遍的教会の統一性は不可視の教会にあるという概念を堅持しようとしたが，この概念は法概念ではなかった．彼らは権力分割説を維持しようとしたが，信者の共同体(ゲマインシャフト)と一致する共和主義的共同体(ゲマインヴェーゼン)という改革派の憲法理念においても，監督統治制による領邦教会制と三級身分制論というルター派の解釈においても，「教会の統治と世俗の統治」の分離はむしろ1つの団体の行政組織内部の分離(ケルパー)でしかなかった．最後に，カトリックの教義の側から中世の学説全体の刷新が図られたが，カトリックの世界それ自体においても，〔国家があらゆる人間団体よりも格上げされるという〕この理念の一般的展開の道筋からそれることはなかった．そしてついに，純粋な領邦国家制が〔前述の〕いずれの道筋においても勝利した．この領邦国家制において，国家による教会の完全な包摂が理論的に完成された．【GA235】

普遍君主制という中世の理念の最後の遺産の消滅／「万民社会」という新思想／「万民社会」から世界共和制思想の発展／主権論によるかかる思想への批判

　国家主権を制限するのは普遍的教会であるという思想は消え失せ，同時に，国家主権を制限するのは普遍的帝国であるという思想によってなお生き残っていた全てのものも，徐々に消え失せていった．帝国政治・公法学者が固執した世界帝国〔という概念〕は，生命なき幻影にすぎなかった．それに対して，自然法論のなかに中世の思想が〔見出し〕受容したのは，次のような新たな生命力に満ちたものであった．そこでは，中世の思想は，個々の国家主権を損なうことなしに，個々の国家のあいだに存在する国際法上の結びつきを，不変で不滅の社会(フェアバント)から導き出そうとした．というのは，16世紀以降，万民法（jus gentium）の拘束力を，自然法に基づく「万民社会」（societas gentium）に根拠づけることが，ますます頻繁になったからである．かかる「万民社会」においては，各民族は完全な主権を保持したが，にもかかわらず，人類の始源的で根絶しがたい統一体が，絶えることなく，法的に表現されるようになった．たしかに諸国家からなる社会という理念は，世界国家の理念へと移行していくおそれが常にあった．〔けれども〕その場合には，かかる世界国家は，中世の世界君主制とは対照的な世界共和制として構成されるにすぎない．しかしながら，【GA236】

171

通説は，諸民族からなる社会からその構成民族を超越する何らかの全体権力が生ずるという仮定に対しては，はっきりと異を唱えた．そして，国家創設以前の各個人には，すでに〔自然的義務があると〕仮定したのと同様に，相互関係においては自然状態にとどまる各国家には，社会的特質をもった自然的義務があると仮定した．しかしながら，主権論の一層厳密な信奉者は，何世紀ものあいだずっと，諸国家からなる自然共同体一般という概念も，実定法的な世界国家権力という古い概念も，全く理解しようとはしなかった．そして，国際法の法的性格そのものを本当に全く乱暴に論難するだけであった．

【GA237】

国家連合論，合同と連邦，連邦と同盟の相違，諸国家からなる国家があり得るかどうかをめぐる論争

教会共同体や国際法上の共同体に対してと同様に，より規模の小さい国家連合との関係においても，主権概念は，理論上はほぼ例外なく，諸々の国家に優越する国家なるものがあり得るという可能性をほぼ完全に一貫して排除していた．したがって，連邦制的組織（あるいは合同）が現出するならば，その場合は，いくつかの完全な主権国家間での同盟関係（または連盟関係）を想定するか，あるいは組織化された単一国家を想定するかのいずれかを選択するしかないであろう．それゆえに，一方では，ほとんどの場合一般的にスイス連邦やネーデルラント連邦を名指ししつつ，正式に組織された連邦国家が単なる同盟関係と説明された．そうした関係のために，平等な同盟や不平等な同盟という，同盟についてのさまざまな範疇のほかに，その範疇とは多少なりとも性質が異なる次のような国家連合という概念が，同盟（foedera）についての従来の理論にたしかに採り入れられた．すなわち，「最も固い同盟」を通じて生み出され，「同盟で結ばれたものの団体」あるいは「諸国家からなる組織」として組織される連邦国家がとり入れられた．しかし，前述の同盟関係については，次のような点が常に強く主張されていた．すなわち，〔第1に〕非常に緊密な同盟であっても，個々の国家主権にはかかわらず，〔第2に〕したがって，個々の国家が，そしてそうした諸国家だけが国家なのであり，〔諸国家の同盟〕全体はせいぜい国家の外観をまとっているにすぎない．他方では，その反対に，〔諸国家の同盟〕全体が有する国家的性質に誰も異論を唱えられないか，また

【GA238】

第5章　連邦制の理念

は唱えようとしない場合については全て，それゆえに特にドイツ帝国については，一般的に〔個々の国家と〕同様に単一国家の概念が保持された．

単一国家内部の構成団体に関する見解

したがって，国家が中央集権的に構成されるのか，あるいは連邦制的に構成されるのかという問題については，次の問いが全ての鍵であった．すなわち，こうして「国家」として特徴づけられた全体が有する排他的主権と，その構成【GA239】団体の固有にして独立した共同体(ゲマインレーベン)の営みが単一国家のなかで調和するかどうか，するとすればどの程度まで調和するのかということである．このような枠組みにおいて，実際アルトジウスは，彼の連邦制〔論〕を構築した．この点でも彼は通説の傾向に明確に反対を表明し，それと同様に，彼は，主権論についての最も厳密な定式化に従って，国家と教会を同一視し，世俗の普遍団体(ウニヴェルサールフェアバント)を否定し，諸国家から成る国家を拒否した．

16世紀の法学における団体論

国家より規模の小さな団体(フェアバント)と国家との関係を理論的に把握するために，第一にそして何よりも決定的だったのは，法学を媒介として中世的な団体論が継続して展開されたことであった．16世紀の法学は，往々にして，力を増しつつある官憲国家によって脅かされていた共同体や団体(コルポラティオーン)の権利を守るために戦っていた．その際〔16世紀の法学は〕，どの「団体(ウニヴェルシタース)」にも固有で自立した公法学上の領域があるという考えを相当程度保持していた．しかし，全体としてみれば，それ以外の，団体(コルポラティオーン)を共同社会(ゲマインヴェーゼン)として捉える人々は全て，ローマ法の源流から発展してきた次のような観念に，ますます呑込まれていった．すなわち，団体(ウニヴェルシタース)の権利主体としての地位は，それ自体，〔国家との関係において〕私的権利を目的とする個人に擬せられたものであるに過ぎず，個々の場合において，それは，一定の，もともと国家の排他的権利から派生した，公法的な権能を有する特殊な特権に基づいて賦与され得るにすぎないという観念である．そのため，団体(コルポラティーフ)の自立性を擁護する者もまた，こうした考え方を受け入れざるを得ない状況に追い込まれていることはますますはっきりしているように思われた．そして彼らは，一方では，団体(ウニヴェルシタース)の財産に関するその

― 173 ―

【GA240】私法的な所有権から，団体自体に根拠づけられた自治のための行政と立法の権利の領域を可能な限り広範囲にわたって導き出そうとし，他方では，既得権とみなされたそれ以上の特権を無効の宣告によりなきものにされることから守ろうとするしかなかった．しかし，彼らがそのように公法上の関係を私法的に解釈し，与えられた特権を保存するために闘うことによって，彼らははじめから，彼らの絶対主義的な敵対者に対して明らかに不利な立場に陥った．というのも，そのような敵対者は，団体の自立性を抑制するにあたり，公的権利の思想や特権に勝る公共の福祉（Gemeinwohl）の思想を提示し得たからである．

団体とは擬制された個人的人格をもつ国家の営造物であるとする見解が，団体論のなかでますます優勢になり，それが政治理論および自然法論へ影響を及ぼすこと／ボダンおよびその継承者による共同体および団体の位置づけ／自然法論者による位置づけ／政治学の教科書における位置づけ／実定国法学における位置づけ

　法学者の間で主張された政治的で自然法的な理論への〔移行を示す〕こうした傾向により，全体としては，団体(コルポラティオーン)理論の近代的・絶対主義的な特徴が【GA241】受け入れられていったということは，容易に理解される．しかし，ここでさらに，原理的に強化する２つの要素が加わった．すなわち，かつては，古典的な図式に従って描かれた自然な社会構造において，通常，家族〔というもの〕だけが個人と国家との間の必然的な中間の構成要素という地位を与えられていた．それにひきかえ，共同体(ゲマインデ)は，せいぜい国家の当然の前段階としてしか認識されておらず，国家とは対照的に，国家が完成してしまえば，自然法上の団体(フェアバント)としては完全に消えうせる〔ものとされた〕．最初から実定法の歴史的観点の下でしか観察されていなかったその他の団体(コルポラティオーン)と同様に，共同体(ゲマインデ)には純粋に実定法的な組織としてしか再起の道はなかった．しかしその後，〔第１に〕主権概念が増強されるにつれ，ますます国家権力は全てを呑み込む至上権として把握されるようになった．そうして，その他の団体(フェアバント)権力は単にその〔至上権〕に由来するものであるとしか考えられないようになった．国家権力と団体(フェアバント)権力の関係において，ボダンは誰よりも「〔同職〕組合，諸団体，全体」を詳細にそして思い入れをこめて取扱ったが，その際に，その原理を徹底

-+ 174 +-

的に展開した．そのため彼は，より小さなあらゆる団体(フェアバント)についても，後世のほとんどすべての絶対主義者とは異なり，それらの団体(フェアバント)の政治的価値の高さと，強力な共同体(ゲマインデ)の自由および強力な団体(コルポラティオーン)の自由の有効性を強調した．それにもかかわらず原則的には彼は国家を営造物として理解することを徹底した．彼の後継者のうち，すでにグレゴリウス〔・トロザーヌス〕は，同じ土台の上に立ちながら実際上彼を乗り越えた．アルニサエウスやボルニッツは，早くも，共同体(ゲマインデ)や団体(コルポラティオーン)のなかにまさに行政目的のための国家的な機関を見ようとした．全く同様の見解を，厳密な自然法論者も，一般に共同体(ゲマインデ)や団体(ケルパーシャフト)について言及することが苦労するだけの価値があるとみなす限りにおいて展開した．その後，17世紀初め以来大量に生み出された，政治学の教科書や手引書においては，より規模の小さい団体(フェアバント)全てが，ますます徹底して，純粋に国家営造物的な構造物とみなされただけでなく，それらの団体(フェアバント)は，団体(フェアバント)の自由と独立に常に反対する精神で，主に他でもなく警察的な視点から論じられた．同時に，このような自然法的・政治学的見解の実定国法学への影響は，今やますます決定的に大きくなった．【GA242】【GA243】

人民主権論の内部における中央集権主義的な潮流および連邦制的な潮流／ユニウス・ブルートゥスおよびその他の改革派「モナルコマキ」の連邦制〔論〕

このような一般的な展開傾向に対して，16世紀の人民主権論は無関心であった．というのは，人民主権論の基礎付けが，純粋に連邦制的な国家構造とも厳密な中央集権的な国家構造とも調和するものであるがゆえに，人民主権論には固有の性質をもつ原理的観点がどちらの側にも作り出されなかったからである．しかし，実際の結論についてみると，カトリックの人々の間では中央集権的見地が優勢である一方で，若干の改革主義的「モナルコマキ」のもとでは，共同体(ゲマインデ)原理に由来する彼らの教会政治体制の連邦制的性質との明らかな関連をもちつつ，連邦主義の思想が最も顕著に現れた．特に個々の地域や都市を，神との契約並びに人民との契約の番人に任じ，契約違反をした国家権力に対してそれらが武力により抵抗する権利と義務を，そして極端な場合には，それらが国家から離脱する権利までも要求したのは，ランゲであった．

第Ⅱ部 アルトジウスの国家論に刻印された政治理念の発展史

連邦主義体系の完成，アルトジウスによる契約原理に基礎づけられた一般的社会論および団体概念の新解釈

【GA244】　ここでもまた，自らの教会的・国家的（politisch）な日常世界における生の運動およびその世界についての見解のなかでわきあがってきた連邦制の理念を，独創的な精神をもって1つの体系にまとめ，〔それを〕理論的原理に基づいて基礎づけたのは，アルトジウスであった！　こうしたことを，アルトジウスは，要するに公法全てを私法に解消する彼の基本的図式において彼によって初めて原理にまで高められた社会契約の概念を，まさに躊躇なく貫徹することによって，成し遂げた．純粋に自然法的な社会構成がこうして明らかになった．そうした社会構成のなかでは，〔第1に〕家族，職業仲間団体（ベルーフスゲノッセンシャフト），共同体（ゲマインデ），地方は，個人と国家との間にある有機的な分肢として存在しており，〔第2に〕より大きな団体（フェアバント）は，常に先ず，より小さな団体（フェアバント）が団結した諸々の統一体から成り立っており，それを媒介として初めてその構成要素を把握し，〔第3に〕より小さな団体（フェアバント）のそれぞれは，真の原初的な共同体（ゲマインヴェーゼン）として自ら個別の共同体の営み（ゲマインレーベン）や固有の法的領域を獲得するが，そこから，特有の目的達成のために必要不可欠なことだけをより高次の団体（フェアバント）に委譲し，そして最後に，国家は，その部分を成す団体（フェアバント）とは種類としては同質であり，排他的主権をもつ点だけが異なっている．そうした排他的主権は，ただ最高の世俗的法権力として，たしかに新しい固有の性質と機能を豊かに与えられているけれども，より小さな団体（フェアバント）固有の権利に関しては，乗り越えられぬ限界をもっている．もしその限界を越えたなら，結合契約の破棄をつうじてさらにより完全なる主権へと発展する構成部分の権利の前に，〔排他的主権は〕無効となってしまう．とにかく，通説の団体論（コルポラティオーン）の権力についてのこのような方向転換を，アルトジウスは，公法関係と私法関係について同様に成し遂げ，それゆえに全体としてみれば，全く新たな団体（コルポラティオーン）概念の創始者となった．

【GA245】　その状況は，自然法論が根本的には同様の体系を新たに生み出すまで，一世紀半の間続いた．その間，原理的かつ徹底した連邦主義は誰にも擁護されなかった．それにもかかわらずアルトジウスの教義は，決して影響力がないままではなかった．それどころか，彼の教義は2つの異なる傾向において政治・公法学概念の発展史に永続的な作用を及ぼした．

第 5 章　連邦制の理念

「複合国家」という用語および概念の発展に対するアルトジウスの教義の
直接的な意義／ホエノニウスによる「複合国家」概念／
ベゾルトによる「複合国家」概念の連邦国家概念への展開／
フーゴーとその支持者による連邦国家論／ライプニッツによる連邦国家概念／
プーフェンドルフの「複数の国家から成る組織」という，反対の立場の学説／
「非正常な組織」概念から「複数の国家からなる〔1つの〕国家」概念への
再度の変遷／「複合国家」という自然法の学説，
特にネッテルブラットの説／ピュッターとその継承者の説

　まず複合国家（zusammengesetzter Staat）という用語および概念が，アルトジウスの教義から直接展開された．何事についてもアルトジウスに依拠するあのホエノニウスは，1つの都市からなる「単一国家」に反対し，連邦主義の理念を継承することによって，複数の都市からなるすべての国家を，そして「王国」ないし「帝国」へと拡張されるすべての国家を，「複合国家」とみなした．この「複合国家」という概念を受容したのは，クリストフ・ベゾルトであった．しかしながら，ベゾルトはこの概念を次のように限定した．というのは，連邦制の理念とは一線を画していたからである．「複合国家」という概念は共同体（ゲマインデ）および団体（ケルパーシャフト）からなる国家から，そして同盟および同君連合からも区別され，かかる国家概念のなかでは，複数の「民族」は〔それぞれ〕異なる「法」をもつのだが，それにもかかわらず，「単一の政治団体」として「単一帝国」と結びつけられる．ベゾルトは，この種の「複合国家（キウィタス・コンポシタ）」の主な例としてドイツ帝国をあげ，〔それを〕念頭に置き，そうすることによって，このような国家形態を，複数の国家からなる1つの国家として明確に特徴づけた．かかる国家においては，たしかに「主権（マイエスタース）」は排他的に全体に属するのだが，しかしながら，国家なるものの本質（シュターツヴェーゼン）のなかの二次的で相対的なものは，全体を構成する複数の国家のそれぞれにあるとされた．このような意味で，ベゾルトは「国家に従属する立場について」[(1)]という独特な論文を著した．そのなかで，ベゾルトは，ドイツの領邦国家を特に考慮しながら，たしかに，主権もなくその限りで真の国家でもないが，それ以外の点では主権をもつ上位国家に類似する下位国家という概念を徹底的に貫徹した．他の一連の論文のなかでは，ベゾルトは，それ以外の，〔国家〕より小さな団体（フェアバント）はすべて，単一国家の単なる 【GA246】

第Ⅱ部　アルトジウスの国家論に刻印された政治理念の発展史

団体的な構成体であるとみなした．このようにしてベゾルトによってはじめて形成された複数の国家からなる〔1つの〕国家という概念を，40年後に，一層厳密で一層体系的な方法で展開したのは，ルドルプ・フーゴーであった．その際，フーゴーは，特に，主権をもつ上位国家とそれを構成する従属的な〔下位〕国家のあいだに国家権力を原則的に分割するという思想を，ベゾルトと同じ基礎に立って展開し，〔かかる思想を〕ドイツ帝国に存在する「二重統治」を説明するために利用した．それ以降，複合国家(ツザメンゲゼッツター・シュタート)という概念が学問の世界から完全に消え失せることは二度となかった．たしかに，多くの帝国政治・公法学者は，複合国家(ツザメンゲゼッツター・シュタート)という概念をフーゴーの定式化に倣って受容し，ライプニッツは，連邦国家概念の近代的な枠組みに一層類似した特性を

【GA247】かかる概念に与えた．しかしながら，かかる概念は，サムエル・プーフェンドルフの重大な批判によって深刻な動揺を被った．プーフェンドルフは，厳密な主権論に基づいて，継続性および組織性〔という点〕において単なる「同盟」よりも優れている「複数の国家の組織(システマータ・キウィタトゥム)」についての固有で体系的な教義を同時期につくりあげ，複合国家(ツザメンゲゼッツター・シュタート)という概念を非難した．1つの国家のなかに複数の国家が含まれるということは，プーフェンドルフには想定できなかった．それゆえに，プーフェンドルフが認めたのは，複数の国家の正常な結合形態としては，同君連合および純粋なる国家同盟だけであった．それにもかかわらず，〔第1に〕現実には中間形態が出現している，〔第2に〕特にドイツ帝国は複数の国家からなる〔1つの〕組織と単一国家の中間に存在する，ということをプーフェンドルフは認めざるを得なかった．プーフェンドルフ自身は，この場合には明らかに，そのような「変則」はすべて統治組織の致命的な欠陥であるとみなした．まさにそれゆえに，彼はドイツ帝国を怪物であるとみなしたが，その怪物は正常な複数の国家からなる組織(シュターテンユスツス)を作り続けることによってのみ本来のものに直すことができると考えた．多くの政治・公法学者は，連邦国家

【GA248】概念の否定という点においては，無条件でプーフェンドルフに賛成した．その際，彼らは，プーフェンドルフとは異なり，依然として畏敬の対象とされた帝国本体に怪物という烙印を押したいとは思わず，いずれも強引な2つの方策のうちどちらかを選択するしかなかった．すなわち，帝国を全く単なる国家連合として構成するか，あるいは，単一国家というその古い見解そのものに戻るか

第5章　連邦制の理念

である．しかしながら，その他の点ではプーフェンドルフのドグマと用語法に倣った影響力あるさらに多くの学者は，特にドイツ帝国に具体化された「複数の国家からなる変則的組織」という概念を，人知れず再び「複 合 国 家」(レスプブリカ・コンポシタ)の概念のなかに取り込んでいた．こうした変則は，根本的には，その学派の理論のためにつけられた印としてのみ，この「複 合 国 家」(レスプブリカ・コンポシタ)という概念に伴っていた．たしかにヘルトは，その他の点ではプーフェンドルフのカテゴリーを再生産したけれども，その一方で，分肢からなる単一国家と国家連合の間の，フーゴー的な意味で連邦制的に形成された中間的なカテゴリーは完全に正当であるという考えに賛成した．18世紀の半ば以来，前述したように主権概念が衰退し，特に権力分立論が広がったとき，連邦概念の新たな復興と継続的な展開のための自由な道も作られた．実際，この後，複 合 国 家(ツザメンゲゼッツター・シュタート)という概念は，特にドイツ帝国に応用されて国法学者によって再び受け入れられただけでなく，自然法的国家論の一般的な理解にも時折受け入れられた．そしてそれは，特にネッテルブラットによって，一般的な連邦理論の正式な体系へと展開された．そのように地ならしされた土台の上に，その後ついにピュッターが1777年に，実定ドイツ国家法の連邦的構成に関するその有名で詳細な新たな基礎付けを行った．その後，諸国家から構成された国家という概念は，まずはじめに，滅びつつある帝国本体の理解に関してほとんど異論のない通説となるに至った．さらにその概念は，今世紀では，理論的にも実際的にも，その偉大な勝利の道を開き，これにより同時に多方面にわたっておおいに近代の内発的発展過程に浸透していった……．

【GA249】

【GA250】

国家は団体に基づいて構成されるとする理論の持続的な形成に
アルトジウスの教義が与えた影響

　実際，連邦国家理念は，アルトジウスがそれを自然法的土台の上に再生したとおりに，歴史の流れのなかで連邦制的理念からだんだんと成長してきた．それゆえに，その政治・公法学的概念の発展史は，これ以降ずっと，もう1つの傾向を帯びるように運命づけられた．なぜなら，アルトジウスによって完遂された社会契約原理の首尾一貫した構想により，国家の肢体的文節論のなかに，ある1つの思想要素が引き込まれたからである．その思想要素とは，いかなる

絶対主義的抑圧によっても決して完全に排除することができず，ついには，共同体(ゲマインデ)および同輩団体(ゲノッセンシャフト)の自由という近代的理念を直接準備した自然法的社会論へと発展したものであった．

グロティウスによる連邦制の基本原理

【GA251】　国家の起源が厳密に社会契約から常に導出される場合は，共同体(ゲマインデ)と同輩団体(ゲノッセンシャフト)も〔国家と〕同じ起源をもつことは避けることができない．そして，このことをもって，より小さな団体(フェアバント)が国家と同格であるとみなされた．原初的な共同体の営み(ゲマインレーベン)が可能であったのは，それら団体〔自体〕によるのであり，〔たとえ〕国家の承認と国家による制限の下に置かれた場合でも，決して単に国家のおかげで〔可能で〕あったのではなかった．この種の見解は，実際，多くの政治学体系に入り込んでいた．しかしながら，アルトジウスを強く思い起こさせる方法で表現したのは，とりわけグロティウスであった．というのも，彼は，それぞれの小さな「結社」は国家において実現する「最も完成した社会」と同じように生まれ同じ性質をもつということを徹底しただけでなく，まさに国家なる全体を，その部分団体(フェアバント)の永遠の連邦（不死かつ永遠の連邦）として理解したからである．このことから彼は次のことを結論付けた．すなわち，たしかに「体全体」は「人民の部分」に関する支配権(インペリウム)を同意なしにただちに譲渡できるわけではないし，それに対して部分は，同様に，通常は一方的な離脱の権限をもってはいない．それでもなお，部分にとって明らかに他には自己保存の手段が残っていない場合はただちに，例外的に離脱する権利が部分にはある．しかし，そのように「自己を守ることに関する部分の権利」は，「部分に

【GA252】対する体の権利」より大きいということを，彼は次のような特徴的な論証をもって根拠づけた．すなわち，「部分は，結ばれた団体に先んじてもっていた権利を行使するが，体は同じようにはもっていないからである」．

ホッブズによる「従属的団体」論

　ホッブズもまた，契約思想の帰結を避けることはできなかった．その帰結とは，彼によって詳細に述べられ，必要かつ有益であると認められた「従属的団体(システマータ・スブオルディナータ)」を，国家の承認または許可が必要であるにもかかわらず，

第5章　連邦制の理念

究極的にはそれら自体に由来する実存をもった，国家に類似する社会的組織として構築することであった．それにもかかわらず，彼はこの点においても，画期的な方法できわめて峻厳な絶対主義への方向転換を貫徹することができた．特にアルトジウスとグロティウスとは正反対に，彼は国家を，それぞれの中間段階をもたず，孤立し何も身にまとっていない個々人の契約から生じさせた．これによって彼は，個々人に，それぞれが何とかして手に入れた権力を完全にきっぱりと断念させながら，それ以後もなお個々人が結合する力を内にもつことを望んだ．いずれにせよ，何らかの社会的権力によって団体(フェアアイン)を作り出す力はたしかに失われた．個々人が権力をもたなかっただけでなく，権力はさらに全能の国家に譲渡されねばならなかった．というのも，ホッブズは実際，次のように説いたからである．すなわち，それぞれの「従属的団体(システマータ・スブオルディナータ)」においてはあらゆる「権力(ポテスタース)」は国家から貸与されかつ制限されており，市民的人格を団体(フェアバント)に与える代表権力は国家の全権の流出であり，あらゆる団体組織(コルポラティオーンスオルガン)の権能が制限されるのは，国家により団体組織(コルポラティオーンスオルガン)に認められた権威のみによってであり，支配の下にある全体の委任のようなものによってではない．さもなければ，主権概念それ自体と矛盾して「国家のなかに国家」が現れる〔とホッブズは述べた〕．

絶対主義者による共同体および団体〔の理論〕／フーバーの説／プーフェンドルフの説／トマジウスの説／ヘルトの説およびそれに類似した文筆家の説

〔ホッブズとは〕異なる根拠に基づく絶対主義者も，ホッブズによって見出された結論と同じ見解に達した．その場合には，その結論および基礎づけから，契約論に基づく自然法的な国家論が展開された．共同体(ゲマインデ)および団体(ケルパーシャフト)を特に【GA253】好んで詳細に論じた自由思想家フーバーは，理論的にも実践的にも，共同体および団体(ケルパーシャフト)のある一定の独立性に反対することは決してなかった．そのフーバーでさえ，原理的には無条件に〔国家による団体の〕承認論に従った．それだけではなく，フーバーは，〔国家〕より小さな団体(フェアバンツアインハイト)という単一体を体現する管理責任者のあらゆる権限を，主権者から直接与えられる委任から導き出した．それゆえに，フーバーは，国家と団体(ウニウェルシタース)には同じような社会的基礎がある〔とした〕にもかかわらず，両者の本質的な相違を，次のように精確に定める

181

第Ⅱ部　アルトジウスの国家論に刻印された政治理念の発展史

ことができた．すなわち，国家の「人格(ペルソナ)」は人民に由来し，〔それに対して〕団体(ウニウェルシタース)の「人格(ペルソナ)」は国家権力に由来するとされた．しかしながら，きわめて重要な意味をもつのは，次のことであった．すなわち，プーフェンドルフは，新たな思想を用いて，「複合的な道徳的人格」に関する実り豊かな一般理論を企て，そして，この理論は国家およびあらゆる団体(ケルパーシャフト)に等しく妥当する基本原則であると最初に言及した（前述【GA103】，原注74〔邦訳省略〕）．にもかかわらず，そのプーフェンドルフも，〔国家〕より小さな団体(フェアバント)の政治・公法学的関係を理論的に解釈する場合には，完全にホッブズに従った．まったく同様にトマジウスも振舞い，彼は以下のことをまさに同時に行ったのである．すな

【GA254】わち，一方では，単一で「平等な社会」と，社会の構成員に対する権力を備えた社会との相違を鋭く強調し，他方では，単なる「国家の部分」としての共同体(ゲマインデ)は，特別な段階にある団体(フェアバント)などではないし，それゆえにアリストテレスによっても完全に無視され，さらに「任意の社会」としての同輩団体(ゲノッセンシャフト)は，自然法には決して存在する場がないということを強調した．〔トマジウスよりも〕さらに注目を集める方法で，あらゆる道徳的人格についての純粋に社会的な理論構成と，次のような理論を結びつけたのは，ヘルトであった．その理論とは，〔国家〕より小さないかなる共同体(ゲマインハイト)も，それ自体としては単なる「平等な社会」であり，そして一般的には，どのようなものであれ権力を付与するのは国家だけである，というものであった．そのうえヘルトは，そこから〔さらに〕次のような結論を導き出した．すなわち，国家は，支配者によって魂を吹き込まれた団体(ケルパー)であり，それに対して団体(ウニウェルシタース)は，支配者によって魂を吹き込まれたものではなく，「神秘的な人格」としてのみ存在する．つまり，「団体(ウニウェルシタース)は，単に国家の一部分であり，それぞれ法令または精神をもち，それゆえに団体(ウニウェルシタース)は，明示的同意によってであれ黙示的同意によってであれ，最高権力の領域を承認している」．ヘルト以外に，同様の思想世界のなかでその理論を展開したのは，プーフェンドルフの影響を受けた一般国法学の体系家であった[2]．

第5章　連邦制の理念

実定法学内部における特権団体擁護の保守的傾向
／それに反対する法学者の傾向の勝利

　自然法的国家理論のこの展開に対し，17世紀においてそして18世紀においてすらも，実定法学が従来の団体(コルポラティーフ)の諸権利の保守的な番人としてさまざまな形で現れた．このときは実定法学のみが，一方では私法的法理解，他方では特権論という〔それぞれ〕古くからの武器で戦ったが，同輩的共同体(ゲノッセンシャフトリッヒェス・ゲマインヴェーゼン)の理念を原理的に再興することは少しも考えていなかった．実定法学が興味をもったのは，大体において特権団体(コルポラティオーン)だったのであり，団体(コルポラティーフ)思想ではなかった．17世紀の半ば以来優勢になりつつあっ【GA255】た反対勢力は，絶対主義的自然法論の精神で満たされ，その結果は，一般に団体(コルポラティオーン)の実定的権利関係への適用において，特にさまざまな形で歴史的にもたらされた諸々の実定的権利関係への適用において，一歩一歩勝利へと進んだ．反対勢力によりますますはっきりと，特権的団体は，政治・公法学【GA256】的国家営造物に変えられ，付随的（angeheftet）人為的な私法的権利を与えられた．〔そして〕ますます明確に次のように説かれた．すなわち，公共の福祉と矛盾するやいなや一切の既得権はなくなるだろう．しかし，公的福祉は無条件で公的権力を主権者の掌中に集中することを求めるだろう．しかし，団体になお固有な権利として残される財産権の領域のために「擬制された人格」の理論がますます鋭く展開された．そしてその人格が永遠に未熟であるがゆえに，きわめて干渉の強い国家的後見監督〔という考え方〕が演繹された．しかしながらこのことすべては一般にまさに次のことによって〔はじめて〕貫徹可能であった．すなわち，帝国の団体に関しては，連邦制的見解が勝っていたが，いずれにせよウェストファリアの平和以降は各領域がそれぞれ国家として通用した．それらの国家は，まさに，〔国家〕より規模の小さな団体(フェアバント)とは，本質的に異っていたし，権利に関しては，共同体(ゲマインデ)と団体(ケルパーシャフト)から奪い取られたものがそのまま国家のものとなった．

18世紀における自然法的国家論の，2つの対立した傾向への展開

　しかし，自然法的国家論そのものは，それが獲得した立場に18世紀の間，留まっていたのではなかった．むしろそれは2つの相反する傾向へと発展した．

それらによって，自然法的国家論は，一方では集権的原子論的思想を完成し，ついには，主権的個人と主権的全体の間のすべての 中 間 団 体(ツヴィッシェンフェアバント)を理論的に根絶するにいたった．〔自然法的国家論は〕他方では，それに対し，個人主義的集団主義的見解から自由 結 社(アソツィアティオーン)の原理を発展させ，その原理の助けを借りて団体(コルポラティーフ)からなる構成の再構築を企てた．

中央集権的・原子論的な傾向，特にフランスにおけるテュルゴーとルソーの説 そして革命の思想およびドイツにおけるフィヒテとカントの説

　これらの傾向の第1のものは，とりわけフランスで勝利をみた．そこではまずテュルゴーが，あらゆる「特殊団体」を廃止する権利を国家に認めた有名な論文において，以下のことを公然と述べた．すなわち，個々人の崇高な人権と国家のなかで組織された市民社会の主権の間には，〔国家〕より規模の小さな団 体(フェアバント)が独自の存在権をもつ余地はない，と．フランスでは次にルソーが，この点でも他の点においてと同様に最終的帰結を引き出しつつ，あらゆる「特殊団体」を総じて一般意志の分裂したもの，そして偽りのものとして，否定した．そして，国家における部分と全体の関係に関わる多くの論争に際して，フランスでは結局革命が，理論においても実践においても統一的思想を追求した．その思想とは，世界から有機的 団 体(ケルパーシャフト)の概念を排除する考え方であり，統一的全体となるように結合された集合体(ゲザムトケルパー)の内部で，部分である自由かつ平等な諸個人が中心から組織されていくという考え方を打ち立てるものであった．

　しかし，啓蒙専制主義（Despotismus）の理念が広がったのと同程度に，ドイツでも18世紀の後半において，フランスで圧倒的に勝利したこの傾向への接近があった．ここでも，唯一永遠かつ神聖なものと考えられた自然権の前で，既得権のあらゆる保障が消えた．一方では人権が，他方では市 民 社 会(ビュルガーリッヒェ・ゲゼルシャフト)の主権が，段々と，自然権そのものとみなされるようになっていった．お互いに対抗しあうこれら〔2つ〕の大原理は，自立的中 間 団 体(ツヴィッシェングリート)を根絶する戦いにおいてますます協力し合った．それらの原理のなかに，国家は自らの主権への耐え難い制限を，そして個人は自らの自由と平等への足かせとなる束縛をみた．その後，フランス革命の理論の影響下で，まさにこの点においてフィヒテもより優れた観点を獲得する者はいなかったし，

第5章　連邦制の理念

カントも，団体(コルポラティオーン)を財団法人と同一視し根本的に破壊したので，団体(コルポラティオーン)を社会的団体の新しい生き生きとした原理によって甦らせる術をまだ知らなかった．最後に，国家より規模の小さな団体(フェアバント)の取り扱いに関して，ライン同盟諸国の理論と実践は，フランスを手本とした複製のなかで最も退屈で最も思慮のないものとなった．

個人主義的・集団主義的な傾向／自然的な社会論一般およびその影響による自由結社原理の重視／J. H. ベーマーの説／ヴォルフとその継承者の説／ネッテルブラットの説とそれに類似した文筆家の説

　しかしながら，自然法に基づく国家論のもう1つの傾向は，まさにドイツで，形成され続けた．その〔第2の理論傾向の〕なかでは，かかる国家論は，すべての段階において自由結社(アソツィアティオーン)の理念を貫徹し，最終的には，下から上へと向かうアルトジウスの社会構成にふたたび接近した．このような展開過程によって準備されたのは，何よりもまず，社会契約の概念に根拠づけられた，自然的な社会論一般の一層完全な展開であった．かかる社会論は，国家を含むすべての団体(フェアバント)を，同じ類概念の下に位置づけ，かつ同一の図式に基づいて構成した．その場合でも，さしあたり従来のように，平等な社会と不平等な社会を厳密に区別すること（前述【GA104】）によって，〔国家〕より小さな団体(フェアバント)には固有なあらゆる権力が否定され，その団体(フェアバント)の内部の営みへ国家権力が測り知れない影響を及ぼすことがあり得たかもしれない．それにもかかわらず，次のような〔3つの〕考えは，それぞれ重要であった．その考えとは，〔第1に〕団体(ケルパーシャフト)とは，原則的には，国家と同様に自由結社(アソツィアティオーン)に由来し，かつそれ自体で存在する共同体(ゲマインヴェーゼン)である，と一層明確に位置づけるものであり，〔第2に〕特に共同体(ゲマインデ)がふたたび始源的な法的領域をもつようになるというものであり，〔第3に〕教会については，領域支配がしばしば純粋に強化されていく〔過程の〕なかにおいても，同輩団体制（Kollegialsystem）が勝利をおさめつつあるとするものであった．このような意味で，特にJ. H. ベーマーは〔自然法に基づく国家論の〕第1の傾向の1人であるとみなされ得る．〔すなわち〕ベーマーは，一方ではあらゆる権力を国家から導き出すことによって，他方では団体(コルポラティオーン)高権の概念を厳密に特徴づけることによって，実践的には，独立し

【GA259】

第Ⅱ部　アルトジウスの国家論に刻印された政治理念の発展史

【GA260】た団体(フェアバント)のあらゆる営みをふたたび否定したのだが，それにもかかわらず，理論的には，〔国家〕より小さな団体(フェアバント)はすべて同輩団体的(ゲノッセンシャフトリッヒ)な本質をもつという思想を改めて明らかにした．次に，ヴォルフとその継承者の場合には，自然的な社会論一般は，実践的にも，共同体(ゲマインデ)および団体(ケルパーシャフト)に好意的な解釈を示しはじめた．しかしながら，決定的な転換を成し遂げたのはネッテルブラットであった．〔すなわち〕ネッテルブラットは，一方では，個人および国家と同様に〔国家〕より小さな団体(フェアバント)に〔も〕，自然法に基づく存在領域を要求し，それゆえに，生来的な個人権に対置される始源的な社会的権利（団体の本性から生じる社会的なまたは同輩的な始源的権利）を，すべての既得権（契約で結ばれた権利）に〔論理的に〕先立つものとして，〔国家〕より小さな団体(フェアバント)にも付与し，他方では，あらゆるところで，もちろん平等な社会においても，構成員に対する全体の「権力(ポテスタス)」は，それ自体で根拠づけられたこれらの始源的な社会的権利の1つである，とみなした．こうすることによって，ネッテルブラットに可能となったのは，多くの点でアルトジウスの理念を再現する自由結社(アソツィアティオーン)にもとづく社会構成の体系を，実際に，構想することであった．同様の方法を用いることによって，ドイツの自然法論のなかのそれ以外の問題についても，ますます優位を占めるようになったのは，次のような傾向であった．その傾向とは，すなわち，〔第1に〕社会的団体(ケルパー)を下から上へと構成するものであり，〔第2に〕事実上または地域的に限定されたあらゆる団体(フェアバント)を，何よりもまず

【GA261】自生的な社会として完成するものであり，〔第3に〕天蓋的国家という概念を最終段階ではじめて示し，結果としては，改めて「同輩的権利」をしばしばほとんど押し潰す「主権的権利」を，たしかに，その天蓋的国家に付与するものであった．

ユストス・メーザーおよび彼とモンテスキューの相違／シュレーツァー／ヴィルヘルム・フォン・フンボルト

　ドイツ自然法論のなかで一般的になったこのような傾向は，政治学における見解にも，過小評価できない影響を及ぼした．フランスでは，モンテスキューが団体論的な中間団体(コルポラティーフツヴィッシェンフェアバント)についてのきわめて優れた先駆者であったが，そのモンテスキューは次のように構想することができた．彼は君主制においても

第5章　連邦制の理念

団体(コルポラティオーン)は不可欠であるとしたが，その団体(コルポラティオーン)を彼は，非団体的な身分的特権(インコルポリールテン)という意味にほかならないとした．それに対して，ドイツでは，ユストス・メーザーが既存の身分〔制的な社会〕構成には好意を，画一化および平等化を図る自然法の傾向には敵意を，それぞれ強く示したのだが，それにもかかわらず，団体的(コルポラティーフ)な理念のために，はるかに自由ではるかに近代的な精神をもって戦った．そして疑いもなく，この優れた人物は，自然法論者によって展開された思想から，自分で思っていた以上に実り豊かな示唆を得ていた．というのは，メーザーは，すべての生活領域における自立的で独立した同輩団体的(ゲノッセンシャフトリッヒ)な組織を，国家の基礎にしようとしたからであり，それだけではなく，自由結社(アソツィアティオーン)の力を信じていることを，しばしば預言者を思わせる手法で明らかにしたからである．さらに18世紀の末頃には，シュレーツァーが，〔きわめて制約の少ない，その意味で〕きわめて自由な結社(アソツィアティオーン)の権利をすでに説いていた．そして，あらゆる結社(ゲゼルシャフト)について，〔そのなかでも〕特に宗教結社(ゲゼルシャフト)について次のように述べていた．すなわち，「大きな共同体(ゲマインデ)は結社(ゲゼルシャフト)の存在を認めなければならない．それどころか，結社(ゲゼルシャフト)を保護しなければならない．逆に言えば，個々のギルドの理念および行為が大きな共同体(ゲマインデ)と関係をもつのは，かかるギルドの理念および行為が市民契約に反する場合に限られる」．それどころか，ヴィルヘルム・フォン・フンボルトは，国家は団体(フェアバント)を支援する〔役割をもつ〕という見解をすでに示していた．すなわち，自由結社(フェアアイニグング)が栄えるところではどこでも，このような自由結社が国家の営造物よりもはるかに優先されるべきである．【GA262】

法学における劇的な変化

しかしながら，政治学における見解と同様に，実定法学は，18世紀の最後の数十年間以降は，自然法に基づく結社(ゲゼルシャフト)論の多大なる影響を被り，〔それによって〕ローマ法に基づく団体(コルポラティーフ)理論の全構造は崩壊の危機に瀕するようになった．

最後に，その当時としては非常に自由な精神の色彩を帯びて貫かれた，プロイセン国家の大立法事業において，かかる下から上へと構成される社会制度のなかに，自然法に基づく社会論の精神があるということを，誰が否定できたで

第Ⅱ部　アルトジウスの国家論に刻印された政治理念の発展史

あろうか？

自然法的社会論の個人主義的かつ機械論的な特質

　この自然法的社会論は，この場合，かかる社会論に由来する国家論と同様に，明らかに，個人主義的かつ機械論的であるとされた．かかる自然法に基づく社会論は，社会(ソキエタース)と団体(ウニウェルシタース)の間のあらゆる境界をなくし，その一方で，一般的に，対内的には，個人と個人を義務によって結合する社会契約の概念を説くようになり，対外的には，統合された個人の総体を包括的な単一体とみなす「道徳的人格」の概念を説くようになった．したがって，その内奥の本質および究極的な目的という観点からすると，かかる理論は，〔第1に〕団体(コルポラティオーン)の営みの歴史的で有機的な契機に対しては異質でありそして敵対的ですらあったし，〔第2に〕世代交代してゆく個々人を超越する全体人格の思想に対しても，そして〔第3に〕個人(アインツェルヴェーゼン)を一層高次の生活単位に融合する共同体(ゲマインヴェーゼン)の思想に対しても，同様であった．ヴィルヘルム・フォン・フンボルトは，〔第1に〕この学派の最も内奥に秘められた感情をまさに根底から次のように吐露していた．すなわち，彼は団体(コルポラティオーン)一般を，個人が自由に結成しかつ自由に解消する結社(アッツィアティオーン)に置き換え，それによって，団体(コルポラティオーン)に基づく「桎梏」を社会に基づく単なる「絆」に置き換え，かくして自由な個人(アインツェルメンシュ)に対する永続的な拘束のすべておよび将来の世代に対する影響のすべてを回避することはきわめて望ましいとした．〔第2に〕〔団体(コルポラティオーン)が有する〕特権は完全にわきに置くとしても，団体(コルポラティオーン)が1つにまとまっているというだけで道徳的人格という概念には危険性がある．そのような道徳的人格という概念の短所を彼は，〔次のように〕立法者が明確に法を宣言することによって回避することを提案した．〔すなわち〕「あらゆる道徳的人格ないしあらゆる社会は，その都度その都度の構成員の結合〔体〕以外の何ものでもないとみなされるべきであり，それゆえに，共同体(ゲマインシャフトリッヒ)の力および資産をいかに利用するのかという問題について〔構成員の〕多数決により任意に決定することを，この道徳的人格ないし社会は何1つ妨げることができない」．最後に，契約および遺言についての原則は完全に十分であるがゆえに，団体(コルポラティオーン)および財団法人に関する特別な法原則をすべて不必要なものとして否定した．

【GA263】

第5章　連邦制の理念

われわれの世紀の〔法学理論の〕展開に対する自然法的社会論の意義

　しかしながらたしかに，一般的には，このような理論傾向は前述のような帰結に至ることは決してなかった．かかる傾向は，自由 結　社（アソツィアティオーン）を強調することによって，〔これまで〕生き延びてきた特権団　体（コルポラティオーン）にも対抗し，それだけではなく，中央集権的・原子論的な傾向にも対抗して，不滅の功績を残した．かかる傾向から展開されたのは，何よりもまず，近代世界にとっては不可欠なある種の思想要素であった．かかる傾向は，その思想要素の受容をとおして，われわれの世紀においては，中 間 団 体（ツヴィッシェンフェアバント）を歴史的・有機的に解釈することがかくも強く展開され，中央集権的な逆流および個人主義的な逆流を克服する力をいよいよもつようになった．

第 6 章

法治国家の理念

　われわれはすでに，これまでの議論の全てにおいて，様々な傾向へと向かう国家と法との関係についての理念の変遷に論及せざるを得なかった．その際，特にアルトジウスを，法治国家理念のきわめて熱心な擁護者の 1 人として認識するようになった．それゆえに，ここから最後までは，国家と法との関係についての理念の展開を，中世から自然法的国家論の最盛期に至るまでの期間に限定して辿ってみたい．【GA264】

1　中世

国家と法との関係について古ゲルマン的見解の克服／国家の法からの解放
　中世がこの〔国家と法との関係という〕問題についての理論を組み立て始めた時，次のような始源的でゲルマン的な法治国家の理念ではすでに十分ではない，ということが明らかとなった．そのゲルマン的な法治国家とは，すなわち，法によってのみかつ法のためにのみ存在するものであり，またその〔法治国家における〕営みの全ては，一般的な関係と個別的な関係とを同一視する法秩序に拘束されるものであった．〔それに対して〕次のような教会のモデルがあった．すなわち，教会のなかでは，現にある法秩序を超えて起源および目的に応じて存在しかつこの法秩序から独立した権力というものが，もともと存在していた．こうした教会のモデルにならって，国家権力が，自らが国家権力であると自覚した時，〔教会と〕同様に，その法〔秩序〕の桎梏からの解放を目指すよ

― 191 ―

うになった．そして，法学および哲学は，古代の息吹にごくかすかに触れるやいなや，絶えず互いに競い合いながら，法理念に対抗する国家理念の独自性を理論的に根拠づけそして貫徹するようになった．

実際，中世で説かれていた政治・公法学は，初めからほぼ一致して次のことを受け入れていた．すなわち，〔第1に〕国家は，法的根拠に基づいているだけではなく，道徳の必要性および自然の必要性にも基づいており，そして国家は法さえも生み出している．〔第2に〕国家の目的は，肉体と精神の福祉の増進にあり，そしてこの目的に適う手段の1つとして，法の具体化があるにすぎない．〔第3に〕国家は，法秩序に対して，従属し（unfrei）奉仕する地位だけではなく，制限のない（frei）支配的な地位をも占めている．

【GA265】

法と国家の同等性および法の国家からの独立性への固執

しかしながら，本質的には古代の産物であるそのような成果にもかかわらず，法が国家に対しても完全に平等で独立した力をもっているというゲルマンの思想を，中世に固有な教義は決して放棄しなかった．国家を法に基礎づけそれゆえに国家の成立を法的過程として構成するという不可避的な必要性が，中世の教義にはあった．他方，法に基礎づけられていない（illegitim）国家権力もまた法的な効力を生み出し得るという観念は，中世の教義にとっては全く理解できないものであった．さらに，中世の教義は，次のような見解で完全に満たされていた．すなわち，〔第1に〕国家によって作り出されたものではなく，そして国家の都合のいいように変更することのできない法理念を具体化する使命が国家にはあり，〔第2に〕したがって，法とは，国家にとって単なる手段ではなく独立した目的でなければならない．最後に，中世の教義にとっては，次のことは決して疑わしいことではなかった．すなわち，国家権力にとっては真の拘束的な法的制限があり，その法的制限を超えてしまうと，国家権力の支配権も臣民の服従義務もなくなってしまう．

【GA266】

実定法と自然法の区別による矛盾の解消

しかしながら，次のことはどのように考えられたのだろうか．すなわち，一方では，法は，国家によって，国家のために，そして国家の下に存在するべき

- 192 -

であるが，〔それに対して〕他方では，国家は，法によって，法のために，そして法の下に存在するべきである．国家と法とが，相互によって，相互のために，そして相互のなかに存在するという思想が，中世において形成されることはなかった．むしろ中世は，次のように実定法と自然法とを区別することによって，〔国家と法との〕分裂〔という問題〕を解消した．その区別とは，すなわち，古代から受け継がれたが，しかしながら多様に形成されてきた，そして数えきれない論争のもとで細部にいたるまで確かに貫徹された，実定法と自然法との区別であった．

1.1　国家の産物・国家の手段・国家の権力が及ぶ支配の領域，そのようなものとしての実定法

　実定法（市民法）ユース・キウィーレ――（黙示的な法として構成された慣習法を含む）――とは，〔第1に〕自由に創造された産物であり，〔第2に〕目的に適うか否かという判断に応じて変更できる手段であり，そして〔第3に〕人間の団体フェアバント権力が及ぶ支配の領域である．そして，このような実定法に，始源的なゲルマンの理念世界の革命的変革があった．

1.1.1　客観的な意味における実定法

　したがって，何よりもまず，実定法は，もっぱら客観的な意味においては国家の意志に従うものである．立法者にとっては己が制定した法令ですら制限にはなり得ないという命題が立てられ，そしてあらゆる法に拘束されないことが主権の決定的な特徴であるとますますみなされるようになっていった．

支配者主権〔論〕の支持者の法に拘束されない権力という理念

　支配者主権〔論〕の支持者は，明示的・黙示的に宣明された支配者の意志と実定法とを同一視し，支配者および前任の支配者によって作られた法令に優先してそして法令の上に支配者を位置づけた．そして，支配者その人は法に拘束されることはなく，個々の場合には，支配者その人は必要に応じて法令を適用することもできるし，また必要に応じて法令を破ることもできるということを

示した．このような意味で，12世紀以降の法学は，ローマ法源の格言，特に，「君主は胸の内に全ての法をもっている」（omnia jura habet Princeps in pectore suo），「君主が嘉みすることには法の力がある」（quod Principi placuit legis habet vigorem），そして「君主の過ちは法を作る」（error Principis facit jus），しかし，とりわけ「君主は法に拘束されない」（Princeps legibus solutus est）という命題を利用してきた．この〔最後の〕命題は，簡潔ではあるが何百年にもわたって論争されてきた文献において，その中心に据えられたものであった．哲学的国家論は〔このような命題に〕賛成して，真の君主と共和制の執政官との区別を，まさに次の点に見出した．すなわち，共和制の執政官は，人民から与えられた法令ないし人民と共に制定した法に拘束されるが，それに対して，真の君主は，〔君主その人が〕「生きた法」として変幻自在に振舞い，個々の場合には，必要に応じた具体的な判断によって既存の法を変更することができる．そして，この「法に拘束されない権力」という帰結は，教会においては教皇のために，〔そして〕国家においては皇帝やほとんど全ての主権者のために，必ず引き出された．

【GA267】

人民主権〔論〕の支持者の場合

ところでこうした支配者主権論に対抗して，意のままになる全ての武器をもって立ち向かったのは，もちろん人民主権〔論〕の支持者であった．彼ら人民主権〔論〕の支持者は，常に，法令の拘束力を，結束した〔人民〕全体の同意に還元することによって，教皇および皇帝を含むあらゆる支配者も，かかる法に拘束されることを示そうとした．しかしながら，これによって始められた立法権と執行権の原理的な区別が，法治国家の理念の発展に限りなく実り豊かな影響を及ぼすことになった．その際，何よりもまず問題となったのは，主権的権力と法との関係ではなく，主権を有する主体だけであった．というのは，論争相手である支配者主権〔論〕の支持者は，あらゆる法に優先し，あらゆる法の上に支配者を位置づけたからであり，〔それに対して〕人民主権〔論〕の支持者は，教会における最高会議および政治的な最高会議をあらゆる法に優先し，あらゆる法の上に位置づけることを要求したからである．

【GA268】

第6章　法治国家の理念

1.1.2　主観的な意味における実定法

　しかしながら，実定法の規範と同様に，その規範に根拠づけられた主観的権利も，国家が授与したものの流出である．それゆえに，主観的権利は，主権者の自由な処分に委ねられていた．かくして原理的には，国家権力に対抗して，既得権が実定法という権原に基づいて承認されることはなかった．

収用論の展開

　周知のごとく，すでにマルティーヌス[1]は，全てのものに対する現実の所有権を，それゆえに私人の権利に対する全く自由な処分権を，皇帝に帰属させる〔と主張する〕ほどになっていた（というのは，主として『ユスティニアヌス法典』[2]第7巻第37章「4年間の時効について」第1節3文に「全てのものは君主に属するとみなされるからである」という文言があるためであった）．そして同様の理論は，教会関係においては教皇のために〔も〕唱えられていた．しかしながら他方では，その時にはすでにブルガルスによって主張された次のような反対意見が，明らかにますます一般的になっていった．すなわち，私的所有権の上には国家高権なるものだけがある．かかる国家高権は，ある時は単なる「裁判権ないし保護権」であるとはっきりと表示され，またある時は確かに相変わらず「支配権(ドミニウム)」と称された．それにもかかわらず，かかる国家高権は，現実においては〔私法に関わるものとしてではなく〕公法に関わるものとして扱われてきた．しかしながら，まさにこの〔国家〕高権から展開されたのは，始源的なゲルマンの法意識とは〔全く〕異質な収用権（Enteignungsrecht）についての理論であった．かかる収用権に基づくならば，国家目的が必要とみなす場合にはいつでも，私権を廃止ないし変更する権限が国家権力に与えられるべきであるとされた．【GA269】

既得権の保障

　それ以降の収用論の歴史は，優れて，収用権に対して明確な制限を行う試みの歴史であった．その過程で，おびただしい論争が提起された．しかしながら，この固有な原理をめぐる論争は，収用権に対する制限の内容をめぐってという

よりは，その制限の効果をめぐって展開された（【GA275】以下参照）．既得権を侵害する場合には，最高権力も，恣意によってではなく「正当な理由によって」のみ行うべきであるという共通見解が一般にはあった．一方の人々はただちに拘束する法規範の力を認めたが，それにもかかわらず他方の人々は常にまたは少なくとも場合によっては主権者が法規範を侵害することを認めた．この固有な原理については，〔前述の〕人々も，原則としては堅持した．〔その場合〕十分な理由とみなされていたのは，違法行為およびその他の多くの非常に様々な場合における〔権利の〕失効のほかに，〔私権と公権とが〕抵触する場合には，常に，私権が譲歩せざるを得ない公共の必要性というものであった．しかしながら，より決定的であったのは，公共の福祉という理由から権利が剥奪される場合には，公的な財源による補償がなされるべきであるとする重要な原則が形成されたことであった．それに関していうと，一方では全ての個人に一様に妥当しかつ一般的である法律行為の場合には，また他方では緊急事態の場合には，例外というものがたいてい容認されていた．

【GA270】

しかしながら主観的権利が不可侵であるのは自然法的原則に基づく場合だけであること

　しかしながら，今や非常に特徴的なのは，既得権のかかる保障をかちとるためには実定法という地盤は役には立たないと中世の教義がみなしたことである．むしろ，主観的権利の不可侵性は，実定法から独立した自然法的原則が主観的権利のために存在することによってのみ根拠づけられた．その限りにおいてのみ，主観的権利の不可侵性は矛盾なく説明された．この点に関しては，特に，かかる理論全体を支える２つの命題があった．一方の命題は次のようであった．すなわち，〔第１に〕所有権秩序は，すでに国家に先立って見出され，国家の媒介なしに純粋な自然法から演繹された「万民法」に根拠づけられており，それゆえに〔第２に〕，かかる秩序によって獲得された個別の権限も，その権限の存在を決して国家にのみ負うわけではない．他方の命題は次のようであった．すなわち，〔第１に〕契約の拘束力は自然法に由来し，それゆえに〔第２に〕主権者も法令によってではないとしても，しかしながら契約によって臣下に対して主権者その人とその後継者を拘束することができ，そして〔第３に〕その結

【GA271】

果として，契約をとおして国家によって承認されたあらゆる権利は，国家そのもの〔も〕侵害できない（〔但し〕ここでも「正当な理由によって」許される〔権利の〕侵害を留保する）．それに対して，主観的権利が何らかの自然法的権原に基づいていることをそれ自体として論証できない場合には，その主観的権利は「純粋に実定的な権利」とみなされたので，この教義は，首尾一貫するためには，主観的権利に国家権力と同等の〔権利〕保障を〔与えることを〕拒絶せざるを得なかった．こうしたことは，国家から一方的に付与され，純粋に実定法的な意味内容を授けられた「特権」というカテゴリーに分類される権利に，何よりも当てはまった．かかる「特権」は公共の福祉のためにいつでも自由に撤回し得るとする理論が，このような〔理論的〕基礎の上にますます形成されていった． 【GA272】

1.2　前国家的自然法・国家外在的自然法・超国家的自然法

　中世の一致した見解によれば，実定法とは対照的に，自然法は，国家〔の成立〕以前からあり，国家の外にあり，そして国家の上にある（vor, außer und über dem Staat）とされた．

1.2.1　客観的な意味における自然法および国家との関係におけるその効力

　自然法の源泉およびその義務づけの根拠という点についてはいかに意見の相違があろうとも，いずれにせよ，客観的な意味における自然法は，一方では，国家を超越する原理に由来するものとみなされ，また他方では，完全な拘束力をもつ真の法であるとみなされていた．それゆえに次のように仮定された．すなわち，〔第1に〕自然法は国家が成立する以前からすでに妥当していたのであり，〔第2に〕国家そのものが存在するための法的根拠づけを可能にする法原則が，自然法から直接ないしは間接に導き出される．さらに次のように説明された．すなわち，〔第1に〕自然法の規範は，世俗の最高権力も手を触れることができず，それは，教皇と皇帝の上に，また支配者と主権者たる人民の上に，それどころか死すべき者たち全体の上にあり，〔第2に〕法令も統治行為も，人民の決議も慣習〔法〕も，これによって定められた制限を打ち破

-- 197 --

ることはできず，〔第3に〕自然法という永遠の破壊不能な原理に矛盾する全てのものは，完全に無効であり，何人をも拘束しない．

神法，自然法，そして万民法

【GA273】　しかしながら，〔自然法がもつ〕このような効力が，本来の意味における「自然法」に与えられただけではなく，自然法は，一方においては〔人間に〕啓示された神法と，他方においては共通の万民法と，等しいものであるとみなされた．というのは，本来の〔意味における〕自然法と啓示された神法との間には，次のような類似関係があるに違いない〔と想定された〕からである．すなわち，自然法とは，神によって世俗的な目的のために，自然的な理性のなかに刻み付けられたものであり，〔それに対して〕神法とは，神によって超世俗的な目的のために，超自然的な方法で人間に告げられたものである．しかしながら，あらゆる人民の下で一致して承認された法という意味における万民法は，人間の本性の堕落以降〔も〕いずれにせよ存在していた関係を考慮して，自然法から演繹された結論の総体であるとみなされた．それゆえに，万民法は，人為的に作り出された権力によって定められた〔も〕のではなく受容された〔もの〕にすぎなかったのだが，〔それでも〕万民法にも，かかる権力に対抗して，自然法〔と同等〕の不可侵性および不変性があるとされた．

〔自然法という原理の〕限定

しかしながら，このことによって，自然法は〔人為的に作り出された権力である〕立法者その人にとって〔も〕侵し難いものであるという概念が，教会および世俗の実定的な法秩序のなかへ深く浸透していった．そうなればなるほど，最高位に位置づけられた〔自然法という〕原理はその原理の限定（Limitatio-

【GA274】　nen）をますます切実に必要とするようになっていった．というのは，〔かかる原理の〕範囲と内容の明確化をめぐる一切の論争においても，次のことについては意見が一致していたからである．すなわち，実定法が自然法の規範を破壊することは決してないが，それにもかかわらず，〔自然法の規範を〕詳論し展開する場合には，所与の特別な関係を考慮して〔それを〕修正し，特に〔それを〕拡張ないし制限することができ，またそうせざるを得ない．このような意味で，

第6章　法治国家の理念

本来の〔意味における〕自然法においても神法においてもそして万民法においても変更可能なそれどころか仮説にすぎない二次的な規定と永遠かつ可変の原理との区別が，たびたびなされた．

1.2.2 主観的な意味における自然法；既得権の単なる相対的な妥当性とは対照的な始源的な権利の絶対的な妥当性についての理論の萌芽

　自然法的な規範について妥当したことは，いま一度，それから導き出された主観的な権利にも同様に妥当しなければならなかった．われわれは，以前に，次の問題を検討した．その問題とは，〔第1に〕国家権力に対抗するかたちで既得権に与えられた相対的な保障が，その具体的な既得権原（Erwerbstiteln）の根底にある自然法的基礎から，いかにして演繹されたのかというものであり，〔第2に〕それは，同じ基礎にしたがって，いかにして評価されたのかというものであった．しかしながら，確かに中世の教義は，それ以外の次のような思想によって〔も〕実現されていた．その思想とは，直接自然法から始源的な属性として出てくるあらゆる権利・義務には，実定法に対して絶対的で，それゆえに権原によって制限されない，また対立する権原によっても排除され得ない妥当性があるというものであった．このことから，すでに中世において，一方では，主権を有する全体ないしその権限の継承者には始源的で本質的な高権が生じ，他方では，個人には生得的な不滅の人権が生じた． 【GA275】

1.3　国家権力による法的制限の帰結

　このように実定法よりも高く位置づけられたにもかかわらず，最高権力は法的制限のなかに封じ込められたままであった．一般的な見解によると，最高権力は，このような法的制限を超える場合には，不法（Unrecht）を成すのであり，「専制政治」になるとされた．しかしながら，その帰結をめぐっては，中世の教義は意見を異にしていた．

― 199 ―

国家の違法行為の形式的な無効〔性〕，限定された服従義務，そして抵抗権，これらのものについての始源的な〔自然法〕理論

　〔中世の教義のなかで〕決して完全に放棄されたわけではない始源的な〔自然法〕理論は，権力に対する自然法的制限を侵す主権者のあらゆる行為を，形式的には無効であり拘束力がないとした．それゆえに，あらゆる裁判官およびそれ以外の法的適用を行う権限をもつあらゆる執政官は，〔自然法には適合しない〕違法な行政行為だけではなく違法な立法〔行為〕をも，たとえそれが教皇その人または皇帝その人によって命じられたものであっても，無効であり拘束力がない〔もの〕として取り扱わざるを得なかった．しかしながら，違法な命令や違法な処分は，個々の臣下に対しても無効であり拘束力がなかった．このことから生まれたのが，命令の適法性によってあらゆる服従・義務を限定するという教義であった．しかしながら，違法な処置の強制執行が行われる場合，その強制執行は，次のような暴力行為であるとみなされた．すなわち，強制執行に対しては，暴力による抵抗も，そして武力による抵抗さえも正当であるとされ，この〔自然〕法思想に全面的に固執する学者の抵抗が常にあったとはいえ，一部では暴君殺害すら奨励され，それどころか暴君殺害が弁護された．

【GA276】

主権者は形式的には全能であるという理論の展開

　身分制的で封建制的な国家法の実態と完全に一致するこのような真に中世的な見解に主権概念をより明確に特徴づけることによって対立したのは，次のことであった．すなわち，主権者は法の領域において形式的には全能である．その際，君主制では，立法行為にも行政行為にもこの形式的な全能〔性〕を与えざるを得ない，ということを通説の教義は再び認めたが，それに対して人民主権論は，まさにこの点において，立法〔行為〕にのみそのような〔全能の〕力を認めることによって，その権力分立の原理を効果的に利用した．このような〔前述の2つの〕立場からすると，これ以降は，いかなる法的制限も主権者の意志に対する正義の要求にすぎない，とみなされるようになった．それに対して，主権者の意志が意識的にかつ明確にそれを無視する場合には，にもかかわらず，かかる意志は，形式的には拘束的な，当局をも個々人をも外面的に義務づける法〔実定法〕を創造した．このような見解と，主権者の違法な行為の執

【GA277】

第6章　法治国家の理念

行そのものに対抗する能動的な抵抗権とは，両立し得なかった．むしろ，極端な場合には，〔権利ではなくして〕受動的な抵抗という形をとった不服従〔の行為〕だけが許容され得た[35]．

それにもかかわらず，主権者に対する実質的で法的なおよび倫理的な拘束〔がある〕という見解の存続／形式的な法と実質的な法の区別の実践的な意義

　それにもかかわらず，自然法の前提から導き出された，主権者の意志に対する拘束は法的な拘束であるという見解は〔引き続き〕存続していた．中世において自然法と道徳との間に境界線を厳密に引くことは無駄であり誰も試みなかったけれども，実際には，明らかに最高権力にとっても拘束力があるとみなされた純粋に倫理的な命令と最高権力に課された固有の法的制限とを区別するという見解が存在していた．〔そのような見解は〕すでに慣用表現のなかに明確に表明されていた．何人も次のような命題を疑わなかった．すなわち，〔第1に〕いかなる世俗的な権力も自然法および神法に従っており，そして，一定の範囲で既得権を保障する義務があるという命題は，それを実現することが暴力ないし異議申し立てによって不可能とされる場合でも，現実の法命題である．〔第2に〕法は，国家〔の成立〕以前からあり，国家の外にあり，そして国家の上にある．〔第3に〕形式的な法（Recht）は実質的には不正義（Unrecht）であり得るし，また，形式的な不法（Unrecht）は実質的には正義（Recht）であり得る．さらに，何人も次のような命題を疑わなかった．すなわち，〔第1に〕形式的には無条件である臣民の服従義務は，実質的には，神法および自然法というより上位の命令によって確定されている．〔第2に〕人間に従うよりは神に従うべきである(3)とする聖書のあの言葉は，いつでもどこでも妥当する法規範を含んでいる．〔第3に〕神の命令および臣民の良心に反する最高権力の命令に服従することを拒み，その結果を毅然として受けいれる場合には，〔きわめて小さな〕取るに足らぬ臣民でも正義（Recht）を行っているのであり，〔反対に〕これを怠る場合には不法（Unrecht）を行っている．それゆえに，自然法思想に内在する形式的な法と実質的な法との間のこのような区別は，決して単なる理論にとどまるものではなかった．むしろ，このような区別は，立法へのあらゆる間接的な影響を除けば，確かに，直接的で実践的な効果を最大限に

【GA278】

【GA279】もつようになった．すなわち，法適用の権限をもつあらゆる当局が，当時驚くほどその幅が広がった「解釈」という手段を用いて，主権者の一切の行為を可能な限り実質的な法と一致させるという権限および義務をもつようになった．

マキアヴェリの君主論

それに対して，より高次の目的のために公共の福祉を実現する際に主権者を自然法一般および道徳律一般から解放するという見解を敢えて明らかにする人は，中世をとおして，ほとんどいなかった．それゆえに，マキアヴェリがこのような解放の上に彼の君主論を根拠づけた時，それは人々には，かつてない変革でありかつ途方もない冒涜であると思われた．しかしながら，この大胆なフィレンツェ人の思想が直面した反対も，そして公然のまたは暗黙の支持も，多様な精神的運動をひき起こし，国家と法との関係についての見解にも種々浸透した．

2　16世紀以降．
〔2つの理論〕傾向の展開と分裂の一般的動向

このような見解の16世紀以降の展開は，中世にすえられた土台の上で行われた．その揺るぎない基礎は，特に，実定法と自然法を区別することであった．それにもかかわらず，一連の関係のなかで，前提とされたこの2つの法秩序が再統合し，相互浸透するという傾向が現れた．しかしながら，まさにこのことによって，個々の全ての点において，ますます鋭く，2つの傾向を明確に対立させることが可能になっていった．かかる傾向の一方は法治国家・立憲国家を，他方は制限のない国家絶対主義を目標としていた．

2.1　実定法．古くからの原則に基づく〔実定法についての〕見解の相違

何よりもまず実定法に関しては，実定法は人間の団体（フェアバント）権力に由来しそれに服することが，確かに例外なく堅持された．しかしそれにもかかわらず，重要

第6章　法治国家の理念

な見解の相違が形成された．

2.1.1　客観的な観点．実定法の国家による独占の進行

　客観的な観点からすれば，実定法の国家による独占（Verstaatlichung）が，理論においても現実においても止まることなく進行した．ますます明確に，あらゆる実定法は，〔自然法とは異なり〕定められたもの（Satzung）という概念に還元されていった．〔そして〕慣習法も，暗黙のうちに定められたものとして，かかる概念の1つとみなされたし，またそうならざるを得なかった．同時に，ますます決定的に，全ての定められたものは，主権者によって公布された【GA280】法令（Gesetz）の概念に還元されていった．したがって，〔第1に〕法規（Statuten）の拘束力は，それが契約そのものであるとみなされない場合には，〔権限の〕委任および承認によって根拠づけられ，〔第2に〕慣習の拘束力は，それが主権を有する全体によって行使されない限り，立法者の暗黙の同意によって根拠づけられた．

立法の本質をめぐる見解の対立

　それにもかかわらず，確かに立法の本質に関しては，広く意見が二分されていた．というのは，絶対主義的傾向は，立法を，制限のない創造的なはたらきであると認めたが，法治国家を目標とする傾向は，立法を，単に自然法が展開したものであり，そして単に自然法が時間的・地域的に適応したものであるとみなしたからである．このようなことと関連して，一方〔の傾向〕では法令の内容に，他方〔の傾向〕では法令による命令に，一切の力点が置かれたか，あるいはそこまでいかなくても主要な力点が置かれた．16世紀においてもそして17世紀のある時期においても，次のような見解がまだ残っていた．すなわち，〔第1に〕法を創造する〔ための〕固有な力であるのは，立法者の意志ではなく，立法者の理性的な洞察である，〔第2に〕法令を法にするものは，法令の内容が正義に適うものであることを主権者が形式的に確定することにある，〔第3に〕こうしたこと〔主権者の形式的な確定〕の結果として，法遵守の命令および強制の個別具体的な適用が生じるが，それは，せいぜい既成の法ないし完全な法という概念にとって本質的なのであり，しかしながら，法の概念一般

にとって本質的なのではない．それに対して，ますます勝利をおさめていったのは，〔前述のものとは〕対立する次のような見解であった．すなわち，〔第1に〕法令の真の実体であるものは，主権者の意志である，〔第2に〕法令の拘束力は，臣民に宛てた支配者の命令からのみ生まれ，他方，事前になされる立法者の理性的な考慮は，立法者その人にとってのみ意味をもつ，〔第3に〕より上位〔に立つ者〕の意志から出された命令という契機および抵抗しがたい力によって行使された強制という契機がない場合には，法の概念は，少なくとも

【GA281】 実定法の概念は，それだけでは考えられない．それにもかかわらず，〔前述の〕2つの見解の間には多様な中間的見解が存在した．それだけではなく，あらゆる実定法を主権者の意志に還元することと，主権者の意志を自然法の命令にきわめて厳密に拘束することは，同じことであった．たとえその場合，より上位にある神の意志ないし客観的な理性の力が，立法者の意志よりも上位に置かれた機関として構想されたとしても，同様に考えられた．それどころか18世紀には，このような基礎にもとづくがゆえに，抽象的な理性法についての理論がますます通説になり得た．かかる理論からすれば，実定法とは，一般にある程度まで，自然法を実施するための命令にすぎないと思われた（以下参照）……．

　しかしながら，根本的なものの見方については，前述のような意見の対立があった．それゆえに，国家権力は法令よりも上位にあるのか否か，〔もしあるのならば〕どの程度上位にあるのかという問題に答える場合には，かかる抽象的な理性法についての理論も，非常に異なった傾向へ分裂せざるを得なかった．

　立法者が，自己の権限のなかで，規範を変更することもでき，規範を無効にすることもでき，規範を創造することもできるということについては，当然〔のことながら〕意見が一致していた．それでもやはり，万一〔法令が〕無効にされるまでは，立法者その人は自分自身の〔定めた〕法令と前任者の〔定めた〕法令によって拘束されるのか否か，という問題をめぐって，16世紀の初頭以降激しい論争が始まった．

「法に拘束されない権力」という概念をめぐる教義の分裂

　中世の政治・公法学は，主権者の実定法からの解放を厳密に貫徹していた．それに対して，「法に拘束されない権力」という概念の破壊を目的として，根

第6章　法治国家の理念

本的に学術的な運動が再び始まった.

ドイツ人およびフランス人の法学者，特にツァジウス，クヤキウス，ドネルスおよびプルックマンによるこの〔「法に拘束されない権力」という〕概念をめぐる論争

　このような意味で，何よりもまず，若干の傑出したドイツ人およびフランス人の法学者が，「君主は法に拘束されない」というローマ〔法〕の命題の従来までの解釈に対して，強く異議を唱えた．彼ら法学者は，同命題を，今ではもう特定の場合のための例外規定にすぎないとみなそうとしており，そして，原理的には，かかる命題を，「君主は法に拘束される」という対立した規則によってまさに置き替えようとした．それにもかかわらず，他方で，彼らは，こうしたことによって，君主の主権に敢えて対立しようとはせず，それどころか，たとえば主権を有する人民集会および貴族会議も同じように〔法令に〕拘束されることをしばしば明確に強調した．きわめて精力的にウルリヒ・ツァジウスが反駁したのは，「イタリア人およびその他の君主追従者」の理論であった．かかる理論に，ツァジウスは，決して親しむことができなかった（「しかし私は決してそのような理解をよいと思ったことはない」）．そしてツァジウスは，皇帝および教皇を「法の慣行」からさえ解放しようとした．〔しかしながら〕そ【GA282】れ以外の点では，皇帝および教皇は，神法と自然法に拘束されるのと全く同様に，実定法にも拘束されるとした．「なぜなら法は，神により，君主の口をとおして告知されているからである」．もっと断固としてクヤキウスが主張したのは，「法に拘束されない君主」という命題を，ユリア法およびパピア・ポッパ法からの〔君主の〕解放に限定し，〔かかる命題を〕若干の慣行に限定することであった．次にクヤキウスが主張したのは，〔第1に〕それ以外の点では，君主も法に拘束されているということであり，〔第2に〕全く同様に，人民そのものも支配権(インペリウム)を〔君主に〕委託する以前には限定された権力を所有していたにすぎないので，したがって，〔人民は〕そのようなものだけを〔君主に〕委託することができたということであった．同じ精神でドネルスおよびその他のフランス人が主張したのは，「法に縛られた権力」だけを主権を有する支配者へ譲渡することであった．ドイツにおいては，このような思想は，特にフリードリヒ・プルックマンが1591年の絶対主義に対する烈火の如き批判書のなかで

205

さらに詳細に述べ，その他の多くの文筆家もブルックマンに賛意を示した．

強制力による拘束と指示力による拘束との相違

それにもかかわらず，主権概念をより厳密に展開するならば，主権者その人によって定められた規範に自分が拘束されるということと，〔主権者によって〕上から臣民に与えられた法令に臣民を服従させることとの間の明確な相違は認められざるを得なかった．真の主権者に対しては法遵守のための外的強制がないという点に，かかる明確な相違が見出された．この点については，トマス・フォン・アクィナスによって初めて用いられた定式が次のように利用された．すなわち，法令は，主権者を，確かに「指示力によって」(quoad vim directivam) 拘束するべきではあるが，だがしかし「強制力によって」(quoad vim coactivam) 拘束するべきではない．それにもかかわらず，このような方法に基づいて，特にカトリックの理論家によって展開された模範に基づいて，支配者主権という概念の支持者の多くは，法治国家の理念を貫徹しようとした．

支配者および人民の法的拘束についての「モナルコマキ」の理論／特にアルトジウスの理論

支配者主権〔概念〕の支持者とは反対に，人民主権〔概念〕の支持者は，当然のことながら，まさに彼らからすれば特に主権者というわけではない支配者を強制および刑罰についても法令で拘束した．しかしながら，彼ら人民主権〔概念〕の支持者が，主権を有する人民のために「法に拘束されない権力」を求めることも，まず決してなかった．それどころか「モナルコマキ」は，この問題について一般的に述べた限りでは，次のことについては原理的に意見が一致していた．すなわち，人民は，全体としては強制および刑罰の対象とはなり得ないけれども，人民自身も既存の実定法によって拘束される．それゆえに，法治国家および立憲国家の理念を全面的にきわめて強く貫徹したアルトジウスは，もともと彼によって非常に厳密に定義された「主権(マイエスタース)」論とは相容れないので，「法に拘束されない権力」という特徴を消し去ろうと考えたのである．

第 6 章　法治国家の理念

二重主権〔論〕の支持者によるこの〔「法に拘束されない権力」という〕教義の修正

　このような「モナルコマキ」の見解に従ったのは，二重主権論の大部分の支持者であったが，ただ1つの点で異なっていた．すなわち，人格的主権の担い手は，確かに，全ての実定法に拘束されるのだが，しかしながら，人格的主権の担い手に対して「強制力」（vis coactiva）をもつのは憲法だけであり，それ以外の全ての法令には「指示力」（vis directiva）しかない．それにもかかわらず，彼らの間に意見の相違がないわけではなかった．というのは，次のような相違があったからである．多数派の主張によると，「人格的主権（マイエスタース・ペルソナーリス）」は，「基本法」（leges fundamentales）によって制限されるが，「市民法」（leges civiles）によって制限されることはない．〔それに対して〕少数派の強調によると，「実在的主権（マイエスタース・レアリス）」の主体自体は，あらゆる実定法の上にあり，そして憲法の上にすらある……．【GA285】

　しかしながら，実際には今や，強力な潮流においては，「最高権力は法に拘束されていない」という国家絶対主義の命題が原理的に排除されるようになった．〔それに対して〕国家絶対主義的傾向は，それだけになおいっそう強くかかる命題に固執した．

**二重主権論者に敵対するボダン等の絶対主義者による
「法に拘束されない権力」という理論**

　この点については，何よりもまず，法学において「君主は法に拘束されない」というローマ法の命題の中世的な解釈があらゆる論難にもかかわらず生き延びたことが問題となる．しかしながら，より重要なことは，「法に拘束されない権力」という特徴は現実の主権の本質的な基準そのものである，とボダンがみなしたことであった．この点でボダンに倣ったのは，彼の主権論を強く支持した全ての絶対主義者であった．その際，彼ら支持者は，しばしば次のことを明確に強調した．すなわち，〔第1に〕このように実定法に拘束されないということは，およそ主権者に対する強制および処罰がないことを意味する，それだけではなく，〔第2に〕「指示力によって」，法令は主権者にとって全く法令〔など〕ではなく，せいぜいのところ自由意志に基づいて〔任意に〕遵守される規則にすぎない．

憲法法規も真の主権者を拘束することはないとする理論

【GA286】　ボダンと彼の弟子の主張によると，この場合には，慣習的な市民法と憲法法規（Verfassungsgesetze）との間には，いかなる相違もないとされた．すなわち，「基本法」による一切の法的拘束は主権概念を破壊するのだが，真の主権者には公共の福祉のために憲法を破る権限がある．この点に固執したのは，後世の厳密な絶対主義の教義であった．かかる教義は，憲法とは一般に主権者の意志を制限するものであるということを決して認めなかったホッブズとはしばしば異なって，ラントにおける現行の基本法にあるいは少なくとも支配者その人によって誓約されたラントにおける基本法に，支配者を何かしら倫理的に拘束することを認めた．

基本法を契約とみなす見解による憲法法規がもつ効力の擁護／グロティウスの見解

　それに対して，特にドイツにおいて優勢で穏健な絶対主義の教義が立憲国家の〔理論的〕可能性を今や明確に支持し，「基本法」は主権者に対する真の法的制限であるとした．それにもかかわらず，かかる教義は，「法に拘束されない権力」という概念を，ますます完全に貫徹しようとした．かかる教義は，こうしたことを，次のような理論を提唱することによって可能にした．すなわち，〔第1に〕基本法は，実際には，法令ではなく契約であり，その拘束力は自然法に根拠づけられている，〔第2に〕基本法は最高権力の存在根拠であり，最高権力から流出したものではない，〔第3に〕それゆえに，主権者は，あらゆる法令の上にあるにもかかわらず，実際には，基本法によって法的に拘束されていて，より厳密にいえば，一般的な場合には指示的に（direktiv），しかしながら，契約の内容に基づく場合には強制的に（koaktiv）拘束される．グロティ

【GA287】ウスもこのような意味で以上の教義に賛成し，次のように説いた．すなわち，〔第1に〕主権者は一切の市民法に拘束されず，〔第2に〕しかしながら，自然法に基づき，契約をとおしてそれゆえに憲法をとおして，完全に有効に義務づけられる．〔さらに〕グロティウスだけは，他のいかなる先人よりも厳密に，次のことを指摘した．――この点に重要な進歩があった．すなわち，〔第1に〕市民法に拘束されないということは，まさに主権者として〔行為する〕主権者にのみ妥当し，〔第2に〕それに対して，主権者が私人として行う一切の行為

には，慣習的な私法が適用されなければならない．

プーフェンドルフとその追従者の教義の固有な特徴

さらに，プーフェンドルフとその追従者が受容したのは，次のような教義であった．すなわち，主権者に対して拘束力をもつのは，実定法規ではなく，契約としての憲法法規である．かかる教義は，彼らによってほとんど議論をする余地のないほど精緻化された．しかしながら，その場合，この学派のより厳密な主権概念が全般的に貫徹された．それゆえに，憲法違反の行為は無効であると宣告され，王座への請求さえ憲法破壊の際には失効と宣告される．たしかにそのような憲法条項の可能性すら認められた．それとは反対に，主権者に対する一切の「強制力」は，主権概念とは矛盾するので，基本法からも排除された．その上さらに，憲法契約にも適用されたのは，次のような理論であった．すなわち，〔第1に〕主権者には「〔正当な〕理由により」〔憲法〕契約の破棄が許されており，〔第2に〕このような意味で「〔正当な〕理由」とみなされるのは「公共の福祉」であり，〔第3に〕〔但し〕公共の福祉の要求を決定するのは，主権者のみである．それゆえに，最終的にまたもや，憲法の遵守は，主権者の良心的な裁量にのみ委ねられる．かくして，君主がドイツ領邦身分制的憲法体制を否定する際にその主張の手助けとなった国法学の教義全体も，このような理論の上に自らを位置づけることができた．それに対して，現行の憲法状態の擁護者は，通説の基礎を完全に放棄しようとしない場合には，主として，「公共の福祉」という概念の過度の拡張に反対するか，あるいは「公共の福祉」とは何かを決定する君主の排他的権限に反対するか，このいずれかができるだけであった……．【GA288】

実際には，前述のように，自然法的国家論のなかの絶対主義的傾向によって，主権的権力は法令の上にあるという命題が無条件に回復され，憲法法規の法的意義についてのみ激しい論争が引き起こされた．それに対して，自由を重視する傾向によっても，17世紀の半ば以降は，ほとんど例外なく国家権力と法令との関係が同じように理解され，憲法の本質と効力についてのみ論争された．【GA289】

第Ⅱ部　アルトジウスの国家論に刻印された政治理念の発展史

人民主権論の国家絶対主義的な傾向への変節

　元来の人民主権論は，憲法は人民および支配者を等しく拘束するという「モナルコマキ」によって堅持された見解を次第に捨ててしまい，そして，主権を有する人民の意志以外のあらゆる国家官職を法令に厳密に拘束し，それとは対照的に，主権を有する人民の意志を，憲法を含むあらゆる実定法の上に位置づけた．それゆえに，かかる人民主権論は純粋に国家絶対主義的傾向を帯びるようになった．ルソーはその最終的な帰結を周知の激しさをもって導き出した．

立憲主義的教義の側からの，憲法は〔あらゆる国家官職を〕全面的に拘束するという思想の貫徹，主権者に対して行使される強制力，黙示的な憲法の理念／特にフーバーの国家論

　それに対して，立憲主義的教義は，憲法はあらゆる国家官職にとって侵すべからざるものであるという思想を断固として貫徹した．この点で，かかる教義は古くから〔存在した〕あの人民主権論の真の後継者であった．しかしながら，かかる立憲主義的教義も，最高権力は法に拘束されないという命題を克服することができなかった．それゆえに，かかる教義は，法治国家および立憲国家の理念について常に守り継続的に展開してきたものを，自然法によって拘束する契約という基礎の上に根拠づけた．その際，この立憲主義的教義を穏健な絶対主義のそれから区別するものは，主として次の二点であった．すなわち，第1に，主権者との関係においても，あらゆる場合に，この教義は立憲的な基本法に「強制力」を与え，それゆえに極端な場合には，この基本法を守るために能動的な抵抗権を与えた．しかしながら，第2に，この教義は，国家契約の本質から導き出され，それゆえにいかなる国家にも妥当する黙示的な憲法という概念を展開し，この黙示的な基本法に，明示的な基本法とまさしく同等の効力を付与した．そしてかかる憲法によって，個人の利益のために，いかなる事情があっても破壊不能な法的制限が「主権者」に課される．以上の二点において，真に自然法的な立憲主義とみなされ得るそうした傾向をもつ思想を，ウルリヒ・フーバーの国家についての著作（1674）以前にかつそれよりも厳密に表明した者は，他に誰もいなかった．しかしながら，フーバーは，疑いなく，その国家論の該当部分の核心をアルトジウスの〔思想〕体系から借用していた．フ

【GA290】

- 210 -

第 6 章　法治国家の理念

ーバーの教義によると，いかなる国家においても，1 人の支配者であれ組織された支配者であれ，かかる支配者が「主　権(マイエスターズ)」の主体であり（前述【GA178】，原注 165〔邦訳省略〕），この「主　権(マイエスターズ)」は「最高権力であり，自己によって作られた法令に全く任意に義務づけられる権力」であるとされた（『国家法』(4)第 1 巻第 3 章第 1 節第 24 〜 38 項および第 1 巻第 9 章第 5 節）．しかしながら，あらゆる「主権」が基づく基本契約は，「主権」に対して侵すべからざる法的制限を課し，自然法による「強制力」をもって「主権」を拘束する．この力をもつものは，何よりもまず，どこにおいても想定され得る黙示的な憲法条項である．かかる憲法条項によって，それ以外のものを国家権力へ無条件に譲渡する場合においても，不可侵の個人的権利（人格，所有権，言論の自由，神の命令の遵守）は留保される（第 1 巻第 2 章第 3 〜 5 節および第 1 巻第 3 章第 4 節）．しかしながら，まさしく同等の力をもつものは，明示的な協定（基本法）である．かかる協定によって，主権的権力の領域は，さらに狭く限定され得る（第 1 巻第 3 章第 4 〜 5 節）．主権者がその「主権」に課されたこの制限を超える場合には，主権者の行為は無効であり，主権者は専制君主と化し，そして専制君主に対する能動的な抵抗が許される．それどころか，法的に，主権者はその「支配権(インペリウム)」を失い，処罰され得る（第 1 巻第 9 章第 3 〜 4 節）．しかしながら，このような原則は，君主制においても貴族制においても（第 1 巻第 2 章第 5 節），それだけではなく純粋な民主制においても妥当する．かかる民主制においては，それゆえに多数派の憲法破棄から少数派の「抵抗権」が生じる（第 1 巻第 2 章第 3 節第 27 項以下および第 4 節第 1 〜 25 項）．——同様の思想は，その後，ある程度首尾一貫して，どこにおいても，立憲国家の自然法的な構成の基礎とされ，特にドイツにおいては 18 世紀後半以降ますます一般的になっていった．

実定法そのものは，このようにして，国家に対して，いかなる独自性も持たない

　それにもかかわらず，以上のことによって，国家権力の立憲的な制限は，ますます明確に，純粋な自然法に根拠づけられるようになっていった．そうなればなるほど，立憲主義的な理念の支持者も，国家は別として実定法そのものに独自性があることをほとんど主張し得なくなっていった．それゆえに，ちょうど 18 世紀の終わりごろには，実定法は国家によって独占されていることがき【GA291】

わめて明瞭になった……．

2.1.2 主観的な意味における実定法

このような，客観的な意味における実定法と国家との関係をめぐる見解の展開と密接に関連していたのは，主観的な意味における実定法と国家との関係をめぐる見解の展開であった．

既得権の原理的な保障の方向

この潮流は，16世紀の初頭以降，法令は立法者を拘束しないという説に異を唱え，既得権の剥奪に関する従来の教義に反論した．この傾向から次のような見解が形成された．すなわち，〔第1に〕既得権そのものは，原理的には，国家にとっても不可侵であり，〔第2に〕国家による〔既得権の〕侵害からの保障ではなく，国家による侵害の容認は例外として特別な根拠づけを必要とする．この見解によると，国家に対して既得権の存在を保障するためには，「既得権」は，自然法におけるその由来について事前に証明する必要があるわけではない．むしろ，既得権が実際に既存の法令に基づいて「正当に獲得された」場合には，ただちに，既得権はそれ自体として保障されるべきである．同時に，この原理の特例を可能な限りつくらないという努力がなされた．とりわけ，公共の福祉という有力な根拠に基づいて，既得権の剥奪の容認が望まれたのは確かだった．

【GA292】だがしかし，〔その場合には〕いかなる事情があろうとも権利者に対する完全な補償が必要であった．そして，収用の法的根拠の欠如は「権力の完全性」〔という原理〕を意識的かつ明示的に適用することによって隠蔽され得るとしたあのイタリア学派の命題に対しては，特に強く異が唱えられた．

既得権の保障のためのこのような運動は，持続的な結果を伴わないわけではなかった．しかしそれにもかかわらず，原理的な観点に関しては，すでに中世において根拠づけられた基礎に本質的に基づく，〔既得権の保障とは〕異なる見

【GA293】解がますます浸透していった．多くの法学者は，古くからのイタリア学派の教義に，完全にであれ部分的にであれ，相変わらず固執していた．それゆえに，自然法的な国家論は，特に〔次に述べる〕2つの点において，イタリア学派によって展開された思想を改めて受容せざるを得なかったし，それを引き続き展

第6章　法治国家の理念

開せざるを得なかった．

第1の，それ〔既得権の保障〕にも対抗する権力の完全性という原理のさらなる徹底

　というのは，第1に，主権概念をより厳密に特徴づけることが，繰り返し，次のような思想の再興をもたらしたからである．すなわち，「権力の完全性」〔という原理〕の前では，どんなに正当に獲得された既得権であれ，最終的にはその効力を失う．このような意味で，ボダンとその弟子は，主権者は形式的には全能であるという原理を作りあげた．しかしそれにもかかわらず，〔ボダンたちは〕少なくとも私法の領域においては，主権者と臣民との間にも実質的には完全な権利・義務〔関係があるということ〕を認めていた．〔次に〕ホッブズとその支持者は，国家権力の全能〔性〕を形式的なものから実質的なものへと高め，それゆえに，支配者に対抗して根拠づけられた臣民の権利の可能性一般および臣民に対抗して根拠づけられた支配者の義務の可能性一般に異を唱えた．これに対して，今や明らかに，〔ボダンおよびホッブズの一派を除く〕大方の人々から批判の声が聞かれるようになった．しかしながら，それだけになおいっそう大きな支持を得たのは，プーフェンドルフの次のような理論であった．すなわち，主権者に対する臣民の不完全ではあるけれども真の権利および臣民【GA294】に対する主権者の不完全ではあるけれども真の拘束力が考えられる．ようやく立憲主義的教義が，国家に対する臣民の権利の完全な法的特徴を，蘇らせた．その際，真に永続的な影響をもたらしたものは，立憲主義的教義が，最高権力は形式的には全能であるという原理に対して，改めて無益な戦いを挑んだことではなく，あらゆる主観的な権利の上にある主権的権限をその他の国家機能から厳密に分離された立法の領域に排他的に移動させたことであった．

第2の，改めて自然法に根拠づけられた既得権の保障に対する制限／所有権秩序の不可侵性と公用徴収権／契約の不可侵性と公権

　第2に，自然法的な国家論は，主権者は実定法に拘束されることはないという原理を貫徹したのだが，それと同程度に，既得権の次のような区別を改めて受容するように強いられた．すなわち，自然法に基礎づけられた既得権と，実

【GA295】定法に基礎づけられたにすぎない既得権との原理的な区別である．グロティウスは，これに対して，明らかに異議を申し立てた．けれども通説は，中世において通説であった次のような思想に相変わらず戻っていった．すなわち，自然法的な規範だけが国家権力を制限するのであり，それゆえに，自然法的な規範に基づいて獲得された権利〔既得権〕だけでも，国家による侵害に対抗して〔既得権の〕存在の保障を請求し得る．かくして，既得権の保障も，万民法に根拠をもつ所有権および自然法に基づいて義務づけられる契約という二大カテゴリーに，ますます改めて根拠づけられるようになっていった．他方，所有権秩序からも主権者との契約からも導き出すことができない権利は，特権にすぎないとされ，程度の差こそあれ恣意的に廃止されるに任された．〔実際には，前述の〕二大カテゴリーの範囲を限定する場合においても，〔既得権に対して〕与えられた保障の程度を限定する場合においても，きわめて大きな意見の相違があった．一般に何よりもまず，所有権の不可侵性はあらゆる財産権にしかも純粋な財産権にすら与えられる，とする傾向があった．まさにそれゆえに，個別の場合の強制収用だけではなく，伝統的な所有権秩序全体の国家による改革をも，法的に根拠づけるために，グロティウス以降とても強力に展開されていく「公用徴収権」(dominium eminens) という概念が必要とされた．というのは，「公用徴収権」〔という概念〕は，シュタインの適切な言葉を借りるならば，その本質において「国家理念がもつ上位の権利そのもの」以外の何ものでもないということを意味したのだが，それにもかかわらず，かかる概念は，本質的には次のような観点の下にシュタインの物権法的な表現を受け容れたからである．すなわち，自然法に根拠づけられた所有権秩序を修正するためには，高権が絶対必要であると思われ，そして，この高権に基づいて，国家そのものが，自然法上始めからいかなる場所においても〔他の主体と同様に〕正当な主体の

【GA296】1つとして，この所有権秩序のなかに位置づけられる．他方，既得権の世襲形態から一連の動揺がしばしば生じていたとしても，所有権に基づいて保障された既得権の領域から公権がおのずから消えていった．それゆえに次のような問題が提起された．すなわち，〔第1に〕公法の領域において，既得権が主権者に対して一般に認められるのか否か，またどの程度認められるのか，〔第2に〕契約は拘束力をもつという原理がどの程度まで統治組織のために利用されるの

− 214 −

か，さらに，個々の権利がどの程度まで統治組織から流出したものとして構成されるのか，そして最終的には，第1の問いにどう答えるかは，第2の問いにどう答えるかにのみ左右された．

**主観的権利のさらなる保障を求める立憲主義的な運動／
この運動は所有権を含む不滅の基本権にとってまさに有益であること**

　迫りくる国家絶対主義に対抗して立憲主義的教義によって始められた強力な運動は，何よりもまず，国家権力による恣意的な侵害に対抗して，主観的権利の保障を強化することへと方向づけられた．しかしながら，この場合，この運動が求めたものは，実定法的な権原に基づく既得権そのものの強化では決してなく，むしろ，自然法という根拠により保障された既得権の拡大だけであった．〔この運動は〕一方では，個人の不滅の基本権へ所有権の不可侵性を組み入れることに成功し，他方では，全ての国家に妥当する自然法に基づく憲法を，この基本権から構築することに成功した．まさにその時以降，この潮流は，理論においても現実においても，「われわれに生まれながらに備わっている権利」をもっぱら実現することに，そして人権の体系と相反する全ての既得権を革命的ないし改革的に排除することに，ますます関係づけられていった……． 【GA297】

2.2　国家の源泉・目的・制限としての自然法

　国家と自然法との関係についていえば，この自然法というものが国家の源泉であり，国家の目的であり，そして国家を制限するものであるという思想が，16世紀以降に興隆する自然法的な国家論全体の中心になった．

2.2.1　客観的な意味における自然法　国家の法的根拠

国家の法的目的／国家権力を拘束する法的制限としての自然法

　自然法の本質および自然法の義務を負わす力の根拠について，たとえどんなに論争されたとしても，自然法は，客観的な意味においては，中世においてもこの時代においても，外面的な拘束力をもつ真の法規範であるとみなされていた．しかしながら，自然法のなかに見出されたのは，何よりもまず，あらゆる

国家権力の法的根拠であった．というのは，〔第1に〕自然法は国家〔の成立〕以前からあり，〔第2に〕国家の成立は自然法的な規範に基づく法的過程であるとされたからである．きわめて重要な国家目的として，自然法からさらに導き出されたのは，この法理念を具体化することであった．というのは，まさにこの時代に，次のような見解が詳細に形成されたからである．すなわち，〔第1に〕市民立法は，理性そのものによって明らかにされる法および補足的に啓示された神の命令から確固不動の規範を受け取る，〔第2に〕市民立法は，以上のように伝承された法思想を展開しなければならないし，そして，自然状態に対して変更され，かつ時と場所に応じて変化するその前提条件に，市民状態を適合させなければならない，〔第3に〕しかしながら，自然法という最高原理は，神自身に妥当し，それだけになおいっそうあらゆる地上の権力にも妥当し，〔そして〕国家においても，変わることなく，いつでもどこでも引き続き妥当する．神法，自然法および万民法から結果として最後に引き出されたのは，国家権力を完全に拘束する法的制限であった．というのは，主権概念の精緻化にもかかわらず，「法に拘束されない権力」という属性が，常に，〔神法・自然法・万民法にではなく〕実定法にだけは適用されたからである．確かに，主権を形式的に限定しようとする傾向とは対照的に，次のような見解がますます浸透していった．すなわち，〔第1に〕自然法も，主権者の形式的な全能〔性〕に対して，最終的には，指示力だけをもち得るが，いかなる強制力をももち得ない．〔第2に〕しかしながら，それゆえに，最高権力を拘束することはまさに真の法的拘束である．〔第3に〕全ての法的制限を単なる倫理的な要請へと解消することは，個別的な場合にのみ生じる．

【GA298】

【GA299】

国家理性論による自然法的な国家観への絶えざる攻撃

このような自然法的な見解に対抗したのは，イタリアから広まった国家理性(Ragione di Stato, ratio status)という政治的教義で理論武装した危険な敵であった．国家利益(Staatsinteresse)以外には，主権者に対する他のいかなる最高の指針も絶対に認めなかったこのマキアヴェリの理論は，明らかに，単に無条件で受容されることはめったになかった．それどころか，国家理性の原理を貫徹した大多数の政論家は，神法および自然法の不可侵性を擁護するために

明確な留保をした．しかしそれでもやはり，国家の活動が自然法によって拘束されるという理念は，国家理性が前面に出て来るのと反比例して衰退していった．それゆえに，この〔自然法的な〕法思想の支持者も，かかる「国家主義者」(Statistae) の教義に対しては，しばしば断固として抗議した．

ホッブズ等の国家絶対主義者による自然法による自然法〔論〕の完全な否定

これまでの場合には，自己完結的な自然法論に対して，〔その〕外部で生じた危険が問題であった．それに対して，初めてホッブズが，自然法に基づき，自然法という武器そのものによって，自然法〔論〕を論破しようとした．というのは，〔第1に〕ホッブズは，自然状態における国家〔の成立〕以前の法を，実際には法の萌芽すら含まない「無用な法」にまで引き下げ，〔第2に〕国家においては，国家の命令および強制をとおして初めて法が成立するのであり，〔それゆえに〕ホッブズは，国家そのものによって創造されなかった一切の法を完全に消滅させ，〔第3に〕法および不法の概念を主権をもって決定する国家権力が〔逆に〕法によって拘束されるという思想の全てを，ただちに拒絶したからである． 【GA300】

国家〔の成立〕以前からありかつ国家の上にあるあらゆる法から国家をこのように解放することによって，国家絶対主義の最終目標が達成された．それ以降，純粋な国家絶対主義の全体系は，この根本思想を堅持してきた．確かに，その場合には，たとえばスピノザのように，そして後のルソーのように，しばしば名目的には，主権者は自然法によって制限されるという理論が繰り返し主張された．しかしながら，その場合実際にそうした理論によって理解されたのは，あらゆる外的権力の法的制限ではなく，その権力の自然法則的な限界であった．すなわち，国家権力を正当に組織する場合の固有の利害ないし必然的な作用を理性的に判断せよという要請である．

プーフェンドルフとその学派による自然法〔論〕の復権

それに対して，プーフェンドルフとその支持者は，自然法の法的性格を断固として支持し，ホッブズとの論争を激しく展開しながら，次のような古来からの命題を擁護した．すなわち，〔第1に〕自然法は国家〔の成立〕以前から妥当

【GA301】し，〔第2に〕自然法はあらゆる市民立法の指導原理を提供し，〔第3に〕自然法は主権者その人に対して拘束力をもつ．それにもかかわらずプーフェンドルフは，ホッブズの理念の影響を受けて，前述の教義を次のように修正した．すなわち，〔第1に〕自然法は不完全な法であり，〔第2に〕国家において自然法が〔なお〕継続的に妥当するのか否かは，主権者の裁量次第であり，〔第3に〕主権者には自然法的な規範を遵守するための「不完全な義務」だけが課される．同様の方法で対処したのは，トマジウス，J. H. ベーマー，そして，このような傾向を主張するその他の論者であった．但し，彼らは，〔第1に〕自然法はそれにもかかわらず法である，ということを部分的にはいっそう厳密に主張し，〔第2に〕これとの関連で，自然法を道徳の領域および政治の領域から厳密に区別するための努力を，まさに自分たちこそが初めて真剣に行ったと〔主張〕した．同時に，「公共の福祉は最高の法たるべし」(Salus publica suprema lex esto) という命題に付与された意義が絶えず増大していくがゆえに，法治国家の理念は衰退していった．というのは，自然法そのものによって定められた最高規範の下へ，かかる命題が組み込まれることによって次のようになったからである．すなわち，〔第1に〕この命題は，確かに，まさに国家絶対主義の制限でありかつ権力手段であるとみなされたが，〔第2に〕しかしながら，自然法的な理念を主張する人々の内部では，合目的性の思想によって正義の思想をますます駆逐する．

自然法〔論〕の完全な復興

【GA302】　国家に課された自然法の桎梏の，前述のような全面的な衰退に対して，多種多様な反対の声があった．この反対陣営のなかでは，自然法の義務を負わせる力の源泉については，決して意見が一致しなかった．しかしながら，彼ら反対陣営の人々は，この点については，次のいずれかを選択することができたのだろう．すなわち，神の意志から多少なりとも直接的に導き出される推論に依拠するか，あるいは神の本質のなかに含まれる正義の原理を指導原理にするか，それとも理性をもつがゆえに全ての人間を拘束する絶対的理性法という最終的には勝利を収める思想を形成するかである．いずれにせよ，彼らは，結果として次のような仮定を受け入れた．すなわち，〔第1に〕自然法には，自然状態

におけると同様に，国家〔状態〕においても，そして国家〔そのもの〕に対しても，独立した効力があり，〔第2に〕自然法は，支配者の意志によって媒介されることなく効力をもつ．

主権者に対しても強制力があるという自然法のさらなる要求

確かに，こうしたことと，最終的には自然法にも超え難い国家権力の形式的な全能を認めることとは，結合し得た．しかしながら，立憲主義的教義と手を結ぶ場合には，改めていっそう明確に，自然法は主権者にも及ぶ強制力を要求するようになっていった．

実定法を自然法に包摂すること／全ての国家目的を法目的に包摂すること

それと同時に，今や2つの点において，自然法の全能をめざす傾向が展開された．一方では，抽象的な理性法を，全ての生活関係を包括する法制度へと拡大することが生じた．この法制度は，実定法には，二次的な問題においてのみ独立した決定〔権〕を付与するにすぎず，しかしながら，本質的な全ての関係に一般的に妥当する規範そのものを定め，国家をとおしてこの規範の具体化を強制的に要請した．他方では，国家の目的は法理念の具体化〔すること〕にのみあるとされ，〔それゆえに〕福祉および文化を奨励する国家のあらゆる責務は否定された．かくして「公共の福祉は最高の法である」という命題によって確かに法の消滅は回避されるが，しかしながら同時に，苦労して獲得された〔福祉および文化を奨励する歴史的に形成された〕国家思想は完全に放棄された．【GA303】

実際には，法治国家の概念は，〔福祉および文化を奨励する歴史的に形成された国家概念から〕未展開なままで狭い古ゲルマンの国家活動に適合的であったような，「法治国家」の概念に，自然法の教義は，最終的に戻ってしまった．このような「法治国家」の概念の具体化が一般に想定可能であったとしても，国家権力の完全な拘束かつ完全な無力化という代償を払って〔初めて〕，この「法治国家」は実現したであろう．【GA304】

カントの法治国家〔論〕

それにもかかわらず，まさしくカントの場合には，ここでも再び，自然法の

体系を克服する端緒が明らかにされる．カントは，国家を理性法によって治めるという思想および国家を法目的にだけ限定するという思想を，その頂点に導いた．一方では，カントは〔次のような方法で〕〔既得権に拘束されない〕自由を改めて国家に与える．カントは，自然法と実定法への太古からの法の分離を初めて完全に排除し，〔それゆえに〕唯一の法だけを認める．その唯一の法は，確かに，その観念的な意味内容においては，例外なくア・プリオリに存在する理性法でありかつ国家にとっては変更できない理性法であるが，しかしながら，「既得権の廃止」が国家によって行われる場合にのみ，唯一の法はただちに事実上の効力をもつようになり，かくして〔唯一の法は〕自由な立法に基づく実定法としてのみ現れる．〔また〕他方では，カントは〔次のような方法で〕国家権力の主権的権力を再び確立する．カントは，国家権力に課された制限を侵すことに対しては，いかなる外的保障も想定できないとし，最終的には，国家権力に対する法的拘束を，国家権力の本質から流出する理性的な行為の要請へと解消する……．

2.2.2 主観的な意味における自然権 人権の体系

【GA305】主観的な意味における自然権と国家との関係についての見解は，自然法的な規範の意義および効力についての見解と全く完全に一致して展開された．このことは人権体系の展開について前述した部分を回顧することによって明らかになる．完成された主権論は，自然法から導き出された主観的な権利から強制可能性を奪ったけれども，かかる主観的な権利も17世紀の半ばまでには一般的に真の権利であると認められるようになった．かかる主観的な権利は，ホッブズとその追従者によって無効とされ，プーフェンドルフとその弟子によって「不完全な」権利として再び確立され，立憲主義的な傾向によって改めて強制力を付与され，そしてカントによって，実定法から分離された自然法から，実定法と合致する理性法へと変換された．同時に，個人の不滅の自然権の内容および範囲が，次のように止め難く強化された．〔すなわち〕この個人の不滅の自然権の前では，最終的に，一方では，全ての実定法の権原が崩壊し，他方では，国家の任務は人格および所有権に対する保障装置という機能へと縮小する．これとともに，自然法体系の重点は，客観的な自然法から主観的な自然法〔自

第6章 法治国家の理念

〔然権〕へと，時のながれとともにますます決定的に移されていった……．

2.3 国家権力による法的制限違反の法的帰結，2つの基本原理の矛盾

　最後に，国家権力が法的制限に違反した場合の法的帰結に関していうと，それについての見解が，何よりもまず，次の2つの基本原理の矛盾をとおして確定されるはずであった．一方の基本原理は，その権限領域の外で行為する主権者は〔もはや〕主権者ではないとみなし，〔それに対して〕他方の基本原理は，主権者は形式的には全能である，ということの無条件な承認を要求した．

非正当的な国家権力の位置づけ，僭主論，正当性の原理とその修正

　いずれにせよ，法的根拠に基づく国家権力にだけ国家権力に関する権利を認めようとしたという点においてのみ，自然法的な国家論は全体として意見が一致していた．かかる通説は，それどころか，正当性の原理を厳密な方法で貫徹した．すなわち，〔第1に〕簒奪による国家権力の正当性が万一認められるまでは，暴力的支配者（Gewaltherrscher）の全ての統治行為は完全に無効であり完全に拘束力がない，〔第2に〕服従拒否の権利および義務が個人に与えられる，〔第3に〕それどころか，公敵として法の枠外にある「僭主」〔称号を持たない専制君主〕（tyrannus absque titulo）を攻撃し殺害する許可が，あらゆる私人に与えられる．この点では，人民主権の支持者も支配者主権の擁護者も，意見が一致していた．正当性の問題についてだけは，彼ら論者の間に次のような意見の相違が生じるはずであった．というのは，一方の論者は，統治組織を変更する場合，それを正当化する力は人民の明示的・黙示的な同意にのみあると主張したが，他方の論者は，適法な支配者の明示的・黙示的な〔地位の〕放棄（Verzicht）を要求したからである．〔それに対して〕始めのうちは徐々に，〔そして〕グロティウス以降は特に，〔正当性の原理とは〕対照的な見解が展開された．それは，占有状態そのものに，多少なりとも包括的な法的意義を与えるものであり，それどころか，部分的には，純粋に政治的な思想世界の内部で提起された，主権の完全な占有がただちに主権的権利をも与えるという思想を，自然法的な土台の上に移すものであった．

【GA306】

【GA307】

第Ⅱ部　アルトジウスの国家論に刻印された政治理念の発展史

正当な主権者による法的制限の違反／正当な主権者は領域外では主権者とはみなされないという原理の帰結，法令の無効そのもの，暴君〔執行による専制君主〕に対する手続，条件つきの服従義務，抵抗権

　法秩序によって主権者に対して定められた領域の外においては，主権者は〔もはや〕主権者とはみなされ得ないという原理を前提にするならば，支配権力に対する法的制限を侵す限り，正当な支配者も簒奪者と同じであるということは明白であった．というのは，その限りにおいて，正当な支配者にも称号 (Titel) がなかったからである．この種の見解は，実際 16 世紀から 17 世紀の初頭にかけて，それ以外の点では支配者主権に固執する文筆家の間で，しばしば強く主張された．〔そのなかには〕次のような見解があった．すなわち，〔第 1 に〕法的制限を超える支配者の全ての行為は，たとえ自らの行為を法令という形で示すとしても，完全に無効であり拘束力がない，〔第 2 に〕裁判官はそのような〔支配者の〕無効な行為を確定しかつ〔それを〕貫徹しなければならない．【GA308】主権の本質と一致するとみなされたのは，次のことであった．すなわち，〔第 1 に〕重大でかつ継続的な違法行為によって専制君主と化した支配者は法廷に引き出される，〔第 2 に〕かかる支配者は〔法的〕制限の遵守を強制される，そして〔第 3 に〕支配者の地位の剥奪さえあり得る．しかしながら，〔公の〕機関だけではなく個々のいかなる臣民にも，支配者の行為の合法性を条件とする服従義務だけは課されていた．さらに正当な支配者の違法な処罰に対抗して，武装抵抗権が根拠づけられるのか否か，またどのような場合に根拠づけられるのか，というより広範な問題は，ルターおよびその他の宗教改革者の周知の逡巡以降，議論され続けてきた．その場合でも，そのような「抵抗権」は，重要な論点においては，神学者および法律家によって多少の予防策を講じた上で肯定された．〔しかしながら〕彼らは，それ以外の点では，上に立つ者の原理を否定する意図が全くなかったのである．

主権者は形式的には全能であるという原理の逆説的な帰結

【GA309】　それに対して，主権者は形式的には全能であるという原理から展開されるはずだったのは，次のような理論であった．すなわち，〔第 1 に〕最高権力そのものから与えられたあらゆる命令は，実質的には違法であるにもかかわらず，

形式的には拘束力をもつ,〔第2に〕主権者その人に対する裁判はあり得ない,〔第3に〕臣民には国家権力に無条件で服従する義務がある,〔第4に〕専制君主の権力手段が行使されても能動的な抵抗権は生じない.絶対主義の教義も,人間に従うよりは神に従うべきであるという命題にだけは強く固執した.それゆえに,中世においても近代においても,良心に反する命令に対して殉教者として受動的に抵抗することは,各人の権利・義務であるとされた.

専制政治の帰結および抵抗権に関する「モナルコマキ」の理論,特にアルトジウスの思想における革命権と立憲国家

「モナルコマキ」は,抵抗権の問題を,彼らの全体系の中心〔問題〕にした.しかしながら,その際,支配者主権を人民主権に置き換えたので,この問題の位置づけは,国家権力が法的制限を侵す場合の法的帰結についての原理的な論争へと移った.というのは,「モナルコマキ」によって専制君主に対抗しその上位にある人民全体に対して認められた全ての権利は,彼らにとっては,主権原理の帰結であり,その制限ではなかったからである.しかしながら,臣民の 【GA310】権限そのものに関しては,確かに激動の時代に,次のような革命的な見解がしばしば展開されるようになった.すなわち,良心を脅かされた個々人には一般的な反乱権が認められ,また暴君殺害の正当化さえ想定された.しかしながら,「モナルコマキ」の固有の体系的教義は,その完成形をアルトジウスに見出すように,むしろ個々の臣民に対しては,国家権力は形式的には全能であるという概念を主張した.というのは,私人には,主権を有する人民に対しても,その主権を行使する正当な支配者に対しても,いかなるものであれ能動的な抵抗権がない,とかかる教義が説いたからである.その際,代替し難い財産が違法に脅かされる場合には,国家権力に対抗して正当防衛という「自然権」が個人にも付与されるという一点においてのみ,かかる教義が論争相手の命題を変更した.それに対して,「モナルコマキ」の一派によって展開されたのは,次のような固有の思想であった.すなわち,一方では,人民代表として招集された会議を構成する「下位の執政官」だけではなく,各々の地域にいる「下位の執政官」一人ひとりにも,専制君主の措置に対抗する「最高執政官」の武装抵抗の権利・義務が付与され,他方では,専制政治によって脅かされた個々の都市

【GA311】および個々の地方には，国家全体に対する抵抗権が，そして〔国家全体からの〕離脱権さえも認められる．それにもかかわらず，このような主張は，一方では，主権を有する人民からエフォルへと直接委託された統治組織の職務・機能から導き出され，他方では，連邦主義的な統治組織の原理から導き出された．それゆえに，特にアルトジウスの文脈においては，これをもってしても，いかなる革命の権利も宣言できるわけではなく，むしろ厳密に形式的でかつ全面的な拘束力をもつ統治組織法が形成されると思われた．

二重主権〔論〕の支持者の説

　二重主権〔論〕の支持者は，「モナルコマキ」と同様に，支配者主権の背後にまたはその上に人民主権を認めた．その同じ枠のなかで，彼ら支持者は，人民主権から直接，全体および全体の代表者のために次のような権利を導き出すことができた．その権利とは，すなわち，正当だが専制君主と化した支配者に抵抗する権利，専制君主を法廷に引き出す権利，そして専制君主を退位させ処罰する権利である．まさにこうしたことによって，主権原理を臣民そのものに対して完全に貫徹する道を，彼ら支持者もまた切り開いた．それゆえに，全体の主権的権利を共同行使するための権限がない場合に個人に残されていたのは，受動的な抵抗権だけであり，そして止むを得ない場合における正当防衛の権利だけであった．

排他的支配者主権の擁護者の説／グロティウスの説

【GA312】　排他的支配者主権の擁護者も，支配者主権に対する制限を容認する限りでは，明示的な統治組織規定に基づく人民全体のかなり広範な権利が有り得るとした．その権利とは，すなわち，支配者の違法な行為に反対する権利，かかる行為を無効にする権利，そして専制君主を退位させる権利そのものであった．〔しかしながら〕彼ら擁護者は，これをもって，国家権力に対する臣民そのものが根拠となる抵抗権を容認することはなかった．それにもかかわらず，まさに彼ら擁護者の間では確かに，しばしば次のような見解が支持されていた．すなわち，少なくとも極端な専制政治の場合には，いかなる統治組織規定によっても制限されない完全な主権者でも，自然法に基づいて攻撃され得るしまた追放され得

る．このような意味で，とりわけグロティウスも，国家権力は形式的には全能であるという原理を，確かに完全に貫徹した．グロティウスによると，抵抗権は，通常の場合には始源的に主権を有する人民のために支配契約においてなされた留保からのみ生じるが，しかしそれにもかかわらず，極端な専制政治の場合には革命のための緊急権が生じるとされた．

17世紀半ば以降の絶対主義の教義

それに対して，17世紀の半ば以降，絶対主義の教義のなかでは，支配者は全能であるという原理が最高の地位を占めた．人間に従うよりは神に従うべきであるという命題，それゆえに，罪深い命令に対する不服従の権利・義務が臣民にはあるという命題を取り除こうとしたのは，確かにホッブズだけであった．しかしながら，それ以外の点では，〔第1に〕〔臣民には〕主権者に無条件で服従する義務がある，〔第2に〕実質的にはいかに違法であろうとも，支配者の一切の行為は，形式的には臣民に対する拘束力をもつ，〔第3に〕いかなる事情があろうとも国家権力に対する抵抗権は存在し得ない，という教義が通説になった．国家権力への実質的な法的制限および個人の不滅の基本権をいかに精力的に強調しようとも，このような立場を，特にプーフェンドルフおよびその学派の自然法論者も堅持した． 【GA313】

真の人民主権論における革命権の理念の勝利

真の人民主権論が，その理論のなかで，人民の意志を既存のあらゆる統治組織法の上に位置づければ位置づけるほど，同時に，人民の概念を純粋に個人主義的に理解すればするほど，その体系のなかへ然るべき革命権をいっそう決定的に取り入れるようになっていった．しかしながら，反乱権は，これまでは常に，組織的な法的救済の欠如のゆえに，権利侵害に対する非組織的な抵抗に基づいて最終的に根拠づけられた緊急権であるとみなされてきたのだが，〔今や〕反乱権は最高の主権的権利の1つである，といっそう明白に特徴づけられるようになっていった．この最高の主権的権利においては，法的制限に絶対に拘束されずかつ立憲化された全ての権力を任意に超える人民の主権が表現されていた！

第Ⅱ部　アルトジウスの国家論に刻印された政治理念の発展史

立憲主義的な理論における権利保障の原理の貫徹

【GA314】　かくして，権利保障の原理を，法治国家の理念という意味で全面的に貫徹するという課題は，ますます，立憲主義的な理論にのみ固有なものになっていった．

違法な国家行為の無効，立憲的な法にのみ基づく服従と抵抗権／カントによる従来の説の拒絶

　立憲主義的教義によるこの課題の一般的な解決方法は，何よりもまず，その教義によって体系的に構築された国家権力に対する法的制限に，改めて形式的で強制的な効力を付与するというものであった．それゆえに，かかる立憲主義的教義は，主権者の違法な行為は完全に無効であり完全に拘束力がないという原理に立ち戻った．それゆえに，かかる教義は，かくして立法権の実質的な権限領域を侵す法令さえも無効であり拘束力がないとみなした．しかしながら，何よりもまず，かかる立憲主義的教義は，限定的な服従義務がありさえすれば能動的な抵抗権が存在することになるという理論を力説して蘇らせた．その結果，同理論は，われわれの世紀の半ばすぎまで，立憲制度に不可欠な構成要素とみなされ得た．それと同時に，程度の差こそあれ，次のような思想が貫徹された．すなわち，自然によって根拠づけられたかまたは統治組織に応じて保障された人民ないし個人の基本権を主権者が侵害すると，ただちに社会契約は破棄され再び始源的な自然状態となり，これによって国家においては放棄されて
【GA315】いた武装自衛権が改めて蘇る．この思想が一貫性をもって貫徹されることは，決してなかった．たとえば，フーバーは，この思想から，民主制における多数派に対する少数派の抵抗権さえも導き出し，ロックは武装した力による訴えは究極の審判者としての天への訴えになることを最終的には指し示した．しかしながら，本質的には，この同じ原理は，とりわけドイツ自然法論において通説的な次のような演繹の基礎にもなった．すなわち，抵抗権は，ある場合には人民全体か人民の過半数にのみ認められ，またある場合には極端な非常事態に限定されるというように，様々な留保つきでのみ認められる．カントだけは，統治組織の下での合法的な革命権が何らかの場合には存在し得るという理念を容赦なく否定した．むしろカントは，立憲主義的な法治国家の思想と，国家権力

は形式的には全能であるという思想とを結合しようとした．

法治国家思想に対する自然法にもとづく立憲主義的教義の真の貢献

　実際には，抵抗および反乱を論じることは全て，最終的には，法治国家の理念から展開されるものではなく，それを否定するものである．〔それゆえに〕国家の何らかの最高機関が形式的には全能であるということが，まさに法治国家によって強制的に要請される．かくして立憲主義的教義が永続的な権利保障の理念のために自然法という土台に基づいて成し遂げた貢献は，国家に対抗する権利保障を国家の外部で構築するというこの試みのなかからは生じなかった．むしろ，それは，権利保障を国家の内部でかつ国家をとおして組織化せよ，という権力分立論と相まって以前よりも厳密にそして以前よりも原理的に提起された要請のなかから生じた．この点についての全体のさらなる展開は，ますます明確に定義された次のような重要な思想によって支配されるようになっていった．すなわち，〔第1に〕国家は法に対して形式的には全能であるということは，もっぱら，立法という要因によってかつ立法という形式をとって現れる，〔第2に〕行政は法に拘束される，〔第3に〕自立的な国家機能としての司法は，独立した組織および〔そのために〕規定された固有の手続きを必要とする．確かに，このような抽象的な自然法の原理は，現実の法治国家を形成し成立させるための十分な礎であったわけではない．しかしながら，自然法の原理は導きの星となった．その導きの下で，〔第1に〕歴史的に存在している法治国家の基礎が確立され，そして引き続き形成され，〔第2に〕国家権力に対する私権の司法による完全な保障をその時々に（zeitweilig）取り消すことは決定的に拒絶されただけではなく，〔第3に〕公権のための権利保障というゲルマンの国家思想に内在しそして決して完全には消滅しなかった要素が，近代的な形で展開され得た……．

【GA316】

3　われわれの世紀における国家と法との関係についての自然法思想の展開への一瞥

　国家と法との関係についての自然法の理念の展開は，18世紀の最後の数十

【GA317】

年間に，その頂点に達した．それ以降始まったのは，この〔国家と法との関係という〕点においても〔それ以外の〕全ての点においても，自然法という思想構造の崩壊および消滅であった．この過程について述べることは，もはや本書の範囲外のことである……．

歴史的・有機体的思想と自然法的思想の関係

　自然法的な思想の代わりに現れたのは，ドイツにおいては，歴史法学派の思想世界であった．それによって，古くからの，自然法と実定法への法の分裂が，最終的に克服された．有機的共同意識の実定的な生の表現として今や統一的に理解される法は，以前からの〔自然法と実定法との〕対立のどちらか一方の単なる展開では決してなく，むしろ，この2つの法を1つのより高次の統一体へと解消した．そのようなわけで，国家と法との関係を規定する要因も，歴史的・有機体的な法理念のなかでは，古くからの教義である自然法と実定法から同時に現れた．〔かくして〕次のような見解が生じた．すなわち，法とは，一部は，国家〔の成立〕以前からかつ国家の上に存在するもの〔自然法〕から成るものでもなく，また一部は，国家〔の成立〕以後にかつ国家の下に存在するもの〔実定法〕から成るものでもない，そうではなく，この法と国家とは，相ともなって生成され，相互に規定され，相互に結合されているものである．

〔歴史法学派に抗する〕きわめて新しい潮流

　この思想の哲学的な徹底研究は，今日まで，未完成のままであった．しかしながら，きわめて多様な観点から歴史法学派の欠点が指摘されただけではなく，歴史法学派の法見解の基礎が改めて問題にされた．国家と法との関係については，近代思想の混沌のなかで特に対照的な2つの傾向が，歴史的・有機体的な法理念に敵対している．一方では，しばらくの間，抽象的な自然法の観念が再び前面に押し出され国家思想を脅かした．他方では，ドイツでは瞬く間に，次のような傾向がますます地歩を占めるようになる．すなわち，実定法の自然法による補完を否定する，古くからの実定法の見解にさかのぼり，〔それゆえに〕法思想を根本的に脅かす．このきわめて新しい考察方法からすれば，法理念は，最終的に，法の内容に関しては効用理念のなかに，また，法の効力に関しては

第6章 法治国家の理念

権力理念のなかに，取り込まれ消滅する．この方法の勝利が続くならば，歴史 【GA318】
法学派の功績はもっぱら自然法を否定することにあった〔と言わざるを得ない〕
が，しかしながら，〔その場合には〕自然法の理念は，人間が構想した取るに
足りない企てとなり，同理念の数百年にわたる展開過程にもかかわらず徒労と
なる．

　それに対して，将来，法――単なる古き伝統的な美辞麗句としての法ではな
く，それ自体が変わらない（gleich）だけでなく，それ自体の中に価値を含ん
だ特殊な人間性の表現――が存在するとしたら，異なる歴史的な観点が提示さ
れる．その場合には，法思想から失われることのない成果が，自然法から実際
に得られる．その成果とは，すなわち，歴史的な〔法〕見解によって放棄され
るものではなく一般化されるものであり，そして，法見解においていかなる変
遷と精緻化を経ても〔なお〕未来においても消滅し得ないものである．という
のは，その場合には，正義の理念が，自然法の概念のなかで勝ち取ったあの独
自性を，実定法の概念のなかでも徹底的に，社会的効用の理念および集団がも
つ権力の理念に対して，いつまでも主張するからである．

権力と法

　自然法と実定法とがその理念上重なり合うとすれば，国家と法との関係は古
くからの教義の主張する如く分裂状態にあるとみなすことはもはやできない．
しかしながら，別々にそして突然現れたそうした思想は，一点において混ざり
合い溶け合い得る．国家が法よりも前から存在したのか，それとも，法が国家
よりも前から存在したのか〔という問題〕を，われわれはもはや問うことはな
い．国家と法は，われわれからすれば，等しく始源的で，萌芽においては人類
そのものとともに育まれたものであり，成長においては相互に影響を及ぼし合
いながら展開したものであり，〔それゆえに〕人間の本質から分離不能な
共同体（ゲマインレーベン）の営みに内在した力の現れである．われわれからすれば，国家および国
家以外の組織されたあらゆる集団的権力は，単なる法の産物ではない．しかし
ながら，最高権力も，法によって法関係のなかに位置づけられることにより初
めて保障され完全なものとなる．〔それとは〕反対に，われわれからすれば，
あらゆる法は，権力により初めて保障され完全なものとなる．しかしながら，

国家も国家以外の何らかの人間の権力も，法の創造者〔としての力をもつ〕とみなされることはない．というのは，法とは，自由意志に対する外的な規範の総体であるからであり，それゆえに，本質的には，法は意志そのものではあり得ないからである．意志が意志を律する場合には，論理的な必然性をもって生じるのは，常に，権力の概念だけである！ 個別の意志だけではなく意志そのものにとっても拘束力をもつ外的な規範が存在すべきであるならば，その規範は，意志から独立した精神的な力のなかにのみ〔その〕基礎をもち得る．その【GA319】力とは理性〔の力〕である．それゆえに，法とは，何かが存在すべきであるという全体の意志ではなく，何かが〔現に〕存在しているという全体の確信である．慣習によって直接明示されたものであれ，そのための権限をもつ共同体(ゲマインシャフト)の機関によって宣言されたものであれ，法とは，人間共同体においては意志に対する外的な規範があるという人間共同体の確信である．別の言葉でいえば，法とは，外的に拘束され，それゆえに規範の理念に基づいて強制することが可能な，自由に対する〔何らかの〕制限である．確かに，法意識を担いかつ確定するという権力の領域のなかでは，国家は，立法者として行動するが，それだけではなく，権力の領域を越えて，あらゆる法形成を命令および強制をとおして遂行する．しかしながら，全体の意志が法たるものを遵守せよと命じる場合には，それによって，法は創造されるのではなく保障される．そして，〔第1に〕法の理念によって要請された強制可能性が最高権力によってのみ完全に実現され得る場合には，かかる法もまた法である．〔第2に〕もしも強制が可能であるか強制権限をもつ機関があるならば強制は正当であるという共同体の確信が単に欠けているわけではないならば，個別事例において強制が行われない場合でも，不完全にしか行われない場合でも，あるいは強制権限をもつ上位の権力がそもそも存在せず強制が不可能な場合でも〔かかる法もまた法である〕．さらに，われわれからすれば，国家とは，法のためにのみそこに存在する法的組織以上のものではない，とみなすことはもはやない．しかしながら，法目的の完全な実現は最高権力によってのみ行われ得る．まさにそれゆえに，国家の存在課題全てのなかで，法目的は，確かに，〔それが存在し〕ないと考えることが絶対にできない特殊な国家目的である．われわれからすれば，法には，確かに何よりもまず，国家の営みにおける目的に仕えるという使命がある．しか

− 230 −

第6章　法治国家の理念

しながら，法の課題がこれによって論じ尽くされるとか限定されるとかいうことは決してない．最後に，われわれが，一方では，国家を，法の上にまた法の外にではなく法の内へ位置づけるならば，国家の自由も法秩序によって拘束される．それにもかかわらず，他方では，法をも，国家の上にまた国家の外にではなく国家の内へ位置づけるならば，主権的権力は形式的には全能であるということが法に対しても妥当する．それゆえに，それにともなって，実質的な法と形式的な法とが矛盾するという可能性が確かに認められる．しかしながら，そのような矛盾の可能性〔があるということ〕を否定する者は，法理念を〔も〕否定する〔者である〕．

　人間の精神的な本性は，その底流において，法と権力の統一を求める．法と権力の分裂は，常に，ふさわしくないと感じられる．この感覚は，権力なき法と法なき権力が存在することの，最も信頼できる保証人である．しかしながら，この感覚は，法と権力の統一を繰り返しもたらす救済の力の源泉でもあり，均衡の力の源泉でもある．というのは，人間の意識は，長期間，そのような法と【GA320】
権力の分裂に耐えることができないからである．それゆえに，確固たる地歩を占めることができない法は，最終的には，全体の意識から消えうせ，同時に，法であることを止める．しかしながら，法なくして存立する権力が自己の地位を維持できる場合には，最終的に一般意識によって正当であるとされ，かくして法になる．

結　語

政治理念の発展史におけるヨハネス・アルトジウスの意義への省察

　半ば忘れられていたあるドイツ人の「モナルコマキ」の著作のなかに際立って見出されるきわめて重要な政治理念の分析は，過去においては中世の半ばまで，そして，近代においては18世紀末まで，われわれを導いた．それゆえに，このドイツ人に与えられた役割を特に考慮して，若干の主要な点において一層力強くかつ一層深く浸透していく精神的な運動の歴史を，われわれは辿ってきた．かかる運動に共通の特徴は自然法に基づく国家観を形成した．　【GA321】

　その生涯および理論を〔われわれの議論の〕出発点とした1人の人物に，もう一度目を向けてみたい．その人物の活動は，明らかに今までは，ヨーロッパの教養ある諸国民がこぞって参与し，各世代が不断に従事してきた強力な精神的な営為に共同参加したものにすぎないと思われていた．しかしながら，この同じ省察のなかに現れたのは，その能力をかかる精神的な営為に捧げた，きわめて偉大で著名な巨匠たちであった．通常想定されているものよりもはるかに多くのことを，われわれは見出した．すなわち，巨匠たちは，すでに表明された思想だけを適切な鋳型のなかへ流し込み，最終的な援助の手を差しのべ全面的に準備されていた新たな思想を誕生させたりした．それだけになお一層，われわれは次のことをせざるを得ないであろう．すなわち，われらのアルトジウスを巨匠たちの1人とみなすことであり，そして，国家学の歴史のなかで，この営為の建設に携った数えきれないほどの支援者と働き手のなかでアルトジウスを高く位置づけることである．これまで本書で述べてきたすべてのことが，以上のことを論証している．そして，研究が進むなかで徐々にかつ初めて明らかになってきた次の一点だけは，なお結論として強調されよう．すなわち，自　【GA322】

結　語

由への熱望を等しくもちながらも，鋭敏な法意識では同時代の誰よりも先んじていた人物(アルトジウス)に固有な教義は，一方では，ルソーの〔思想〕体系において頂点に達する破壊的な国家学を準備し，他方では，それにもかかわらず，非常に多くの点で，立憲国家論を形成するための礎となったのである．

補　遺

1902年の補遺

1 序文について

　20年以上前に出版されたこの著作は，改訂されないまま再版される．とい【GA323】
うのは，出版社は再び出版することが必要だと考えたが，しかし彼らが希望し
た新たな仕事の依頼は，詳細にわたって検討したところ，実現不可能だと判明
したためである．

　〔そんなことをしたら〕新しい版どころか，新しい本を書くことになっただろ
う！　広範な仕事のための準備作業から生まれ，時宜を得て書かれた論文とい
う特徴は取り除かれねばならなかっただろう．しかし，それによって，この著
作の構成全体が台無しになったことだろう．自然法的国家理論の発展史をヨハ
ネス・アルトジウスの生涯と学説についての報告と結びつけるということは，
当時の状況の下では許され得たかもしれないが，今日，改訂の際にもそうする
とすれば，それはもはやほとんど耐え難かったことだろう．アルトジウスとい
う名前は，当時は，忘却のなかから掘り起こすことが肝要であったが，それ以
来再び国法学には周知のものとなった．当時，ほとんど行方知らずであった彼
のライフワークが一般国家理論史において占めている意義は，もはや見落され
ることはない．それまでは不十分に吟味されていたにすぎない諸点について，
行きつ戻りつして本書で追究された〔アルトジウスの〕思考過程についての研
究は，そうこうするうちに一連の卓越した仕事によって著しく前進した．まさ
しく自然法的国家理論の法学的・構成的な諸要素——その究明は本書で着手さ
れた——は，最近，さまざまの側面から立ち入った研究がなされてきた．本書
の第Ⅱ部を形作っている理念史が，学問の今日的な水準に合致しているとする【GA324】

補 遺

ならば，それと第Ｉ部との間にはとてつもなく大きなアンバランスが生じてしまったことになるだろう．そうなれば，この本をアルトジウスから始めることを断念し，自然法的国家理論の歴史に作りかえるより他に逃げ道はない，ということになっただろう．

そうするには，私にはそのための時間も力も欠けていた．長い間，私は，本書で扱われた研究へと私を導いた道から反れることを強いられ，そして，私の学問的な仕事の全てをドイツ私法の領域へと切り替えるよう強いられてきた．その原因は，部分的には，生活上の諸関係という外的なものに存するが，しかし何よりも，私をゲルマニステンとしての仕事に駆り立てた内的必然性に存する．それは，民法典第１草案に反対し，国民的法思想を擁護する仕事であり，そしてわれわれの私法の再編成が実現した後は，ドイツ的な法精神の意味においてこの拡充を手助けする仕事である．今なお私はこの活動に没頭しており，これを私は中断することはできない．それに加えて，まったく本質的に性質の異なる課題を果たすということは，私の力を越えている．

とはいえ，もしかりに事情が異なっていたとしても，この著作の書き直しを試みることには躊躇したことだろう．きわめてはっきりと私は，本書の不完全な点を自覚している．この不完全性は，焦点を絞った本書の性質に根ざしており，本書の枠を越え出ることなしには取り除けないものなのである．つまり，さまざまの観点から見て，意図して選んだ本書の考察方法が一面的であることにはそれなりの理由がある，と私は考えたい．特に，私は今なら，個々の思想の発展を——これら個々の思想の形成に基づいて諸々の国家理論が次々に現れるのだが——その客観的な関係において叙述することに限定したことだろう．確かに，思想が思想家の精神のなかでの主観的な関係から引き出され，そして，個々の卓越した人間によって作り出された〔思想〕体系の統一的な像が忘れ去られるという点は，こうした〔考察〕方法の大きな欠点である．とはいえ，いずれかの方法を選択しないわけにはいかない．ここで提案した方法は，思想の働きの絶え間ない流れを考察し，その働きの継続に関わる日常的な精神活動を表現するの〔を可能とするの〕であるが，この方法は，〔思想家が〕画期的な個々の〔思想〕体系へと没頭する深みから作り出された成果を，補足したり修正【GA325】したりすることに役立つ多くのことを成し遂げ得ると私には思われる．さらに

1902年の補遺

　私は，何はさておき政治理論の法学的な内実にのみ研究を方向づけるという方法が，今日でも許されないものだとは考えないだろう．それによって汲み取られるその〔研究の〕歴史的意義がどれほど僅かであれ，近代において似たような方法で他の人々によって行われた研究についても，やはり特殊法学的な構成要素を取り出してはっきり示すことは，研究上特に価値があると語り得るのは，きわめて明白だと私には思われる．法の構造を厳密に把握し，これを助けとしながら自然法的国家論が理論的構築を行うということ，これは，法の諸構造についての完全なる歴史的理解にとってばかりでなく，現に妥当しているわれわれの公法の学問的な貫徹にとっても不可欠である．しかしながら，この目的は，姿を現している理念から法的な内容を引き離すことなしには，到達し得ない．それに対して，私は，命題の叙述へと仕事を限定したにもかかわらず，以下のことは適切であり実行し得ると考えるだろう．すなわち，それは，ここでなされている以上により強く，より明確に，思想の働きと現実の出来事との間にある相互作用を指摘することであり，そして，そこから，特に，理念の再編と対立の激化をめぐる，その時々の宗教的・政治的そして社会的状況と闘争の意味を白日の下にさらすことである．しかし，とりわけ自然法的国家理論の発展史を，実定法学における国家論と団体論（コルポラティオーン）の発展史との緊密なる関係を正確に説明することをとおして補足するという任務から，私は逃れることはできなかったことだろう．というのは，私は当時，ただドイツ団体法（ゲノッセンシャフツレヒト）についての私の仕事の続行が見込まれるという点を顧慮して，これを断念する必要があったからである．しかし，本書を新しい本と取り替えることなしには，まさにこの課題を解決することは不可能だったことだろう．

　部分的に，私は，かれこれするうちに別の場所で述べたことをこちら側へ持ってきて，そして，不適当な場所へ移し変えるというようなことをしてしまうに違いなかった．というのは，既に1881年には，古代および中世の国家論および団体論（コルポラティオーン）とドイツにおけるその受容を扱っている私の団体法論（ゲノッセンシャフツレヒト）の第3巻が出版されたからである．この巻は，時代を遡って論じている．その内容は，アルトジウスの周囲にひとまとめに集められた理念史についての補足となっている．但し，そのなかで16世紀についてはまだ未完のままである．すなわちその巻では，古代の土台全体が研究され，ローマ〔法〕的およびカノン

【GA326】

+ 239 +

〔法〕的な団体(コルポラティオーン)論がそのさまざまの段階において検証され，国家論にとってそれがもっている意義が評価されている．中世に費やされている章の結論を形作っているのは，中世の政治・公法学理論についてのまとまった叙述（第11節，502～644頁）であるが，そこでは，中世における理念の前史に関して，本書では個々の章の導入的な覚書のなかで述べられていることが，いっそう厳密に証明され，より立ち入って論述された．そこで提示されたことを補い改善することや，その間に出された異論と論争することは，今日，きわめて望ましいことだろう．だが，そうすることによってアルトジウスに関する著作が大いに問題とされることはなかっただろう．新たな検証がきわめて必要とされているのは，団体法論第3巻のなかで古代の国家論から取り出され論じられている点である．というのは，それ以来，われわれの観点による研究は古代の実際の生活ばかりではなく，それによって条件づけられた思想世界へも非常に拡張されたからである．ところが，直接的に古代へと立ち返ることをしていない本書【GA327】では，この点は論究されないままに留まり得た．だが，本書で扱われている中世以来の思想の発展史にとって，ギリシャとローマが国家および法について何を思考していたかはさほど重要ではなく，むしろ，それらの思想から伝承のなかで生き延びたものは何なのか，そして彼らによって思考されたと信じられたものとは何なのかが重要なのである．中世の国家理論に関する研究も，それ以【GA328】来，停滞していたわけではない．いやそれどころか，いっそう新しい諸研究をとおして，ここで述べられていることについての再検証が，個々の論点に関して必要な限りでなされている．

　しかしその他の点に関して，この著作を完全なものにするには，私の団体法論の第4巻が書かれなければならなかった，ということになるだろう．そのための素材を私は長期にわたって集めてきた．すでに数年前にも，私は，浩瀚な諸論文を著した．それらの著作は，国家理論および団体(コルポラティオーン)理論が，17世紀から18世紀の間に，市民法とカノン法の理論および実践のなかでも，新たに花開いた実定ドイツ国法学のなかでも辿った発展を論じている．しかし同時に，それらは，自然法的社会理論の体系的構成と，個々の実定法に対する自然法的社会理論の常に増大する影響について説明している．他の諸々の課題が解決した後にはこの仕事を完結させることが許されるかもしれない．そうしたら，そ

れによって，本書には，近代をも考慮に入れた必要な補足が加えられるだろう．しかし既に今日この研究が出版されるという状況下では，そのための唯一の適切な方法は，まさしく私の団体法論の続行であろう．アルトジウスについての著作を書き直すということは，それに伴って無意味になることだろう．

このような状況の下にあって，私は本書の新版に，この間に出版された諸文献を端緒とするいくつかのささやかな覚書きを書き添えることで満足である．

2　第Ⅰ部第1章について

ヨハネス・アルトジウスという名前は，既に述べたように，今日もはや忘れ去られてはいない．本書が出版された直後に，シュティンツィングはドイツ法学史のなかでアルトジウスにしかるべき場所をあてがった．同じくブルンチュリは，その後まもなく，彼の近代国家学史の新版のなかで，アルトジウスに特別な1章を捧げた．同様にガイアーは，彼の法および国家哲学史概説のなかで，アルトジウスの主要著作についての報告を挿入した．グロティウス，ホッブズそしてプーフェンドルフに匹敵する先駆者として，レームは国法学史のなかでアルトジウスを評価している．R.シュミットが一般国家学に対するアルトジウスの意義を承認し，またE.レーニングが，不可譲渡で破壊し得ない人民主権についての理論の創始者として彼を性格づけたのに対して，あまり公平に評価しないのはイェリネクである．主権概念の歴史についての最新の個々の論文のなかでも，アルトジウスの理論は注目されている．同様に，比較的新しいフランスやイングランドの理論にとっての前史のなかでも，アルトジウスの理論はもはや見落されてはいない．それゆえに，アルトジウスという名前が，彼が長い間沈んでいたおよそ不可解な忘却のなかに改めて陥ることを危惧する必要はない．【GA329】【GA330】【GA331】

アルトジウスの歴史的位置づけは，時代を遡ってみるときわめて明白である．一般国法学の最初の膨大な体系が示されている彼の政治学は，16世紀の宗教闘争のなかで成熟した国家理論——この国家理論の擁護者はその論敵から「モナルコマキ」と呼ばれていた——をカルヴァン派の精神をもって拡充したものである．かれこれするうち，モナルコマキに関するモノグラフィーをトロイマ

補　遺

ンが出版した．まさしく彼は，いうまでもなくアルトジウスの政治学を彼の叙述から除外し，そしてこうしたかなり恣意的な方法を，〔アルトジウスの政治学は〕何１つ新しい思想が含まれていない分厚い手引書の教条主義的特徴をもつと示唆することによって，正当化しようとした（同書9〜10頁参照）．だが彼は，こうした教条主義的な装いによって，アルトジウスの理念からその活力もその躍動感も，何１つ奪い取ることはできないことを見損なっている．また彼は，この作品〔アルトジウスの政治学〕が，その厳密に学問的な形式にもかかわらず，ややもすれば歪められがちなかのフランス人の著作と同様，当時の政治的宗教的な運動の潮流によって担われた典型的な闘争文書なのだということも見誤っている．しかし，新しい思想に関していえば，トロイマンは，ただそれらを探しさえすれば見出しただろうに．

　アルトジウスの政治学の後の時代への影響を正確に測定するのは，そう簡単ではない．その影響は相当に大きかったと，私は示すことができたと信じているし，またそれとは異なる諸見解に対しては毅然とした態度をとらなければならないと信じている．とりわけ確実なのは，ルソーが社会契約論の執筆に際してアルトジウスの政治学を知っており，そして利用したということ，それゆえに，〔アルトジウスとルソーとの間の〕思想における多くの奇妙な一致点は決して偶然に因るものではないということである．私がこの点に関して，本書のなかで（【GA9】）ただその蓋然性が高いとだけ主張した際，その根拠は以下の点にあった．すなわち，私が記憶していると信じるところでは，ルソーの著作を読んでいる際アルトジウスの名前を見た，しかしそれを社会契約論のなかで探してみると，その箇所を再び見つけ出すことはできなかった．そうするうち，何人もの人々，とりわけリヴィエ，リープマン，ハイマン，そしてE.レーニングが，ルソーは明示的に指摘している僅かな先駆者の間で，実際のところアルトジウスを強調しているという点を指摘した．ルソーは，「山からの手紙」の６通目の終わりでアルトジウスに言及している．ここでルソーは，政治の理論を「抽象的に」（すなわち哲学的に）論じた人々と呼び，その際，アルトジウス，シドニー，モンテスキューそしてロックの名を書きとめている．「アルトジウスはドイツで敵をつくりました，しかし，人々は刑事上の罪で彼を追及することは考えませんでした」．これにより，アルトジウスの政治学のルソーの

【GA332】

— 242 —

1902年の補遺

思想構造への直接的な影響には，疑いの余地はないといい得るのである．

アルトジウスの生涯についての報告に，以下の点だけを付け加えておこう．【GA333】すなわち，彼のドイツ名はアルトハウス（Althaus）であったということ，そして，彼はヴィトゲンシュタインの出身であり，彼の学業がなされたのはバーゼル大学だというのは確かだということである．バーゼル大学の学籍名簿に，「1586年（5月）ヴィトゲンシュタインのヨアネス・アルトハウス（Joannes Althaus）は10シリング支払って入学を許可された」と登録されている．ライン・ヴェストファーレン州におけるアルトハウス家は今なお隆盛を極めている．出身地に留まった分家の子孫で，最近ロンドンで亡くなったフリードリヒ・アルトハウスは，それ以前に亡くなった兄弟テオドール（1822-1852）のために伝記的な記念碑を建てた．その際，〔自分たちが〕著名な法学者――この学者の生涯と仕事について彼は私の著作に基づいて述べているのだが――の一族に属するものであるということも示した．ロンドンのバッキンガム宮殿のなかに収集された歴史的な肖像の整理の際，彼は次のように記された説明文のついたヨハネス・アルトジウスの肖像を発見した．

「このアルトジウスは，誠実な女神テミスの古い家と呼ばれる．
　彼は，女神と同じ精神を持っていたからである．」

「古い家」（prisca domus）という言葉はアルトハウス〔古い家〕の名前を示している．出身地に戻りそこに留まった一族の者も，前述（【GA11】, 原注21〔邦訳省略〕）のフィリップ・アルトジウス同様，名前のラテン語の変化形を使っていた．これとは反対に，1689年にベルレブルクで生まれたフリードリヒとテオドールの曾祖父は，その父親と同様，営林監督官で営林署長であったのだが，「ヨハン・フィリップ・アルトハウス」と自称していた．つまり，一族の伝承は個人名をとおして保持されたのに対して，ラテン語名は教師職とともに姿を消したのである．

本書にいま添えられているアルトジウスの肖像画は，私が所有している小さ【GA334】な銅版画に複写されている．私は，アルトジウス夫人の同じような肖像画を所有しているが，それには「忍耐はすべてに打ち勝つ」という標語および「マル

補　遺

グレータ・ノイラート・ファン・クラネンブルク，エムデン法律顧問ヨハネス・アルトジウス博士夫人」(Margretha Neurath van Cranenburg, in tyde huisvruwe van den E. L. heere Dre Joanne Althusio Syndico binnen Emden) という説明文が添えられている．私は紋章の意匠も所持している．その紋章には，古い宮殿風の家屋が見える右手の草原の向こうに，前述の複写された肖像画と同じような筆遣いの見られる細密肖像画が，ヨハネス・アルトジウス法学博士という刻銘とともに描かれている．

3　第Ⅰ部第2章について

　アルトジウスの政治学の内容について第Ⅰ部第2章（【GA18～36】）で示されたいくらか言葉足らずの叙述は，第Ⅱ部の個々の章に含まれている諸々の報告をとおして補われている．全体像を考察する際，この国家理論の核心と目的を形づくっているのは，不可譲渡で分割し得ない人民主権という命題であるという点に疑いをさしはさむことはできない．この命題をとりわけルソーが受け継いだ．

　もしシュティンツィングが，本書を十分に知った上で，それでもなお，人がアルトジウスは人民主権の一擁護者であることは「不確か」だと言っているという彼のかつての言明をなお維持しようとし，それによって私が【GA157】以下および【GA283】以下で論じたこの人民主権論の特殊性を暗示するなら，いずれにせよ，この特殊性の本質は彼には隠されたままである．卓越した特殊性は，アルトジウスが，法的制限を免れた権力を人民に対しても決して与えず，そして，人民を支配者との間に存続する諸契約に結びつけたところにある．このことは，しかしながら，人民主権の制限に基づいているのではなく，主権的権力一般の原則的な制限に基づいている．それこそが，国家と法の間の関係についてのアルトジウス独特の把握であり，このような把握をしたお蔭で，アルトジウスは，ホッブズの絶対主義にも，ルソーの絶対主義にも陥らずにすんでいる．彼が常に国家における最高の世俗権力のもとで認めているのは，【GA335】「主権（マイエスタース）」の名の下で，不可譲渡・分割し得ない権利として，人民にのみ帰しているものである．そして，これに反する実定法はどれでも，人民にとって何

の意味もなさない．なぜならそれは拘束力のない契約に依拠し得るだけだからである．しかるに最高の世俗権力とは，彼にとって，ボダンに明確に反対して強調しているように，「法に拘束されない権力」ではない．それ〔最高の世俗権力〕は，自らを超越した不可侵の神法ならびに自然法をもつばかりでなく，現行の実定法とその適切な改正まで拘束されている．「なぜならば，国家法から権力を解き放つことは，自然法と神法の拘束から権力をいくらか自由にすることだからである．すなわち，自然的神的で変わることのない公平性の何かをもっていない国家法は存在しないし存在し得ない」．それゆえに人民の主権といえども絶対的権力ではない．法は，国家構造の全体を貫き通し，そして，主権を有する〔人民〕全体と，主権に基づきつつ権力を行使する受任者との間の関係を秩序づけもする．アルトジウスは，ドックが折に触れて述べているように，「法治国家の理念の最初の古典的な代弁者」である．

　この点と関連しているのは，アルトジウスが，ルソーに対して鋭く対立しながら，社会契約と並んで支配契約を，統治なしには不可能な国家の組織化の不可欠の手段として固持し，この支配契約に相互的拘束力を与えていることである．それゆえに彼は立憲国家に行き着いている．そのとおりである！〔人民〕全体が最上位の権力を断念するようないかなる支配契約も無効であろうから，彼にとっては，1つの憲法形態が存在しているにすぎない．支配契約が自由な領域をもつのは，ただ，君主政か，貴族政か，あるいは民主政かという統治形態の選択においてのみである．

　それゆえに，アルトジウスは，ルソーとは異なり，選出されたか，あるいはその他の方法で任命された代表者によって〔人民〕全体が代表されるという考え方を退け，むしろ，はっきりと，代表者集会を，不可避なものとしてではないが，しかし望ましいものとして説明している．ただ彼は，代表者に対してでも，不可譲渡の最高権力を人民の側に留保している．

　きわめて遠くアルトジウスから隔たっているのは，ルソーの理論および後世のそれ以外の急進主義的な理論であるが，そうであるのは，アルトジウスの国民国家の原則的に連邦的な構造によってである．アルトジウスにとっても，最終的に，契約に即した個人の自己抑制が，あらゆる社会的組織化の源泉であるので，より規模の小さい諸々の社会を多様に階層化された形で結び合わせるこ 【GA336】

とをとおして，初めて主権的な共同体(ゲマインヴェーゼン)を成り立たせしめる．それに対応して，彼は，完成した国家のなかにおいても，より規模の小さな団体(フェアバント)全てに，それ自身に由来する権力を与えるのだが，この権力は，固有で不可譲渡の権利として，国家を形成する〔人民〕全体に当然与えられるべきものであり，主権的権力一般に対して1つの確固たる法的制限を設けるものである．それゆえにアルトジウスは，全体としての主権的人民すらも決して諸個人の単なる総計とはみなしておらず，むしろ，〔人民〕そのものの各部分から構成された1つの全体と考えている．こうした枠組みにおいては，当時の法秩序に対応した，その〔法秩序に内在する〕正当化に基づく身分制的構成もまた認められる．ただ彼が力を込めて強調しているのは，人民のうちのあらゆる身分が，支配する〔人民〕全体をともに形作る権限を備えている，という点である．

　このようにしてアルトジウスは，国家主権の思想に近づいているように見える．もし彼が一方では，人民というものを，各部分から構成された1つの全体として理解し，他方では，社会的な体に固有な人格を与えており，そしてそれによってもし，主権的権利が「所有と支配のために」当然与えられるべき主体を，ときには人民，団体(ウニウェルシターズ)あるいは同意した沢山の人々と呼び，しかしときには共に生きる人々の体，国家あるいは王国と呼ぶとすれば，彼は実際に，最高権力を，全体人格として現れる国家それ自体に与えるのを当然だとしているように見える．ところが，こうした見方は見かけに過ぎない．国家の主権から重大な帰結が引き出されるやいなや，アルトジウスにとって，主体としての国家は，市民からなる全体と一致するが，しかしこれは，社会的に結び合わされ，そして単一体に統合された数多のもの以外の何ものでもないということが明らかとなる．それゆえに，統治形態次第で異なった性質をもつ，直接的な国家機関としての最高執政官という考え方は，彼にとってやはり異質なままであり続けている．国家権力の主体としての国家は，主権をもつ〔人民〕全体〔を論じた箇所〕のなかで論じつくされている．統治権力の保持者とは，ただ，契約に基づいて任用されるこの〔人民〕全体の権利の管理人だけである．それゆえに私は，国家権力の主体と担い手との区別を最初につけた人はアルトジウスである，というレームの見解にも賛成できない．もし「国家権力の担い手」という言葉が明晰な概念だけを生じさせるものであり，この言葉が，主権的国

【GA337】

― 246 ―

家機関，すなわち，直接的に統治制度をとおして国家人格の最上級の権限を行使するために任命された機関という意味における「主権者」と解釈されるならば，どんなに少なく見積もっても賛成できない．アルトジウスにとって，支配者とは，国家権力の担い手などでは断じてなく，むしろ，統治権力の担い手でしかない．しかし人民全体は，彼にとって，国家権力の主体であり同時に機関なのである．〔国家権力の〕主体という位置づけと〔国家権力の〕機関という位置づけとを区別することは彼にはできなかった．民主政の下でだけ国家権力の主体と担い手という概念を区別したことでアルトジウスは失敗した，とレームは考えている．というのも，最高執政官は全体的王国の普遍的人民あるいは普遍的結合体の体そのものであるとされる民主制が統治形態として定義されることによって，最高の国家機関としての人民集会は，国家権力の主体としての人民全体と等置されるからである．ここで国家と人民との区別が欠如しているということが最も際立つ形で露呈される，というのは正しい．だが，別の統治形態であればましであるというわけではない．アルトジウスは，まさに彼の基礎づけから国家主権の思想に到達することはなかった．そうしないよう彼を阻んでいるのは，私法上の契約から導き出された国家の個人主義的な由来である．社会契約は，決して生きた共同体(ゲマインヴェーゼン)を生み出すことはできないし，また委任の形をとって結ばれた執行契約は，決して統治体制に即した機関を生み出すことはできない．

4　第Ⅰ部第3章について

　アルトジウスの法学が今日もはや見過ごされ得ないのは，以下の理由からである．すなわち〔第1に〕，彼は法についての膨大で体系的な叙述のなかに国法学全体をはめ込み，そして〔第2に〕，彼がそれによって国法上の諸関係に【GA338】割り当てた位置づけをとおして，彼の国家理論が初めて完全に解明されるばかりでなく，自然法の根本思想が徹底的に明らかにされてもいるからである．とはいえ独立した法体系論についてのこうした大胆な試みは，最近それが部分的に受けるようになったよりも，さらにいっそうの注目を受けるに値するものと，私には思われる．アルトジウスの業績を歴史的に評価する際，ドネルスがその

補遺

体系的な研究を開始したことによって著名になる以前に，アルトジウスはその体系の基礎を出版していたという点を忘れてはならない．アルトジウスの先駆者のうち，まさしく誰一人として，体系化の独自性とその力において，彼と比肩し得る者はいないのである．

5 第Ⅱ部第1章について

本書の課題にふさわしく，国家理論の宗教的な諸要素についての叙述は簡略なものにとどめられており，そしてもっといえば暗示することに限られている．というのは，自然法的国家理論にとって，神政政治的国家観はなんら構成的な要素を作り出してはおらず，むしろ歴史的に克服され，少しずつ消え去りつつある要素を生み出しているにすぎないからである．宗教上のドグマ的な前提から完全に切り離されることによって初めて，自然法は，その純粋性を獲得し，そうすることでまさに神政政治的国家構成と自然法的国家構成とは際立った対照を成すものとして姿を現すのである．

神政政治的国家論の3つの大きな波に関しては，さしあたり団体法論第3巻のなかで私が書いた中世の国家論のところにおいてより詳しく叙述されている．そこではキリスト教的中世の始源的な思想体系が，〔つまり〕その思想体系の枠組みのなかでの諸々の対立の間にみられる抗争およびその思想体系の解体の過程が立ち入って述べられている．

【GA339】　宗教改革期における神政政治的国家観の復興は，ここでは単に一般的に確立されている1つの事実として受け取られたかも知れない．国家の神への関係をめぐって個々の宗教改革者の思想の間にある深刻な内的な差異を探究することは，〔ここでの研究〕計画の範囲外である．

王政復古の時代における神政政治的理念の近代的な刷新は，自然法が十分展開し尽くして初めて可能になったものであり，もはや本書で探究されている理念の範囲にはまったく入らない．

6　第Ⅱ部第2章について

　本書においてはっきりと強調されているのは，以下のことである．すなわち，自然法的見解によるとあらゆる国家生活は契約上の根拠に基礎を置くが，アルトジウス以前には社会契約と支配契約ではその契約上の根拠の区別が偶然明確に述べられたに過ぎず，〔アルトジウスと〕同じくらいの法学的な鋭さをもって定式化されたことは一度もなかったということである．始源契約論は2つの契約という要素を含んでおり，その1つがホッブズによって初めて取り除かれ，他の1つがルソーによって初めて取り除かれた，これらのことが，さまざまの異なる見解に対して堅持されなければならない．

　中世には一般的に，君主と人民との間の関係は契約にではなく一方的な人民の行為に基づいていたが，他方で支配契約の理念はモナルコマキによって始められた運動の帰結をとおして初めて存在したのだと主張する〔見解がある〕． 【GA340】
レームによって擁護されたこの見解は，明らかに間違っている．エンゲルベルト・フォン・フォルカースドルフにおけるように，服従契約について述べられている場合には，それによって国家設立契約が示されており，これ〔国家設立契約〕をとおして人々はお互いの間で支配者に服従する義務を負うといわれる．つまりこのアドモントの僧院長はホッブズの構想を先取りしたというのである！　これに対して，マルシリウス・フォン・パドヴァとニコラウス・クサヌスにおけるように，〔人民〕全体の意志決定（全員の同意）を支配者の権利の源泉とみなす場合には，契約は臣民の間でのみ受け入れられており，これに対して支配者の任命は，実際の法に優先する一方的な召命と考えられているというのである．つまり，ここではルソーの理論が先取りされているというのである！　国家契約に関する中世の政治・公法学者の見解についてのこれらの解釈は，中世の思想と際立って矛盾すると私には思われる．国家についての法律行為に即した説明は，歴史的な過程が度外視され，その当時の情勢によって影響されている．しかし，中世の政治・公法学者が生きていた世界は，一般に，構成された〔人民〕全体を示しており，それ〔構成された人民全体〕と支配者との協定があったことを示していた．そのうえ契約論についての把握は，はるか

補遺

に非確定的であり，鋭い法学的な理論構築からはなお遠く隔たっており，それどころかそれとは異なっていることが判明している．いずこにおいても，1人の支配者の下に服従する人民は，1つの行動する団体(ウニウェルシタース)とみなされ，支配者の権利は決して個々人相互の契約から直接的に導き出されたのではない．し

【GA341】しかし人民と支配者の間の関係は，いずこにおいてもそれが自発的な服従に基づいている限り，双方を拘束する契約関係として把握される．もしレームが不適切にも，中世においては王法が，モナルコマキの時代においては選挙協定が，君主権力の正当化の類型として出現したという点に気付かないならば，選挙協定の顧慮は支配契約のより厳密な法学的定式化への寄与であることを認めていることになる．しかしながら人々は，中世において特に中世の最後の数世紀において，王法も古代の法ではなく，当時の実践に即応した1つの協定であると考えた．人々が争ったのはただ，その法律行為の内容が，譲渡なのか，それとも用益の承認でしかないのか，である．

したがって，後年，支配契約は，結合契約をとおして行為能力をもつ全体となった人民と，支配者——君主制であれ多頭制であれ——との間に結ばれる契約として，法学的に構成された．かかる法学的構成は，徹頭徹尾，中世の契約論が展開されたものである．それは，単に人民主権の擁護者によってばかりでなく，同様に支配者主権の擁護者によっても，支配者の権利の根拠づけのために利用された．争いあうどちらの傾向にとっても，契約の内容だけが問題であった．

これに対して，ホッブズが個人相互の一体となる契約から直接に，支配者の権力と，そして，それによってそのなかに国家を生ぜしめたとき，事実，それは彼が遂行した，根本を覆すような影響力の大きな変革であった．というのは，ホッブズがただ1つの原始契約だけを認めたという点は，レームの異論にもか

【GA342】かわらず，疑われえないからである．このような国家の基本契約は，その本質に鑑みると，純然たる服従契約である．しかしながら国家の基本契約は同時に，それ以前は結合されていない個人をまさしく初めて結び合わせるのであるから，結合契約を含んでいた．確かにそれは形式からすると，もっぱら個々人の下で支配者の影響なしに結ばれるから，純然たる結合契約である．ただそれは，契約当事者の間に何ら社会的関係を作り出すものではなく，もっぱら同時的でか

- 250 -

1902年の補遺

つ一様な服従をとおして合意を生ぜしめる，かろうじてそのような合意契約である．その限りにおいて，それは社会契約ではないにもかかわらず，社会契約論の先駆をなすものである．個人間での一度限りの意志決定をとおして国家を構築するという点で，それは確かに，ルソーにとって模範となるものであった．

　この点を架橋したのはスピノザの理論であっただろう．スピノザが国家を基礎づけた，〔人々が〕一体となる根本契約の構造は，ホッブズから借用された．しかしながら，民主政が第一義的な支配形態とみなされ，それに応じて民主政が正常な国家形態として扱われることをとおして，支配契約はここでなお一層強く社会契約に近づくのである．【GA343】

　それにもかかわらず，シドニーとロックがその力を少しずつ弱めたにすぎなかった支配契約論をルソーが根本的に除去したということ，このことはルソーが成し遂げた契約論の革命的転換であったことに変わりはない．もしイェリネクが，〔ルソーの〕社会契約論は外見上純粋な社会契約であり，それは決して服従契約を取り除きはしなかったと考えるならば，それは，この社会契約は実際には個人にとって最強固な服従契約であるという意味においては，もちろん正しい．ルソーは，見せかけをとおして，個人は，一般意志が支配する唯一つの合法的国家において，喪失した自由を　共　有　化　をとおして主権への彼らの参加という形で再び受け取るのだという思い違いを個人にさせようと試みているが，それは無駄である．ここからは何も重要なものは出てこない．ルソーが，人民主権論の初期の擁護者に反対しながら，除去するよう宣告したもの，それは，契約に基づいた政府の任命という可能性であった．ルソーの見解でも，統治権力の存在は国家の存立に依拠しているが，しかし統治権力へのあらゆる委任はただ撤回可能な委託であり，決して契約ではありえない．統治形態あるいは統治者について，主権をもつ〔人民〕全体がそれをとおして結合しあうところの契約は何であれ，根本契約の違反であり，それゆえに，無効なのだと【GA344】〔彼は〕いう．というのは，結合契約はあらゆる他の公的契約を排除するからである．しかし，支配契約のこうした破壊は，ただ単に支配者の権利の変質した法学的構成を意味しているのではなく，むしろ人民総体の主権と一致しない支配全般に関わる権利全ての完全なる破棄を意味している．それは，ただ無制限な直接民主政の独占権を意味しており，また，立憲国家の否定を意味する．

補　遺

　ここにこそ，〔ルソーの〕社会契約論の特殊革命的な性質がある．
　とうとう最後に支配契約を呑み込んでしまった社会契約論の歴史について，ここでは，なお２つの点についてのみ，いくらか注釈をすべきであろう．
　社会契約論の個人主義的な特徴については，もちろん何の疑いもない．確かにこの理論の核心は，個人から国家が発生するという点である．しかしもし国家が，本性からして自由で平等な諸個人の意志行為に由来するならば，もちろん国家目的は諸個人以外にはあり得ない．それゆえに自然法理論において，個人の意志に由来する国家の起源が強調されればされるほど，いっそう決定的に，国家の課題は諸個人の幸福の促進に置かれるようになる．そういうことと，国【GA345】家目的のきわめて多様な決定は両立する．国家目的は，理念的な方向にも物質主義的な方向にも向けることができるし，全面的なものとしても限定されたものとしても把えることができるし，各人の自由と所有権を最大限に保障することにも，そして恐らく個人主義的な地平を越え出ることなしに，社会主義的もしくは共産主義的な制度によって万人の最大限の平等を実現することにさえも，見出すことができる．社会契約論はそのようにして国家の起源と目標を個人へと移したので，それには，本来，国家に抗して個人に彼固有の自由な領域を守ろうとする企てが備わっているはずである．というのも，互いに結合するとき，諸個人は，自らの本来的な自由を，それが社会の目的の達成のために必須である限りにおいてのみ委託する，というのが自明であると思われるからである．
　そこで確かに，まさしくこの結合目的は，ただ全ての自由を犠牲にすることを【GA346】とおしてのみ達成され得るとする主張がありうる．しかしながら，こうした道筋で，ホッブズが国家絶対主義を自然法的な諸前提によって根拠付けはしたが，確かに自然法的契約論の幅広い流れはすでに中世以来，別な方向へ進んでいた．前述したように，その流れは根源的な力をもって個人に留保されていた自由権を承認する方向に進んだ．それら〔の個人の自由権〕は，共有化（フェアゲマインシャフトゥング）のなかに取り込まれることなく，それゆえに市民状態においてもなお自然法によって是認されていたものとされる．このようにして不可譲渡の，そして国家からも不可侵の生まれながらの人間の諸権利という思想は，社会契約の思想から有機的に生まれ出てきた．たしかにこの思想はゆっくりと成熟し，その思想が憲法に則った確かな位置と個人の基本権の保障という成果をもたらすに至るまで，

さまざまの段階を走り抜けた．イェリネクが立証したように，ここでの優位は，北アメリカ連邦の個々の州の「権利章典」に認められるべきであり，それらの模範に同調したのが1789年8月26日のフランスの人および市民の権利の宣言であった．それらの究極の源泉は，太古からの，そして根絶することのなかったゲルマンの自由の理念である．そしてその学問的な基礎づけを成し遂げたのは，自然法の長期にわたる研究であった．ドイツ，ネーデルラント，そしてイングランドの契約論において，個人の独立した権利は勝利のうちに出現した．ルソーの社会契約論は，いうまでもなく，今にも，〔人民〕全体に対する個々人の各々の権利をふたたびかき消しそうだった．しかし，クリスチャン・フォン・ヴォルフは，生得的な権利と獲得された権利との，鋭い法学的な分離を導入したばかりでなく，生得的で自然的な自由はその本質において不可譲渡であるとする根本命題をも述べることによって，決定的な一歩を踏み出した．それによって理論的な定式化が見出されたのであり，そのなかで人権〔という思想〕がドイツとイングランドの契約論の共有財産となった．【GA347】

　社会契約論が一貫して非歴史的な思考方法を基礎に置いているということは，全く，その〔社会契約論の〕個人主義的で機械的な国家解釈に由来する．もう1つの問題は，どの程度，契約論者が，彼らが受け入れた契約論的な国家の基礎づけを歴史的な現実として考慮していたのか，という点である．本書のなかで，国家契約論にカントが与えた表現様式によって国家契約論に新たな活力がもたらされたということは，何にもまして，以下のことから説明された．すなわち，カントは，明らかに，国家契約に「事実」としての歴史的実在を否認し，国家契約には「理性の理念」（Idee der Vernunft）という実践的な実在だけを要請し，「理性の理念」によってア・プリオリに国家はもっぱら理論構成され得，「理性の理念」によってもっぱら「国家の合法性は考察され得る」．〔しかし〕これをもってして，カント以前の人が全て，太古の時代における国家契約の現実的で形式的な帰結を信じていたとはいうことはできない．彼らのうちの多くは，多数の国家の異なった生成をはっきりと認めていた．彼らは国家の法的根拠をめぐる問題と国家の生成をめぐる問題との明確な区別だけを成し遂げたのではなかった．彼らは，規範的な，それ故に仮定されるべき〔国家の〕生成の基礎として，契約に固執し，そして，諸々の虚構と矛盾した諸々の出来事【GA348】

補 遺

を克服した．ルソーが類似してくるのはカントの立場である．しかしながら，〔第1に〕ルソーにとってすでに社会契約論は純然たる理念であり，あり得る法システム全てにとっての普遍妥当な基準および最上位の目標についての熟考であり，現実に妥当する法的状態についての思考可能性の理性的基礎づけである，と主張されるならば，そしてまた，〔第2に〕国家契約の従来の「歴史的な」解釈のなかには，ルソーの社会契約論の完全な誤解をもたらす根本的な錯誤が潜んでいる，と主張されるならば，それによって真の実態は隠蔽されてしまう．ルソーにとって，社会契約はなんら過去の事実ではないということは正しい．というのは，まさしく，彼には，現存する市民社会は征服と詐欺によって作り出された作品とみなされたのであり，彼は社会契約を，現存する国家の生成方法とみなすことはできなかったからである．しかしこのことは，これまでも，幸いなことにめったに誤解されることはなかった．これに反してルソーは，将来に対しては，妥当する法的状態を基礎づけるために現実の契約締結を要請し，そして，その際にだけは，彼の先駆者同様，暗黙の意志表示もしくは擬制的な意志表示に甘んじている．彼にとって契約とは，国家の実在を法的に構成する基礎であり続けている．まさに現存する国家にはこのような基礎が欠けているので，それ〔現存の国家〕は正当ではなく，契約国家と取り替えられねばならない．ルソーは，自分の先駆者と違って国家契約を理念の王国へ追いやるということを，カントがしたようには強調していない．そして社会契約に基づいていないという理由で現存する国家を否認する彼の契約論と，歴史的には任意の方法で成立し契約理念と結びついている国家を欠いているが，その理念の助けによって正当なりと認めるカントの契約論の間には，深い溝が口を開けている．カントの理論が，少なくとも法の歴史的基礎づけの正当性を相対的に認める余地を残している一方で，ルソーにとっては，歴史的には不正のみが存在しているのだから，「歴史的な」法観念のどれからも，確かにルソーはカントよりさらに遠く隔たっている．しかしながら，歴史的な生への影響という【GA349】

【GA350】実践的な動向に鑑みると，〔ルソーの〕社会契約論には，カントの国家契約論よりはるかに高い実践性がある．ルソーが純粋に理念的に説明され，そして，彼の革命的な綱領が世間離れした法哲学の綱領へと解釈しなおされるたびに，社会契約論の本質は，はなはだしく誤解される．このような途方もない誤解を

生じさせ，その誤解がつい最近まで主張された．かかる誤解から人を奮い立たせるようなこの著作の著しく歴史的な影響力が生じてきたのだが，ルソーの真の意図を覆い隠すような，いかなる原因がルソーにあったのだろうか．とはいえ，かかる影響力が，社会生活における合法性をはかる最上位の尺度についての熟慮のなかにではなく，ひとえに自由と平等を可能にする新しい社会契約の実現を求める怒涛のような熱望のなかにあるということは，やはり確かである．

7　第Ⅱ部第3章について

〔第Ⅱ部〕第3章の本来の対象は，人民主権論の歴史および人民主権論と支配者主権論との抗争の歴史である．しかし同時に2つの根本問題——それらの解決のために，当時はまだ多くは〔研究が〕行われていなかった——が，探究領域のなかに盛り込まれている．すなわち，主権概念そのものの歴史と国家の権利主体性についての観念の歴史とである．

中世については，そうこうするうちに私の団体法論第3巻のなかで，ここで提示されたことが補足されており，とりわけ，ここで決定的に重要なローマ法論およびカノン法論の内容が詳しく説明されている．その他の点では，まさにここで論じられた問題について別な方面からそれ以降の重大な業績が成し遂げられている．【GA351】

とりわけ主権概念の歴史，ボダンによる主権概念の画期的な定式化，そして主権概念のさらなる運命，これらについての立ち入った新たな諸研究が提出されている．それらの諸研究は，国家論全体にとってのこの概念の発展がもつ途方もない意義を明らかに描き出した．しかし，同時にそれらは，この概念のいろいろに変わる性質をはっきりと〔われわれに〕知らしめた．主権概念は，対外的な独立にも，対内的な統治権力にも適用されるのだから，それは，ときにはいっそう国際法的な概念として，ときにはいっそう国法学的な概念として現れる．その国法学的な特徴において，それは，国家権力の属性という意味と国家権力そのものをあらわす名称という意味との間を揺れ動く．概して，主権概念はますます国家権力という概念と重なったので，今や，一方で，国家権力の本質的な特徴が全て主権概念から導き出され，他方で，国家権力の実定的な内

- 255 -

補　遺

【GA352】容は，主権概念から個別的な高権を構成する「主権的源泉」の形で具体的に示された．まさにこのような枠組みのなかで，主権概念は形を変えながら実定的な国法学に影響を及ぼした．国法学のなかで主権概念は，高権論の出発点として，徐々に，封建的な国王大権論同様，支配と裁判（imperium und jurisdictio）についてのローマ法的・カノン法的な図式をも抑え込んだ．なにしろ，主権とはただ国家権力の属性——その他の点では以前と同様である他の団体(フェアバント)権力と国家権力との区別を特徴づけ，国家権力の本質の一片がそれによって説明され，あるいは恐らくさらに，国家概念にとっては全く本質的ではないところの属性——にすぎないという，全く古来の概念様式に合致し，そして今日再び出現した考え方は，決して完全には消えなかった．最終的に，きわめて大きな混乱が引き起こされたのは，つまり国家の最高権力（国家主権）としての意味と国家のなかにおける最高権力（機関主権）としての意味とが，絶え間なく主権概念の２つの意味が互いに入り乱れて展開することをとおしてであった．もっとも，概念上の区別についての端緒が欠けていたわけではなかった．その目的にきわめて近づいたのは，ドイツとオランダで普及した二重主権論（実在的主権(マイエスタース・レアリス)と人格的主権(マイエスタース・ペルソナリス)）および主権の共通な主体と主権の固有な主体の区別をとおしてこの理論にグロティウスが与えた転換であった．だがここ

【GA353】でも目的は達成されなかったのだが．いうのは，ここでも再三再四，２つの主権概念は，同質のものとして扱われ，そして，主権と国家権力との同一視のもとで，２つの主権概念は競合しあう人民の権利と支配者の権利のなかへ解消されたからである．こうして，このような観点から二重主権の存在を「最高権力」というその定義と和解させることはできなかったので，この企ては失敗した．次のような主張もされた．すなわち，アルトジウスにおいてと同様ボダンにおいても鋭く刻印され，後年，人民主権と支配者主権との間の抗争をとおしても動揺させられなかった考え方，つまり，国家主権は即座に最高位の国家機関の主権と一致する，と．〔しかし〕このような相も変らぬ混同の結果，なかんずく最高権力の制限可能性をめぐって大論争となった問題は，完全に明瞭になったわけではなかった．かえってむしろ，〔次の〕２つの問題が絶えず錯綜して提起されていた．すなわち，国家権力に法的制限はあるのか，それに伴って，国家に対する個人およびより規模の小さい団体(フェアバント)の確固とした権利はある

― 256 ―

のかという問い，そして機関主権に憲法上の制限はあるのか，それに伴って，非主権的な機関が国家権力の行使に参与する権利が保障されることは可能なのかという問いである．絶対的権力の擁護者は，国家権力の概念上の無制限性から，同時に，主権的な機関の概念上無制限の権力〔という考え方〕を導き出した．彼らはボダンと共に主権者を神法と自然法とによって拘束した限りにおいて，国家絶対主義をも緩和した．反対に，いかなる国家絶対主義の強化であれ，それは主権者の絶対的権力の強化を伴うものであった．国家に対する個々人の権利の破棄と結びついたのは，ホッブズのもとでの支配者主権の極端な形成であり，しかし，それに劣らないのが，ルソーのもとでの人民主権の完全な無制限性である．他方で，立憲国家の支持者のもとでは，人民の権利に対する支配者の権利の承認であろうと，支配者の権利に対する人民の権利の承認であろうと，承認ということは主権概念の弱体化と結びついている．承認は，国家の最高権力それ自体をも法的に制限し，それゆえに主権の概念上の特徴にしたがってアルトジウスと共に法からの解放を取り消すか，それともむしろグロティウス，フーバー，そしてプーフェンドルフと共に法からの解放を制限的に説明するかのどちらかである．同じような方法で，主権の分割可能性をめぐる争いにおいて，国家権力の分割可能性への問いと，主権的な諸機能を多数の独立した諸機関へ分割する可能性への問いとが，混同された．主権概念を厳格にとらえる擁護者は，国家権力の分割不可能性から，同時に，国家における最高権力の行使に多数の諸機関が参与することは不可能であると推論し，そこから，いわゆる混合的な国家形態を退けた．これに対して，混合的な国家形態の擁護者は国家権力そのものの分割可能性を前提とすることを強く促され，結局，彼らは，諸々の主体の間に1つの共同体という概念によって全体が1つとなるように主権の分割不可能性を取り戻すということをしない限りは，権力分立論において国家権力の根本的な細分化に行きついた．【GA354】【GA355】

　これら全てのことは国家人格の本質についての自然法的な見解ときわめて密接に関連している．本書のなかで示されているのは，国家人格の概念が，中世の団体(コルポラティオーン)論から引き継がれた後で，いかにして自然法的国家論のなかで独自に形成され，そして特にホッブズとプーフェンドルフによって法学的に構築されて中心問題になったのか，という点である．しかし同時に，自然法論全体【GA356】

にとって国家人格は，人民人格か，さもなければ支配者人格か，もしくは何か両者の統合のなかに隠れたままになっているということも証明された．創り出された個別的存在という意味での擬制的人格という観念は，徐々に捨てられていった．しかしながら，その代役となったものは，決して，活き活きとした全体としてその機関や要素のなかで姿を現す単一的な共同体(ゲマインヴェーゼン)ではなかった．かえってむしろ，国家人格は社会的拘束力と諸個人を支配する代表という2つの道具を手に入れただけであった．自然法的社会論——それは，仲間団体(ゲノッセンシャフト)と支配についてのゲルマン的な観念と結びついており，平等な社会と不平等な社会という図式のなかにその完成された姿を見出したのだが——によれば，あらゆる法学的人格は，集合的もしくは代表的な単一性のなかへと解消してしまった．その際，擬制なしにことが運ぶわけではなかった．もちろん擬制は以下の点に限られていた．すなわち，一方ではその社会的連帯のなかで人々の総計は1つの人格として妥当し，他方では1つの人格ないし1つの団体の意志は同時に支配者に服従した人々の意志として妥当するに違いなかったであろう，という点である．そのようにして，人民主権論に対応していたのは，仲間団体(ゲノッセンシャフト)に適合的な人民全体への国家人格の移行であり，支配者主権論に対応していたのは，国家人格の徹底した否定であり，そこにあったのは支配者において人格化された機関的な一体性であった．〔これら2つの理論の間にある〕中間的理論に

【GA357】対応していたのは，国家という権利主体性の何らかの二重性であった．そうはいっても自然法の個人主義的な前提から国家全体に内在する人格を発見するということは，全く不可能だった．諸個人による諸々の契約はより高次の秩序の活き活きとした全体性を生み出すことはできないし，共同体(ゲマインヴェーゼン)も，共同意志も，有機体も生み出すことはできない．こうしたことはルソーの無駄な骨折りのなかに，つまり，社会契約をとおして生み出された社会的な体(ケルパー)に彼が付与した単一的で分割不可能な人格に，固有の生命力を吹き込もうとする無駄な骨折りのなかにきわめて明確に現れている．権利主体としての国家は主権者と一致し，そして，主権者は決議する人民集会と一致する．全体意志と対立する一般意志に，より高次の形態の特別な質を得させようとするあらゆる試みは失敗しているが，それは，ルソーの場合，一般意志は常に個別意志から組み立てられた集合意志に留まっており，決して諸々の個別意志のなかに姿を現した共同

1902年の補遺

意志とは考えられていないせいである．その観念によれば，あらゆる個別意志は，それがあらゆる特殊利害を度外視し，共同の福祉への顧慮によって導かれる限りでのみ，一般意志のなかに含まれているとルソーがおおいに強調するとしても，それにもかかわらず実際は，彼は一般意志とその時々の多数意志とを等置することに固執しており，このことは純粋に機械論的な考察方法によって正当化し得るにすぎない．彼は，機械論的な考察方法によって，諸々の個別意志の間の合意の総計をとおして，特殊な傾向をもつ〔意志の〕混合物に拘束されない平均的意志を算出させる．すると，はたしてルソーにおいては，法的意 【GA358】
味における有機体の概念については何の痕跡も見出されない．彼は政府からあらゆる代表の機能を取り除くことによって，何らかの国家機関の位置づけを政府に割り当てるのではなく，政府に第2の集合人格の烙印を押している．〔だが〕新しい道徳的人格は，主権をもつ集合人格の，委託を受けた意志執行人かつ任意に罷免し得る奉仕者に過ぎないのでなければ，その集合人格の存在が国家の権利主体性の単一性を再び引き裂いてしまうことになるだろう．

共同体(ゲマインヴェーゼン)の実在的人格概念は，個人主義的な国家構成からではなく，全体から出発する考察方法からのみ，芽を出すことができたのであり，この概念は，国家主権についての高度な思考における人民主権と支配者主権との対立を解消する可能性を提供しただけであった．本書のなかでは，有機的な国家人格の概念の萌芽のみが題材とされた．そこで示されているのは，〔第1に〕社会全体とその部分について中世に固有で通説であった有機的観念は，いかに共同体(ゲマインヴェーゼン)の人格という法概念にまでは浸透していなかったか，ということであり，〔第2に〕自然法理論の内部において社会的な体(ケルパー)について保持された諸観念は，いかに機械的なものへと方向転換されたか，ということであり，〔そして第3に〕自然法的個人主義に抗する，18世紀になってその到来を告げた反対の気運が，いかに国法学的概念にまだ直ちには及んでいなかったか，ということである．恐らく有機的な国家人格という考え方に初めて目が開かれた人物，フリードリヒ大王も，やはり国家の法学的構成にとってのそれの活用を，自ら企てることも，直接的にそのきっかけを作ることもなかった．新たな根本 【GA359】
思想という意味における国法的概念の形成が可能となる前に，なお，諸々の暴力的な歴史的事件と長い精神活動とが必要であった．まずは，自然法的な思考

世界が乗り越えられねばならなかっただけでなく，むしろ全体を前提とする哲学をとおして，また歴史的展開という概念に由来する法理論をとおして，実定的な再建の基礎が据えられねばならなかった．それゆえに，活き活きとした全体——それをわれわれは国家と呼ぶ——の人格という法概念におけるあらゆる国法学的構成の転換点を見出すという仕事は，19世紀の国家学が初めてなすこととなった．今や活き活きとした全体の人格はその権利を行使し始めることができた．その全体人格とは，共同体全体(ゲマインヴェーゼン)を貫き通し，過去と将来を現在と結び合わせる単一的な人格のことであり，諸々の要素から構成された国家人民だけがその体(ケルパー)を形作り，最上位の地位について統治する個々人もしくは諸集会はその機関としてのみ活動する，そうした人格のことである．いまや国家権力の真の主体が発見され，そして，国家主権の概念の形成と，それの機関主権(オルガンズヴェレニテート)からの区別とが可能となった．新たな諸概念が生じてくる思考形成の場は，人類の団体(フェアバント)生活についての歴史的・有機的観念であった．この観念は，国家人格——その説明においてこの観念はクライマックスとなる——に，存在の現実性——それによって国家人格は王位につく資格を与えられた——を得させた．このようにして獲得された諸概念が，われわれの今日の国法学的な思考をもちろん支配している．有機的国家学がもたらした諸々の成果は，その論敵によっても共に享受されている．いやそれどころか，共同体(ゲマインヴェーゼン)の人格全てを再び空想の産物であるとして拒んでいる個人主義的国家構成の復興者自身が，誤って幽霊であると勘違いしたものの呪縛のもとに立っており，その幽霊から盗み聞きした概念を用いて仕事をしている．

8　第Ⅱ部第4章について

人民代表思想の展開はここ〔本章〕で中世初期から立憲的教義の始まりに至るまで追究されている．ルソー自身はあらゆる代表を拒んだにもかかわらず，どのようにしてルソーの理念が，代表の基礎になり得たのかということ，およびその基礎の上でシエイエスは議会主義的な傾向を擁護したばかりでなく，あらゆる代議員は人民全体の代表であって諸規定に拘束されないという1791年のフランス憲法のなかで初めて述べられた命題の精神的な創始者となったとい

うことを，最近リーカーが明らかにした．

9　第Ⅱ部第5章について

　アルトジウスの政治学のなかできわめて顕著な連邦制の理念を引き合いに出しながら，ここ〔本章〕でその考え方の発展史が追究されているが，連邦制の理念は，人間の団体(フェアバント)相互の関係に関連している．連邦制の理念は，しだいに2つの別個の思想傾向へと流れ込んでいく．すなわち，その1つは国家と国家の間の連合〔という思想傾向〕であり，もう1つは国家のなかにおけるより規模の小さい団体(フェアバント)の位置づけ〔という思想傾向〕である．このような区別は，なにもかもがキリスト教世界の単一の普遍的(ウニフェルサール)団体(フェアバント)の構成という大問題しだいであった中世の根源的思想世界にとっては全く異質である．こうした区別に初めて道が開かれ得たのは，主権概念のおかげで個々の国家が，一方では世俗国家の領域をこじ開け，他方ではその構成要素である団体(フェアバント)に対して際立つようになって以来のことであった．だがこの区別は長い間〔完全には〕実現されないままであった．そしてこの区別が概念上鋭く貫徹された後にも，2つの思想傾向はたびたび互いに縺れ合ったままだった．それどころか，それらは今日においてもなお，連邦国家の問題のなかで錯綜している．連邦国家の問題は――それは同時に，諸国家共有化(ゲマインシャフト)の問題と国家構成要素の問題を提示するものであるが――国際法上の諸国家連合についての理論と国家のなかにおける共同体(ゲマインデ)の位置づけについての理論とに同じくらい緊密に関わっている．それどころかさらに，その問題は，極端な理論においては，ときには対外的な諸国家の法のなかに，ときには対内的な国法のなかに解消する．【GA361】

　しかし，2つの思想傾向の歴史は，主権概念の把握が双方にとって決定的な意味をもったことによって結び合わされる．法的な拘束力のある国家間の共同体にとっても，国家領域内部における独立した団体(フェアバント)権力にとっても，主権概念を最も強化しようとしたときに，〔主権概念の方に〕その余地はなかった．すなわち，2つの方向性それぞれにおいて，理論的に構成されるべきものは，主権概念の内容の縮減あるいは主権概念の影響力の弱体化をとおして，それから奪い取られざるを得なかった．

補遺

世界帝国の理念が見放された後に，国家相互の諸関係において主権概念に抗して主張されたのが，国際法上の共同体(ゲマインシャフト)という理念である．その理論的構成は，国際法が自然法として捉えられたことをとおして可能になった．しかし，このためには，自然法が主権の制限として承認されつづけ，そしてそれによって，自然的な自由の状態にある諸国家を拘束し結び合わせる力を保持したということが，不可欠な前提であった．主権がこうした桎梏からも解放された程度において，国際法上の共同体(ゲマインシャフト)も，そしてそれとともに国際法が，今にも崩壊しそうだった．しかし，自然法の完全な没落の後になって初めて，国際法が対外的な国法というもう1つの意味において存在するということは全くないという論理的帰結が，純粋に実証主義的な法理論によって，古い主権概念から明確に引き出された．国際法の自然法的な是認によって，国際法の条約の拘束力が保障され，それによって，より規模の小さい諸国家連合の承認もまた保障された．厳格な主権論だけは，あらゆる諸国家連合は結合した諸国家の完全でかつ排他的な国家権力には介入してはならないと精力的に主張せざるを得なかった．それゆえに，その主権論にとっては，諸国家からなる複合国家というものは想像もできなかったか，もしくは少なくともプーフェンドルフのいう意味で怪物であった．それにもかかわらず，ドイツ帝国国法理論のなかにある事実的なものの力が，複合国家の概念を際立たせた．そして，この複合国家概念は，一見打ち倒されたかに見えたが，最終的には勝利を確かなものとし，近代的な連邦国家概念のなかで生き続けている．しかし連邦国家の承認は，受け継がれてきた主権論のなかに突破口を開くということなしには考えられなかった．今日と同様に当時は，非主権的な国家権力を認容し，それによって国家と共同体(ゲマインデ)との間の，困難の末に獲得された識別標識を放棄するか，あるいは二重であるか，分割されているか，縮減されているか，もしくは相対化された主権を用い，それによって歴史的に闘いとられてきた主権のなんらかの本質表象を犠牲にするか，いずれかの選択を迫られていた．中央集権的国家論によって磨き抜かれた諸概念によって連邦国家を法学的に構成するという問題は，不可能なことをせよというのに等しい．もしも，これらの概念を変わることのない論理的範疇として保持する者が，連邦国家概念を全く退け，そして，全体か構成体かのどちらかには国家の性質を否認するならば，彼は首尾一貫した態度をとることにな

【GA362】

— 262 —

1902年の補遺

るにすぎない．もしもわれわれの国家論が健全で生産的であり続けるならば，にもかかわらず連邦国家概念はいかなる攻撃にも抵抗するだろう．というのは，それは現実に見合っているからである．何らかの方法でそれは古くからの概念を，連邦主義的な再編という方法で連邦国家概念に順応させるか，あるいは古い諸概念を舞台から退場させるであろう．

　国家がより規模の小さい団体(フェアバント)に対してもつ関係のなかで，主権概念はますますその破壊力を，教会，共同体(ゲマインデ)および団体(コルポラティオーン)の独自の営みに対して発揮した．こうした，それら〔主権概念の破壊力〕の根本的性質の一般によく知られた展開は，ここでは，自然法の根本思想の影響を述べるために，軽く言及されるのみである．その影響の行き着く先は，主権国家と自由で平等な個人との間のあらゆる中間団体(ツヴィッシェンフェアバント)の思想的価値をおとしめ，そして最終的に，中間団体(ツヴィッシェンフェアバント)を理論的に排除するというものだった．ここでは，自由結社(アソツィアティオーン)の原理によって中間団体(ツヴィッシェンフェアバント)を新たに打ち立てることを目標とした，自然法のなかから生じ，自然法によって担われ続けた反対の流れについてより立ち入って言及された．というのは，アルトジウスの連邦主義的な体系が，後にドイツ自然法学派によってその完成をみることになった反中央集権的な色合いをもつ自然法的社会理論の原型であると実証されたからである．このような動きもここでは，その全体にわたって解明されることはできなかった．もしそれができたなら，なかんずくそこには，徹頭徹尾自然法的社会理論に根ざした教会の同輩団体制とその領邦国家制との関係についての叙述が含まれたことだろう．さらに，ますます実定法学へと踏み入ってゆく自然法的社会論をとおして，私法的団体(コルポラティオーン)理論の再編について叙述されていたことだろう．しかし，ここではこれら全てのことはただ示唆され得ただけだったにせよ，このほとんど全く注意を払われていない複雑に絡み合っている諸思想の様子の歴史的意義をはっきりと明示するには，ここで述べられたことで十分であると思われた．自然法的社会理論は，全ての団体(フェアバント)の存在を社会から導き出すことによって，またあらゆる団体(フェアバント)権力を委任から導き出すことによって，個人主義的・機械論的根本思想の勢力圏のなかに留まり続けた．しかしながら，それ〔自然法的社会理論〕は，〔第1に〕同輩団体(ゲノッセンシャフト)と支配についてのゲルマン的観念をそれが刷新することによって，〔第2に〕中間団体(ツヴィッシェンフェアバント)の固有の活力と特別な価

【GA363】

【GA364】

— 263 —

補 遺

値をそれが復興することによって，そして〔第3に〕それが国家をさまざまの構成要素から構築することによって，国家の，教会，共同体(ゲマインデ)および同輩団体(ゲノッセンシャフト)との関係についての諸観念の19世紀に引き起こされた急激な変化に備えたのである．このようにして自然法的社会理論によって生み出された多くの思想は生き残り，近代における団体(フェアバント)論へと受け継がれた．ただそれらは，歴史的・有機的な根本思想という意味において改変することだけを必要としている．この歴史的・有機的な根本思想は，自然法的個人主義とは反対に，人間の共同生活と，それに付随して存在する団体(フェアバント)に固有の本質的特徴を出発点としており，自然法的な定式とは対照的に，極端に異なる団体(フェアバント)の類型の国家における法的地位を，それらの歴史に基づいた独自性およびそれらの社会的使命がもつ特殊性に適合させている．しかしこのことは，ここではこれ以上は追究されない．

10　第Ⅱ部第6章について

　国家と法の間の関係に関する自然法的な観念の発展過程についてここ〔本章〕で示されている総括的な叙述は，以前に述べた全ての議論の延長にあり，いずれにせよ，新しい思想傾向に軽く言及しているが，それについての完全な歴史的究明は本書の課題の範囲外であった．研究対象が無尽蔵であるという状態に対して，限定が課されねばならなかった．

　これまでに出版された研究は，本書の成果を新たに検証するためのいかなる手がかりも提供していない．個々の時代に主流であった諸々の根本思想についての補足的な叙述によっても，〔私のこの研究の〕全体像は変わっていない．同様に，関連する個別の問題についての新しい研究をとおしても，全体像は変わっていない．このことは，たとえば公用徴収理論の歴史への貢献についていえるし，特に専制君主論の研究についていえる．専制君主論は，不当な国家権力と正当な国家権力をめぐる理論にとっては僭主（tyrannus quoad titulum）と暴君（tyrannus quoad exercitium）を区別したことによって，また能動的あるいは受動的な抵抗権の理論にとっては暴君殺害の許容性を論究したことによって，卓越した重要性をもつものであった．法の根本問題についての，個々の偉大な思想家の位置づけをめぐる見解の多様性もまた，かかる全体像とは係わっ

【GA365】

― 264 ―

1902年の補遺

ていない．

　訂正されるべきなのは以下のことである．すなわち,「君主は法に拘束されない」および「君主の嘉みすることには法の力がある」という命題とならんで，中世になって初めて定式化された「君主はその胸のなかに全てのものを持っている」（あるいは「君主は胸という器のなかに全てのものを持っている」）および「君主の過ちは法を作る」という命題も，誤ってローマ時代の出典に由来する文言として表現されたということである．

　国家と法の間の関係についての筆者の独自の見解を叙述し，権力理論と功利〔主義〕理論に対して他の章の結語で偶然示唆した以上に強い調子で攻撃したことにより，本章の結びのことばは，歴史的報告という基調から外れてしまっている．このことは非難に値するかもしれない．しかし，筆者にとっては心にかかる切実な問題であったということが，筆者を免責するのに役立つかもしれない．今日においてもなお，私は，以下の確信をもって生きている．すなわち，自然法が法思想のために勝ち取った〔法の〕始源性と独立性とを法思想として維持することを実証主義法学が理解してくれる場合にのみ，われわれの法学とわれわれの法生活とは発展することができる．自然法を実体的な存在へとよみがえらせようとするどの企ても，見当外れであると私は考える．そのような実体的な存在は仮象の存在でしかあり得ない．しかし自然法の不朽の魂は殺されはしない．自然法の魂は，実定法の体のなかへと入っていくことを拒まれているので，それは幽霊のように空中をさまよい，今にも，法の体から血を吸い取ってしまう吸血鬼に姿を変えそうである．全ての妥当する法は実定的であるという外的経験と，法の生命力は人間によって生み出される法理念に由来するという内的経験とを，法の本質についての1つの統一的根本思想に結び合わせることが肝要なのである．この課題がいかなる方法によって解決され得るのかという点をめぐって，それ程容易に見解の一致に至ることはないだろう．しかし，その目標については，他の道筋を辿ってそれに到達すべく試みる多くの人々もまた，私と意見を同じくすることだろう．

【GA366】

265

1913年の補遺

1　序文について

　1880年に初版として出版された本書は，改訂されないまま再出版される．【GA367】
　本書の改訂版を著すことが私にとって不可能であった理由について第2版の出版の際に述べた（前述【GA323】以下）ことを，繰り返すしかない．その事情は以前にもまして今日ますます当てはまる．それゆえにこの度もまた，私は〔ここでの作業を〕改訂されずに再版される1902年の補遺に，若干の更なる補遺を付け加えることに限定しなければならない．
　この作業のきっかけを作ったのは，本書で論じられている諸問題に言及したり合致したりする，それ以降現れた諸文献であるが，まず初めに，私はそれらの文献の位置づけについて手短かに指摘しておこう．
　自然法的国家理論の古代における基盤については，多数の比較的新しい諸研究が現れているが，それらについての考察は前述している（前述【GA326】以下）ので，ここでは1つひとつ議論するつもりはない．本質的な点で私の見解と一致した詳述が見られるのは，社会契約理論の古代から現代に至るまでの発展を辿っている Fr. アトジェの著作においてである．シャーガーも，近代的自由の展開についての彼の著作のなかで古代の理念にまで遡っている．しかし，とりわけ A. J. カーライルの手堅い著作が指摘されなければならない．これは，【GA368】研ぎ澄まされた研究に基づいて2世紀から9世紀までの政治理論を取り扱い，それをとおして従来の研究の甚だしい欠陥を補っている．そこでは，細部まで立ち入って，古代後期の政治的思想世界と中世初期のそれとの間を結びつける線も明らかにされており，同様に，初めはキリスト教をとおして，その後はゲ

補遺

ルマン精神をとおしてもたらされた国家理念および法理念の変遷も考察されている．

中世に固有の政治・公法学理論もまた，前述【GA328】，原注5〔邦訳省略〕で言及した諸著作に付け加えられるべき価値のある比較的新しい仕事によって，この間詳細な研究がなされている．私自身の叙述は，それらによってまたもやさまざまな面で補われているが，しかし，根本的な点では誤りはないと証明されている．この点が該当するのは，たとえばFr.アトジェの著作のなかで，中世の契約理論に関する概説が述べられている関連箇所であり，同じくキリスト教会の社会理論についてのE.トレルチによる深遠なる研究のなかで中世の国家理論を扱っている数節である．根本的な点で意義深いのは，前述のR. W. 【GA369】カーライルとA. J.カーライルの著作の第2巻である．そこでA. J.カーライルは，ローマ法学者とカノン法学者の一般的な法理論および国家理論を13世紀半ばに至るまで史料に即して詳述している．とりわけ広範な研究を，R.ショルツはフィリップ美王とボニファチウス8世の時代の政治・公法学に費やしている．いくつもの有益なモノグラフィーが，卓越した個々の著作家の国家論を扱っている．それらのなかで，私は，マネゴルト・フォン・ラウテンバッハ，ダンテ，マルシリウス・フォン・パドヴァ，ルポルト・フォン・ベーベンブルク，そしてアエネアス・シルヴィウスについての研究を強調しておく．

18世紀末までの近代の自然法的国家論に立ち入って論じている最近10年間に出版された新しい著作は，直接的に本書に言及している．それらのなかで述べられているいくつかの見解に，私は後から立ち返らなければならない．ここ【GA370】では主として注意が払われるべき労作についてのみ指摘しておこう．それらは，Fr.アトジェの著作や他のいくつかの著作のなかで示された総括的な叙述，エルカンによって出版されたフランスにおける改革派モナルコマキに関する特別研究，ルックによってなされたライプニッツの国家理論についての最初の厳密な法学的分析，ホッブズ，スピノザ，ロック，モンテスキューとルソー，そしてカントに関する格別優れた論稿である．

【GA371】　これらに加えて，近代という観点から，その一部分が出版された私の団体法論第4巻の中での補足的ないくつかの叙述について，私が今ここで指摘しても構わないだろう．この巻を完成させたいという1902年にはまだ抱いていた希

1913 年の補遺

望を,私は断念した.20 年以上も前に書き上げた部分を今日風に書き直すということは,私にとって,今日でも不可能である.それゆえに,初版の全 3 巻を改訂せずに再版するのと同時に,第 4 巻のうち当時書き上げられていた,まとまりのあるいくつかの部分をほとんど改訂せずに出版させるよう決心した.それらは完結もしておらず,細かい点で古くなってもいるのだが,しかし,それらの出版が,学説史の学問的研究の更なる進展のためにいくらかでも有益なものをもたらすことができると信じている.なぜなら,同じくらい広範にわたって,法学のさまざまに枝分かれした諸分野に属する 1 つの素材を集約し,その素材から,団体法(フェアバント)の根本問題に常に立ち返りながら論究を尽くした研究は,これまでのところ他にはないからである.こうした論究は,団体法(フェアバント)の根本問題の幅が広いために骨が折れ,またその概念上の発展が継続しているため,緩慢な歩みでなされるしかなかった.もちろん,そんなにすぐに他の誰かが同じ苦労を引き受けるというのは難しいだろうから,ひょっとしてあるかも知れない私の遺作の編集の到来が待たれるのだが.とはいえ,それによって改善されるところは何らなく,むしろおそらく私の仕事が活用されることは減るだろうが.

　この第 4 巻のなかの本質的に完全なものである第 1 章は,17 世紀半ばまでの時期を扱っている.冒頭の 3 つの節のなかで,ローマ法学およびカノン法学における団体(コルポラティオーン)理論の宿命が追究されている.それによって,この主題に関して時折なされるだけの叙述のなかで,本書は補足されている.しかし残念ながら,18 世紀末までの時期についての研究は欠けている.この研究は,自然法による影響が増大する下での団体(コルポラティオーン)理論の変遷を詳細に証明すべきところだったので,それは,ここで論じられている問題にとってきわめて重大な関連があるはずだったのだが.似たようなことが,第 4 節に含まれている諸研究にも存在している.そのなかでは,実定国法学という新しい学問が,その学問における国家的な法主体性の理論や,より規模の小さな団体(フェアバント)の理論について論じられている.【GA372】自然法のこの点での作用は以前から始まっているので,もちろん第 4 節における諸研究は本書の内容とかなり合致する点があるが,他方,後の時代についての研究の欠如は甚だしい欠陥を意味する.

　第 4 巻のなかで自然法理論それ自体に費やされた叙述に関しては,事情は別

269

である．その叙述は，18世紀の終わりに至るまで及んでいる．17世紀半ばに至るまでの自然法的な国家概念並びにより規模の小さな団体(フェアバント)についての自然法的理論については，第1章の最終節が扱っている．しかし，後の時代について論じるはずの第2節においては，自然法的な団体(フェアバント)論は，いまやそれが指導的地位にあったので，冒頭に置かれており，第1章のなかでそれは完全に片付けられている．つまり，ここで問題となっているのは，自然法的社会理論の全体についてまとめて叙述することをとおして本書の補足をするということである．そうした〔自然法的社会理論全体という〕枠組みのなかで，アルトジウスの国家理論に依拠している本書がその展開過程を論じたところの，個々の政治理念の発展が生じたのである．

2　第I部第1章について

　社会契約理論並びに人民主権論の歴史と取り組んでいる最新の著作においても，アルトジウスは無視されてはいない．アルトジウスは，私の叙述に次いで，Fr. アトジェとG. L. シャーガーによって正当に評価されている．社会契約理論にとっての彼の意義は，G. デル・ヴェッキョによって数倍強調されている．同様にG. ゾラッツィによってもそれは評価されている．これに対して，エルンスト・フォン・マイアーが，〔アルトジウスの〕人物とその作品について作成した覚え書は，きわめて不十分にしか根拠づけられておらず，軽蔑的な主張になった．国家の結合に関する理論の拡充についてのアルトジウスの関与を，【GA373】G. J. エーベルスは，丹念に論じた彼の国家同盟の理論史のなかで，的確に描き出した．
　中世の政治・公法学へのかのドイツ人〔アルトジウス〕の関与について私が述べたことに書き添えられるべき点は，いまや最終的に，前述（【GA369】，原注13〔邦訳省略〕）のヘルマン・マイアーの著した本のなかで，ルポルト・フォン・ベーベンブルクの諸著作が正当な評価と同程度に，きわめて批判的な扱いをも受けたという点である．著者〔ヘルマン・マイアー〕の徹底した研究の成果によって，ドイツ人の司教座教会参事会会員〔ルポルト・フォン・ベーベンブルク〕の政治・公法学理論についての私の理解は，あらゆる本質的な点に

おいて〔その正しさを〕立証されたということ，そして著者〔ヘルマン・マイアー〕はこの人物の価値と意義に関する私の判断全体を採用したということ，これらのことを，私は満足をもって断言することができる．これによって，本書の第Ⅰ部の付説のなかでリーツラーに対して向けた論争的な叙述を再び公にすることも——この叙述が本書の枠をいくらかはみ出しており，また歴史的な法感情が傷つけられたことに由来する辛辣な語調が，今日なお適切とみなされることはまずありえないにもかかわらず——正当化される．

　アルトジウスの，彼の先駆者との関係に関して言えば，最近も，私が叙述したことに疑念は表されていない．

　しかし，アルトジウスの後代に及ぼした影響に関しては，ふさわしい地位を彼に認めようとすることに，なお多方面から抵抗がある．とはいえ E. v. マイアーだけは，完全に〔アルトジウスに〕依拠しているのだが，その際，明らかに誤解らしきものが紛れ込んでいる． 【GA374】

3　第Ⅰ部第2章について

　本書に含まれているアルトジウスの政治学の内容に関する研究は，このたび，私の団体法論の第4巻におけるより詳細な報告をとおして，部分的に補足されている．この報告は，まず，国家概念の発展史に対するアルトジウスの政治理論の貢献に関するものであり，さらに加えて特に，アルトジウスによって展開されたより規模の小さな団体(フェアバント)の理論と，一般的な社会理論の意味における中世の団体(コルポラティオーン)理論の形成にとってアルトジウスの団体(フェアバント)理論がもっている意義とに関連している．

4　第Ⅰ部第3章について

　アルトジウスの法学についても，私の団体法論の第4巻は，ここで述べられた点に関して一連の補足をしている．この補足は，彼の法学的著作の内容が，市民法的な団体(コルポラティオーン)理論の形成にとって問題となる際に，詳しく分析され評価されるという形をとってなされている． 【GA375】

補　遺

5　第Ⅱ部第1章について

　第Ⅱ部第1章に含まれている国家論の宗教的な諸要素に関する叙述は，ここで探究されている目的から見て成果を上げていると，今日なお私には思われる．
　神政政治的国家論の歴史の分野で最近成し遂げられた業績は，私の見解に修正を加える理由を何らもたらしていない．もちろん中世の分野では重要な新しい研究が出ているが，それらは，私の団体法論第3巻のなかにおける叙述にだけ言及している．その次の時代に関しては，特にカルヴァンの国家論とそれが改革派政治・公法学理論に与えた影響とに費やされた2，3の新たな叙述がなされている．自然法が神政政治的諸観念から徐々に背を向けていくことに対して試みられた神政政治的諸観念の刷新の企てについて，私の団体法論第4巻では新たな説明を付け加えるために補足を行っている．

【GA376】　本章の結論において，自然法の本質に関するさまざまな見解について何がしかのことが述べられており，そして後の章で，特に第6章でその点について更なる詳述が見られるのだが，自然法概念の発展史それ自体が本書の骨子であるわけではないということに，私は繰り返し注意を喚起しなければならない．むしろそれ〔自然法概念の発展史〕は，それをとおして同時に国家理論が発展したり変革されたりする限りで決定的な役割を果たすにすぎないのである．これに対して，特別に意義があるのは，〔第1に〕ローマ人から受け継いだ自然法，万民法，市民法という三分割の運命，〔第2に〕あらゆる世俗的な法と神法との関係についての見解の移り変わり，〔第3に〕自然法と実定法との1つの単純なる対置の最終的な勝利，並びに〔第4に〕多様な方面に枝分かれして不均等に広がっていった，これらの法源の妥当領域と妥当効力についての諸理論である．これらの全ての点について，そうこうするうち，本章では単に暗示されているだけである多くのことが，より厳密に研究されている．18世末に至るまでの近代に関しては，私の団体法論第4巻のなかに補足がある．

1913年の補遺

6　第Ⅱ部第2章について

　国家契約論の発展史が，政治理論史に取組む最近のほとんどの研究にとって主要な研究対象となっている．私自身の叙述は，それらによって，2，3の点についてだけ言及されている．

　それは第一に支配契約に関わるものである．最近の諸研究が論じているのは，【GA377】以下の点についてである．〔第1に〕中世に起源をもつ支配契約の概念は，外見上は王法に依拠しているにもかかわらず，関係地域の歴史的な諸過程を無視しているという点，そして〔第2に〕，合意の内容をめぐるあらゆる見解の相違にもかかわらず，一般に，人民総体と支配者との間で結ばれた真に双務的な契約——この契約は，契約当事者双方の間における拘束力ある法的諸関係を絶えず根拠づけている——が受け入れられていたという点である．同様に，今日においても疑いようがないのは，自然法的な諸々の契約論は，初めから例外なく，そして後になってからは圧倒的に，支配契約をそれそのものの意味において理解していたのであり，それゆえに，支配契約から，人民と支配者の双務的な権利と義務とを導き出したということである．きわめて急進主義的な人民主権論の擁護者もまた，ルソーに至るまで，支配契約からの影響をこうむった支配者の独立した権利〔という考え方〕に固執した．そして支配者主権論の擁護者も，彼らが一般に自然法的契約論の地平に立っている限りにおいて，ホッブズに至るまでは，一体である主体としての人民に対して，支配契約から生じた固有の契約に基づく権利を擁護したのである．

　ホッブズが，唯一の原始契約を取り入れることをとおして，国家設立についての二重構造を初めて乗り越えたということは，彼の契約論についての最近の【GA378】諸研究のなかにおいても強調されている．この原始契約の法学的本質については，しかし，なお一致が得られていない．人々は常に繰返し，それ〔原始契約〕は社会契約であると決めつけようと企てる．しかしながら，それはまさに一瞬たりとも社会関係を生じさせないのだから，そのような企ては挫折するに違いない．私が繰返し述べているように，それは，それまで結びついていなかった個々人を統合するのだから，いうまでもなく結合契約であるが，しかし，

― 273 ―

補遺

それは服従契約の概念に帰する．なぜならば，合意はただ契約締結には関与しない支配者の下へと全ての契約当事者が一様に服従することを目指すものだからである．この点に関しては，近年ずっと一層強調されている変化——その変化とは，ホッブズのさまざまな著作のなかにおける契約の枠組みがこうむってきたものである——によってすらも，何ら変更されない．というのは，常に本質的な点は，全能の支配者のために諸個人の間で直接的に結ばれた契約に基づいて国家を設立することにより，あらゆる権利全体が破棄されたという点でありつづけているからである．この契約は，支配者との契約ではないのだから，契約に基づきながら支配者を拘束するという力を生じさせることもまたできない． 【GA379】

ホッブズの契約論との根源的な相違があると，いまやメンツェルが指摘するのは，スピノザの契約論である．私はスピノザの契約論が社会契約の理念との強い類似性をもっていると強調したが，しかしスピノザの契約論は，法学的構造においては本質的にホッブズからつくり出されており，それによって規定されたその根本的な形式においてだけ，スピノザの契約論は自然法的国家論に影響を及ぼしたのだという点に，私は固執する．これに反してメンツェルは，以下のように述べる．すなわち，他の全ての自然法論とは対照的に，スピノザは，契約というものをまったく扱わず，むしろ国家にとっての創造行為としての事実上の権力移譲だけを論じている．スピノザの場合，契約は単に権力の共有化の随伴現象でしかなく，権力移譲であり，しかし何か純然たる事実的なものであり，「状況の創造であり，それに基づいて，支配者の意志というよそよそしい意志が個々人の行為にとって事実的に妥当する」とメンツェルは述べる．彼は，以下のような形で，スピノザの哲学的な根本観念を引き合いに出す．すなわち，スピノザの哲学的な根本観念によれば，自然権は現実の権利ではなく，それゆえに，自然状態における契約もまた，拘束力をもたない剥き出しの意志の合意にすぎない．しかしながらおよそ全ての権利はただ，権力がある限り存続する．それゆえに，人は確かに自分の権利を譲渡することができるが，自分の権力を譲渡することができないので，法によって制約されない支配者の権力も，その事実上の権力に制限を見出す．しかしながら，自然法の法としての性質の否認は，同じく，ホッブズの理論を模範としている．自然法の法としての 【GA380】

— 274 —

性質を否認したことは，ホッブズの場合と同様に，スピノザが国家の法学的構成を契約による服従に基づいて根拠づけるのを妨げなかったし，これに伴って，従来の諸々の権利概念を用いることをさほど妨げなかった．また従来の権利概念を権力概念で解釈しなおすのに形式的な法構造を損なうことはなかった．しかし，その限りでスピノザは，権利と権力との同一性をホッブズより深く根拠づけており，またより一貫して展開している．そのせいで，国家設立の理論は，国家権力の制限をめぐる理論よりも僅かにしか触れられていない．

最終的に最近になってルックが，ライプニッツの契約論は社会契約にしか関心がない，と証明しようと試みはしたのだが，実際には，ライプニッツにおける一体化のための原始契約はまったくホッブズ的な服従契約を模範として構成されており，激しい論争のなかで初めて，その絶対主義的な内容を剥ぎ取られた．

国家設立の源泉としての本来の社会契約論についていえば，私がその発展史について一般的に述べたことは，最近の諸研究をとおしても揺るがされてはいない．多方面から，とりわけ以下のことが承認されている．すなわち，〔第1に〕古代に起源を探られるべきであること，〔第2に〕中世において初めて，いまや注目の的となっている服従契約に対抗して特別な結合契約がまれに提示されることがあるということ，〔第3に〕それに次いで，自然法が，その個人主義的な根本的特質を展開するのに応じて，支配契約を締結する人民総体の統一性の源泉としての社会契約の法学的構成を成し遂げるということ，最後に人民主権論の擁護者のもとで，この社会契約は，ますます服従契約を抑え込み，ロックのもとではほとんどそれ〔服従契約〕を日陰へと追いやり雲散霧消させ，そしてルソーのもとで初めて完全に呑み込んだということ，これらのことである．見解の相違が明らかになっているのは，ただ，これらの諸々の発展段階の【GA381】相互の関連と個々の著者を配置する位置づけに関してのみである．

しかし依然として活発に争われているのは，〔本書のなかの〕1902年の補遺【GA344】から【GA350】で取り上げた2つの問題についてである．

とりわけ人権論の起源についてである．フランスの人と市民の権利宣言の起源をアメリカの権利章典に帰するというイェリネクの見解は，圧倒的に同意を見出したが，しかし反論もまた見出された．とはいえ，この点において彼に賛

補 遺

【GA382】意を表した人々のもとでも，人権の理念は決してアメリカに起源があるのではなく，自然法的な契約論から生じたのであり，そこから，生まれながらの，不可譲渡の，そして国家にとって不可侵の人権としての，社会契約の締結のもとで留保された個人の権利の思想が有機的に成長したという点については一致がある．イェリネクの，宗教的自由というあの1つの原権利からの基本権の演繹も，一般に一面的であるとみなされている．しかし他方で，人権の特殊フランス的な起源を維持するために，絶えず人権をルソーの社会契約論に帰すことが試みられるのだが，これが無駄な骨折りにすぎないという点に変わりはない．

　これに加えてさらに，以下の点についても論争がある．すなわち，カント以前にすでに，国家契約は，歴史的現実の領域から理念の王国へと追い払われていたのかどうか，あるいはどの程度そうされていたのか，という点である．疑いようがないのは，契約論の理性化は，それ以前の国家哲学者のさまざまの思考過程のなかに新たな道を見出していたことである．しかしながらカント以前には誰一人として，原則的に国家設立の問題と国家の法的基礎の問題とを互いから区別した者はなく，国家契約を何であれ事実としての歴史的実在と明確にみなすことを否認した者はなく，そして国家の正当性を構成する手立ておよびその試金石として，国家契約に理性の理念という実践的実在のみを要請した者はなかった．むろんルソーにとっても，彼の社会契約はすでに起こった歴史的な事実ではない．しかし彼にとってそれは，現実化されるべき歴史的な命題であり，これまでもずっと繰り返し強調されてきたように，決して純然たる「哲【GA383】学的な理念」ではない．それゆえに，国家契約の純然たる理念的把握を鋭く定式化したのは，ケーニヒスベルクの哲学者の独創的な営みであることに変わりはない．そしてなかんずく，国家契約論が再び新たな活力を得ることができ，また19世紀においてさえその論敵に完敗しなかったのは，この営みのおかげなのである．

7　第Ⅱ部第3章について

　人民主権論の歴史について，またこれと支配者主権論との抗争の歴史について，価値ある新たな諸論文が出されているが，にもかかわらず，それらは〔本

1913 年の補遺

書の〕全体像をなんら変えるものではない．

　前述【GA351】，原注 62〔邦訳省略〕に引用されている諸文献以来，主権概念そのものの発展史については特別な研究はなされていない．私の団体法論の第 4 巻のなかで，17 世紀半ばに至るまでの，実定的なドイツの国法学への自然法的主権概念の影響について説明されている．さらにそこ〔第 4 巻〕では，二重主権論，主権制限論および分割主権論と，硬直的な主権論との格闘が 18 世紀末に至るまで追跡されており，また以下のことが証明されている．すなわ 【GA384】ち，国家主権と機関主権との混同は，それを克服するあらゆる萌芽があったにもかかわらず，決して克服されなかったために，矛盾なく解決しようとしてもその全ての試みは挫折に終わらざるを得なかったということである．

　主権概念の歴史と緊密に絡み合っている国家人格概念の歴史は，それ以前もそれ以後も十分に顧みられてこなかった．国家人格は，確かに，特に個人を超えた主体の法的本質についての観念の発展過程を研究するという課題を設定した私の団体法論のなかで，国家学と取り組んだ章の中心に据えられている．したがって，実定国法学による国家人格の問題についての論評に関しては 17 世紀半ばまで，しかし特に，自然法の側からの国家人格の構築に関しては 18 世紀末まで，私が行ったより厳密な探究はいまや第 4 巻のなかで公にされている．その際，自然法によって行われた国家人格概念の形成および再編と，特に団体人格の本質に関する新たな見解——それはますます中世の団体理論と交代していった自然法の普遍的結社論によって表現された——との間の緊密なつながりが指摘されている．時代遅れになっているとは私には思われないこれらの叙述が，ここ〔本章〕で述べられていることをより完全に証明している．国家を人格として把握すること，国家人格という概念を法学的に定式化し活用することについての自然法の功績が，明らかにされている．しかしながら，国家人格は——人々がそれにも極めて中心的な意義を与えようと望んだのに——集合的人民人格かさもなければ代表的支配者人格のどちらかに付属したままになっていたことは否定しがたい．活き活きとした共同体（ゲマインヴェーゼン）として国家全体に内在する人格は，せいぜい暗示されただけである．それ〔国家人格〕を法 【GA385】概念として構成し，それに国家権力の真の主体を見出し，そしてあらゆる国家形態において〔人民〕総体〔の権限領域〕と同様個々人の権限領域を有機体に

補　遺

遡源するということに，自然法はその個人主義的基礎に基づいてどんなに熱心に力を尽くしても成功できなかった．しかし，ある程度は明確に全体から出発する重要な諸々の国家理論もまた，歴史的・有機的な理解の自覚的な形成が19世紀に1つの新しい根本思想を提示するより以前には，活き活きとした国家人格の概念〔を形成する〕までには至らなかった．あらゆる同時代人とは対照的に，ライプニッツは国家人格を近代的な意味において把握し，支配者主権を国家主権へと改造し，そして「機関」という法概念を支配者に刻印したという，最近，ルックが企てた証明は失敗に終わっている．

8　第Ⅱ部第4章について

　人民代表の思想の発展史については，ここ〔本章〕で扱われている時代に関する限り，ただ些細な点のみが補足される．人民代表の本質についての深い熟考と，それによって巻き起こされた理論的な抗争——委任に基づいてさまざまの分枝をもつ〔人民〕全体を代表するという古くからの理念と有機的国家思想から派生した民族的国家有機体という理念との間の抗争——は，19世紀になって初めてもたらされたものであり，それゆえに本書の研究範囲には入らない．

9　第Ⅱ部第5章について

【GA386】　源となっている中世の思想世界にみられたキリスト教徒の単一のウニフェルサールフェアパント普　遍　団　体の有機的に組織化された構造について，そして中世後期に着手されたこの世界像の解体についてここで述べたことは，人間のフェアパント団　体相互の関係に注意を払う観点から，中世の社会論に関する最近の論稿をとおして豊かにされ，詳論されている．

　宗教改革の結果として引き起こされた，教会の法的な本質および教会と国家との関係に関する諸見解の変化は，私の団体法論のなかで，17世紀半ばまで，一層厳密に研究されており，国家論および一般的な自然法のフェアパント団　体理論の発展史と結び付けられている．

　世界帝国の理念の消失についても，また，その代わりに呼び出された国際法

― 278 ―

1913年の補遺

上の諸国家共同体の理念の展開についても，私の団体法論第4巻のなかで補足的な報告がされている．

　いくつかの点で，諸国家連合についての学説史へのより広範な貢献もそこ〔第4巻〕でなされている．スピノザの連邦国家概念について，最近メンツェルが強い調子で注意を喚起した．しかし，特筆すべきなのは，そうこうするうちに，諸国家同盟に関する学説について G. J. エーベルスが1910年に出版した本（前述【GA373】，原注30〔邦訳省略〕）をとおして，学説史に価値ある豊かな成果がもたらされたことである．その本に含まれている国家同盟に関する学説の歴史についての叙述は，S. ブリーによる連邦国家概念の歴史と双璧をなしている．それ〔エーベルスの叙述〕が，同時に，国家体制論の一般史にとっても重要で，そして特に連邦国家論の歴史とも多くの関係をもっているということは自明のことである．

【GA387】
【GA388】

　国家そのものの団体的組織化およびより規模の小さな諸団体（フェアバント）が主権的な共同体（ゲマインヴェーゼン）との間でもつ関係についての理論的見解の歴史に関しては，私の団体法論の第4巻が個々の点にまで立ち入って論じて本書を補足している．

　そこでは，17世紀半ばまでの共同体（ゲマインデ）と団体（ケルパーシャフト）の独立性をめぐる論争に対する市民法学の位置づけが詳細に論究されており，そしてこれに伴って，引続き中世の団体理論が演じた二重の役割が詳しく描かれている．それと同様に，ドイツ国法学の新しい学問のなかでのより規模の小さい団体の扱われ方が厳密に研究されている．その際に提示された見解は，〔第1に〕いかなる力によって，より規模の小さい団体（フェアバント）の固有の政治・公法学上の権利領域という観念は固く保持され，そしてしばしば伝統的な自立と自治のために利用されたのか，〔第2に〕しかし，どのようにしてその観念はますます確たる拠り所を失い，そして普及しつつあった国家機関的な思想に屈したのか，というものであった．

【GA389】

　次に，より規模の小さい団体についての自然法的理論の17世紀半ばに至るまでの発展が詳しく述べられており，そしてこれに伴って，一方では，国家の構成団体（フェアバント）の固有な生活の原則的否定を目指していた通説の中央集権的な傾向が評価されており，他方では，全てを包括する新たな社会理論から生じ，アルトジウスの体系のなかで最高潮となった連邦主義的な潮流が論究されている．

　さらに，個人主義的な自然法の一般的団体理論の後年の構築――それはあら

ゆる社会的構造を上っていき国家に至るまでを対象としていた——が総括的に叙述されており，そして，その同じ理論の枠内で形成された，より規模の小さい団体(フェアバント)についての自然法的理論がその多数の分派において詳しく研究されている．それに伴って，以下の点が1つひとつ提示され，説明されている．すなわち，社会契約についてその理論がもつ個人主義的・集団主義的基礎に基づきながら，一方では，いかにして主権的国家と主権的個人との間のあらゆる固有の団体(フェアバント)の存在を否定することを目的とする諸々の教義が成長したのか，〔そして〕他方では，いかにして結社の自由というゲルマン的思想の刷新および地方自治体と団体の独立性の復興を準備した諸体系が発達したのか，という点である．

　これに対して，未解決の課題は以下の通りである．すなわち，〔第1に〕自然法が優勢であった時代をとおして実定法学において，実践において，そして立法において古くからの団体(コルポラティオーン)理論が辿った運命を同様の完璧さで追究すること，それによって，〔第2に〕ここでは示唆されているに過ぎない，伝統的な理論の漸進的な解体について，より規模の小さい団体(フェアバント)についての純粋に国家機関的な思想の法学的な定式化について，そしてこれに対抗して18世紀後半に普及しつつあった団体論(ゲノッセンシャフトリッヒ)上の根本思想について，完全に明らかにすることである．

10　第Ⅱ部第6章について

【GA390】　第Ⅱ部第6章において述べたことの再検証を，私は今日もまた自制しなければならない．国家と法の間の関係をめぐる自然法思想の発展過程は，私が思うには，その基本線において正しく描かれている．個々の点では，最近の研究に基づいて多くのことが補足されなければならないだろうし，また，少なからぬ点がより厳密に理解されなければならないだろう．しかしながら，もし私がこうしたことを請け負おうとすれば，私は叙述を過度に拡張することになったばかりか，一層深く基礎づけを行うことになったに違いないだろう．というのは，法理念そのものの内的な歴史から再検討することが必要だということが判明したであろうから．法治国家の実現をめぐる闘争にとって重要な諸々の法学理論

は——本章で私はこれらの理論を詳述することに制限したのだが——確かに，これらの理論の創始者に大きな影響を与えた法の本質についての根本思想からの帰結にすぎない．これらの理論の完全なる理解は，ただ，これらの根本思想のなかにおける対立と変化とから推論される．しかし他方また，これらの根本思想は，世界観全体のなかにおける対立および変化と緊密に関連している．それゆえに，私がもしここで取組んだ課題を完全に成し遂げようとするならば，法哲学の歴史を書かなければならなかったはずである．

しかし，自然法がその始源性と独立性の獲得をとおして法的思考の高度化のために成し遂げたことは，本書で引き合いに出された諸々の出典からですらも十分に明らかである．そしてその点を，不朽の貢献であると今なお私は考えている．本書の執筆された当時よりも，今日は，自然法の歴史的価値の過小評価に立ち向かう必要は減少しているかにほとんど思われている．これに対して，現在の法思想における，自然法思想の内在性をめぐる見解上の論争には決着がついていない．それどころか近年の法と国家の間の諸関係をめぐる論争は，【GA391】「自由な法発見」という標語によって特徴付けられる運動がかき立てた論争のために目立たなくなった．単なる方法論論争が問題なのではない限り，ここで問題となっているのは，さしあたり，法創造力をもつ国家機能を，抽象的な立法〔という任務〕を任ぜられる国家機関と具体的な法適用を任ぜられる国家機関とに分割するという点だけなのである．しかしながらその背後には，以下の問題がここでも繰返し姿を現わしている．すなわち，すべて妥当する法は実定的であるという自然法に対抗して勝ち取られた見解は，あらゆる法はその生命力を法理念から得るという自然法から受け継いだ認識と，いかなる方法で和解され得るというのか．「自由な法発見」という考え方の支持者は，核心においてはもちろん新しくはないが，しかしながら個々の点については彼らによってより詳しく基礎づけられた，裁判所がもつ自由な創造的な活動という要求を，実定的法秩序によってもたらされる諸々の制約によって実現しようと努めている．そうする限り彼らは，いずれの方法にせよ，実定的な法適用に際して正義という価値基準を採用しないわけにはいかない．最後に，この価値基準は，法に内在する理性の理念だけが提供し得るものである．彼らが行過ぎている場合には，この新しい傾向は危険を冒し，実定法をねじまげて自然法の過ちに再び

補　遺

陥っている．しかし彼らの極端な主張に正当性の外観を与えるもの，それは，剥き出しの実証主義がもつ倒錯的な一面性に他ならない．かかる実証主義は，内的な自由を失わせる原因となり，ドイツの司法にはその内的不自由を克服することは極めて困難になる．

注

1 原注（抄訳）

第Ⅱ部第1章　アルトジウスの国家論における宗教的要素

[3] この〔モナルコマキという〕名称を彼らに与えたのは，ウィリアム・バークレー（フランス在住のスコットランド人，1546-1608）で，その著書『王国および王権論，ブカナン，ブルートゥス，ブーシェ，その他のモナルコマキを駁する6巻』（1600）（De regno et regali potestate adversus Buchananum, Brutum, Boucherium et reliquos Monarchomachos libri sex, 1600）でのことであった（私〔ギールケ〕は1612年にハノーヴァーで出版された版を用いた）．前述の3名にバークレーは2冊の著書を献呈したが，その他にモナルコマキとして挙げたのは，まずロサエウス（第4巻第7章）であり，そして時にはルター（第4巻第20章）であった．特に論駁の対象となったのは，次の著書である．1）ジョージ・ブカナン（1506-1582）『スコット人のもとにおける王権論』（1579）（de jure Regni apud Scotos dialogus, 1579）（1580年にエディンバラで出版された第2版を用いた），2）ユベール・ランゲ（1518-1581）がユニウス・ブルートゥス名義で著した『暴君に対する反抗の権利』（エディンバラ，1579）（Vindiciae contra tyrannos, Edinb. 1579）（1631年にパリで出版された版を用いた），3）ブーシェ（1622頃没）『アンリ3世の，フランス王位からの正当な退位についての4巻』（リヨン，1591）（De justa Henrici III abdicatione e Francorum Regno libri IV, Lugd. 1591）（論争のさなかリーグ派のために書かれたもの），4）ロサエウス（サンリの司教）『不信心で異端の王たちに対するキリスト教国の正統な権威について』（1590）（Du justa reipublicae Christianae in Reges impios et haereticos authoritate, 1590）（序言1589年；1592年にアントワープで出版された版を用いた；同じくリーグ派のために書かれたもの）．——後の人々が，その他に一般に「モナルコマキ」とみなしたのは，次のものである．5）フランソワ・オトマン（1524-1590）『フランク人のガリア』（ジュネーブ，1573）（Francogallia, Genev. 1573）（1665年にフランクフルトで出版された版を用いた），

6) フランス語（リヨン，1576）およびラテン語（マクデブルク，1578）で著された匿名の『臣民に対する執政官の権利および執政官に対する臣民の義務について』(De jure Magistratuum in subditos et officio subditorum erga Magistratus)（私〔ギールケ〕は1604年にマクデブルクで出版された版を，覆刻〔版〕『暴君に対する権利の主張』（ハノーヴァー，1595，203頁以下）(Vindiciae contra tyrannos, Hanov. 1595, S. 203 ff.) と比較しながら用いた），7) マリウス・ザロモニウス『父祖の国ローマ，帝位についての6巻』（パリ，1578）(Patritius Romanus, de Principatu libri VI, Parisiis 1578)；「法王枢機員会の監督顧問の法律家であり，パリシイ族の最高裁判所の法律家であるポムポニウス・ベレウリウム」(ad Pomponium Beleurium, Regis in Sacro Consistorio Consiliariorum Praesidemque supremae Curiae Parisiensis) に献呈されたもの；神学者と歴史家も参加した，「君主は法に拘束されない」という命題をめぐる法学者と哲学者とのきわめて注目すべき対話，8) ランベルトゥス・ダナエウス（プロテスタントの聖職者，1530頃-1595頃）『キリスト教政治学7巻』（パリ，1596）(Politices Christianae libri VII, Paris. 1596) (1606年にパリで出版された第2版を用いた），9) ファン・マリアナ（1537-1624）『王および王の教育について』（トレド，1599）(De rege et regis institutione, Tolet. 1599) (1611年にフランクフルトで出版された版を用いた)．——通例ではそのあとに 10) アルトジウスが挙げられ，さらに 11) ホエノニウス（後述の原注7〔邦訳省略〕参照），最後に 12) ミルトンが続くのが常である．——しかしときに「モナルコマキ」と確かにみなされるのは，カルヴァン（1509-1564），ノックス（1505-1572），ポイネット（1516頃-1556頃）であり，そしてトーマス・カートライト（1535頃-1603頃）およびダーヴィット・パレウス（ヴェングラー，1548年にフランケンシュタインに誕生し1622年にシュレージェンで死亡）である．ポイネットはその著書『政治権力についての，そして臣民が王およびそれ以外の政府の統治者に負う真の服従についての小論』(a short treatise of politique power and of the true Obedience which Subjectes owe to Kyngs and othe civile Governours) のために，またパレウスは1622年にオックスフォードで焚書にされたそのロマ書注解のために，である．それどころかヘルト（『小作品および注釈』307頁）(Opusc. et Comm. I, 1 S. 307) は，マルシリウス・フォン・パドヴァとともに船頭の役を務めた．

第Ⅱ部第4章　代表原理

[14] 『政治学』第58節において，国家 (res publica) を構成する部分部分すべてに，権利〔というもの〕が，付与されるように思われる場合があり，そして付与されることが適切だとされる場合がある．その場合には，〔国家を構成する〕「部分部分」とは，個々人なのではなく，より規模の小さい団体 (Gemeinwesen) である，ということを思い出す必要がある．

第Ⅱ部第6章　法治国家の理念

［35］　フーゴー・フォン・フロイリは，専制君主に我慢し，彼に懇願し，しかしながら神法に反する命令には服従を拒否し，殉教者として刑罰と死を甘受することを求める〔以下邦訳省略〕．

2　訳　注

訳者まえがき

(1)　Gierke, Otto von, The development of Political Theory, Translated by Bernard Freyd, New York: Howard Fertig, 1966/1939.
(2)　Gierke, Otto von, Giovanni Althusius e lo sviluppo storico delle teorie politische giusn aturalistiche: contributo alla storia della sistematica del diritto; a cura di Antonio Giolitti. Torino: G. Einaudi, 1943.
(3)　原田鋼『欧米における主権概念の歴史及再構成』有斐閣，1934年，43，56頁．
(4)　松澤弘陽・植手通有編『丸山眞男回顧談　上』岩波書店，2006年，258頁．ドイツ語のNaturrechtのrechtの箇所は日本語では「法」とも「権」とも訳せる．それで「ナトゥーアレヒト」について「自然法」と「自然権」の二義性がいわれる．
(5)　船田享二『法律思想史』河出書房，1943年，278，281頁．戦後瑞穂出版から1947年に再版される．
(6)　原田『西洋政治思想史』有斐閣，1950年，162～164頁．
(7)　中村哲・丸山眞男・辻清明編『政治学事典』平凡社，1954年，33頁．
(8)　『関西大学法学論集』第5巻，1955年，1頁以下．
(9)　『静岡大学文理学部研究報告社会科学』第9号，1960年，89頁以下．
(10)　『名城法学』第20巻，1970年，175頁．
(11)　『島大法学』島根大学文理学部，1973年，20頁以下．
(12)　『法学論叢』京都大学法学会，第94巻，1973年，56頁以下，第95巻，1974年，75頁以下．
(13)　R.トロイマン著，小林孝輔・佐々木高雄共訳『モナルコマキ――人民主権論の源流』学陽書房，1976年，117頁．
(14)　飯坂良明・田中浩・藤原保信編著『社会契約説』新評論，1977年，34頁以下．
(15)　田中浩編『現代世界と国民国家の将来』お茶の水書房，1990年，112頁以下．
(16)　『政治学史』東京大学出版会，1985年，284～288頁．
(17)　大学教育社編『新訂版現代政治学事典』ブレーン出版，1998年，29頁．
(18)　『社会科学紀要』東京大学教養学部社会科学科，第44巻，1995年，57～74頁．
(19)　『明治大学大学院紀要』第21集(1)，法学篇，1983年，169頁．

(20) 『ピューリタニズム研究』日本ピューリタニズム学会, 創刊号, 2007年, 44頁以下.
(21) 『人文科学研究』国際基督教大学キリスト教と文化研究所, 第38号, 2007年3号, 1頁以下.
(22) 笹川紀勝監訳／本間信長・松原幸恵共訳『共生と人民主権』, オットー・フォン・ギールケ著『ヨハネス・アルトジウス――自然法的国家論の展開並びに法体系学説史研究』国際基督教大学社会科学研究所, 2003年.
(23) AP, XXIII, §1.
(24) 鱸, 前掲, 106頁はこの論争に言及している.

(1880年版〔初版〕への) 序文

(1) 献辞については以下の事実がある. すなわち, 1879年版には"HERRN GEH. RATH, PROF. DR. Johann Caspar Bluntschli zur Feier seines fünfzigjährigen Doktorjubilaeums überreicht am 3. August 1879."という献辞があるが, 初版ではそれが"HERRN GEH. RATH, PROF. DR. Johann Caspar Bluntschli."という文言になり, さらに版を重ねると活字が小さくなり, 最終的には献辞そのものがなくなってしまう.

第Ⅰ部　アルトジウスの生涯と学問
第1章　ヨハネス・アルトジウス

(1) de jure civitatis.
(2) Johannis Althusii, U. J. D., Politica methodice digesta et exemplis sacris et profanis illustrata: cui in fine adjuncta est Oratio panegyrica de utilitate necessitate et antiquitate scholarum, 1603.
(3) Jurisprudentiae Romanae libri duo ad leges methodi Rameae conformati et tabellis illustrati, 1586.
(4) Dicaeologicae libri tres, totum et universum jus, quo utimur, methodice complectentes, cum parallelis hujus et Judaici juris, tabulisque insertis atque Indice triplici; ..... Opus tam theoriae quam praxeos aliarumque Facultatum studiosis utilissimum, 1649/1618.

　　AD を『権利と裁判』と訳した理由は以下のとおりである.
　　AD すなわち Dicaeologicae libri tres は『Dicaeologica 3篇』からなる. dicaeologica は dicaeo-logica の合成語ではないかと考える. ところで A Latin Dictionary by Charlton T. Lewis and Charles Short, Oxford, 1966/1879 (=Lewis-Short Latin) によると, dicaeologia はギリシャ語でその意味は「嘆願, 防御」とある. これ

を参考にしかつ AD の中身が裁判に関わっていることをも考慮して，とりあえず dicaeologica は「裁判で権利を主張すること」と捉える．そのために，Dicaeologicae libri tres は「裁判で権利を主張すること 3 篇」となるので，簡略に書名としては『権利と裁判』とする．

ところで『権利と裁判』には次の文章がついている．「dicaeologica は，人の共生に関してよく執り行われるべき法の知識である，またよく執行されるべき共生の事務と法に関する知識である．それは，同じ意味で，法的知識（nomica），権利と裁判に関する法的知識（dicaeonomica），法論理的知識（nomologica），法として定められたものの知識（nomothetica），権利と裁判に関する実際的知識（dicaeopractica）と呼ばれ得る．それゆえに，このような外面的な正義を執行する公正な人が任命される．〔その知識〕は，他の場合には，比喩的に市民の英知，法の知識，法学，生活のきまり，〔法の〕研究と呼ばれる」（『権利と裁判』第 1 篇第 1 章第 1～2 節）．この文章には，アルトジウスの正義論が語られているとヴィンタースはいう（Winters, Peter Jochen, Die »Politik« des Johannes Althusius und ihre zeitgenössischen Quellen, Freiburg im Breisgau: Verlag Rombach, 1963（=Winters), S. 138）．そして AP by Carney, p. 217 は，dicaeologica を a theory of justice「正義の理論」と解説する．ヴィーアッカーは Dicaeologia Juris といっていて，Dicaeologica といっていない（Wieacker, Franz, Privatrechtsgeschichte der Neuzeit, 2., neubearbeitete Aufl., Göttingen: Vanderhoeck & Ruprecht, 1967, S. 287）．その訳書は「法の正義学」としている（F・ヴィーアッカー著／鈴木禄弥訳『近世私法史』創文社，1975/1961 年，330 頁）．

(5) Joh. Althusii V. Cl. Civilis conversationis libri duo, methodice digesti et exemplis sacris et profanis passim illustrati, 1611/1601.

(6) Petrus Ramus（Pierre de La Ramée）1515-1572．フランス語風に読めばラメ．フランスのプロテスタント思想家．中世のカトリック神学の基礎にあったアリストテレス的な論理学の恣意性，人工性を批判し，教育における配慮を盛り込んだ「方法」を主張した．カルヴァン派となり，1572 年の聖バルテルミーの虐殺の犠牲者となる．

第 2 章　アルトジウスの政治学

(1) 「法学の目的は，事実（factum）から法（jus）を上手く引き出し組織立てることであり，そして，そのように人間生活における事実を権利と罰に則して判断することである」（Praefatio primae editionis by Friedrich, p. 4）．この個所に対応するヴォルフ訳による第 1 版序文は次のようにいう．すなわち，「法学の目的は，生活の事実から法を引き出し，そのようにして得られた規則にしたがって人間の行動を評価することである」（AP by Wolf, S. 107）．ラテン語版では単に「事実」（factum）といわれているところが，ヴォルフの訳による第 1 版序文では「生活の事実」（Lebenstat-

注

sachen）というように解説的になっている．
(2) Praefatio, in AP 1603, p.[5]; Praefatio primae editionis by Friedrich, p. 4.
humanave について：humanave は humana と ve からなる．-ve は「あるいは」「あるいはあなたが望むなら」「お好きなように」を意味する．そうすると，consociatio, humanave societas et vita socialis の構造は次のようになる．すなわち，consociatio と humana societas は「あるいは」の関係にあり，次に et があって vita socialis が続く．したがって，訳者は，consociatio, humanave societas et vita socialis を，1つは「結合体あるいは人間社会」であり，もう1つは「社会的生活」であるというように，2つの事柄の並列的な関係でとらえる．こう訳すことがギールケの本文（「社会と社会的生活」）とも一致する（Cf. AP by Janssen, S.19）．しかし，Preface to the First Edition by Carney, p.5 は，該当箇所を association, human society, and social life すなわち「結社，人間社会，そして社会生活」というように，はっきりと3つに並列的に訳している．

consociatio について：consociatio を「結合体」と訳していいかどうかは難しい問題である．AP by Carney のように，それを association と訳した場合，association を構成する人々の自由意志が前提されているように思われる．問題は，ルソーのように自由意志をもった人々の契約としてかかる「結合体」が考えられていたかどうかである．ヴィンタースは，consociatio を「生活共同体」（Lebensgemeinschaft）と訳しているが，アルトジウスの consociatio のなかに自由意志を読み取ることに否定的である（Winters, S.171 f.）．同じく，フリードリヒは，アルトジウスが自由意志を知らなかったし知ることはできなかったと指摘して，ルソーとの違いを述べている（AP by Friedrich, p. lxix）．

(3) 「主権的諸権利」（Majestätsrechte）というように，なぜ複数形の表現がなされるか．ギールケはこの複数形の言葉に言及した直後にラテン語で jura et capita majestatis（「主権的諸権利と諸源泉」）という．多少これらの言葉に関して調べておこう．

① ギールケのいう「主権的諸権利」に相当するラテン語は，『政治学』第1版序文における jura majestatis (Praefatio, in: AP 1603, pp.[5〜6]; Praefatio primae editionis by Friedrich, pp. 4〜5) である．そして capita majestatis を含んで jura が使われる文章がある．すなわち，Majestatis igitur, ut dixi, capita et jura ad politicam retuli (Praefatio, in: AP 1603, ibid.; Praefatio primae editionis by Friedrich, p.5)．この文章を訳すと「私は，それゆえに，すでに述べたように，主権の諸源泉と諸権利とを政治学（politicus）に関係づけた」となる．
問題の箇所の英訳は「主権の諸権利とその諸源泉」（the rights of sovereignty and their sources, in: Preface to the First Edition by Carney, p.6) である．独訳でも「主権の諸権利とその諸基礎」（die Rechte der Souveränität und ihre Grundlagen, in: AP von Janssen, S.20) である．したがって，重視されている

のは「主権の諸権利」であって，その「諸源泉」ではない．しかし，主権の「諸権利」が「諸源泉」と一緒に出てくるのはこの 1 回である．何度も見られるのは「主権の諸源泉」である．ところで，ヴォルフは，「主権の源泉」を重視していない（AP by Wolf, S. 102 ff.）．というのは，「主権の源泉」が最初に出てくる第 1 版序文の quid et quae sint capita majestatis docet を「どんな特徴が最高権力 (die höchiste Gewalt) にあるか」と訳し（S. 108），第 2 に出てくる ex hisce majestatis capitibus を「政治的な諸事情から」と訳し（Ibid.），第 3 に出てくる majestatis …… capita et jura を「最高権力」にまとめていて，特に capita を訳出していない（S. 109）からである．こうしてヴォルフをみると，アルトジウスは「主権の諸源泉」を特に「諸権利」との関係で際立たせようとしているとはいい難い．

② capita は「源泉」(caput) の複数形であるが，主権の「源泉」が複数である理由が特に論じられているわけではない．訳としては「諸源泉」といわないで「源泉」としてもよいかもしれない．そして前記したように，「諸源泉」という言葉が出ているのは第 1 版序文のなかで，近接した 2 個所である．すなわち，参考になりそうなものは「主権の諸源泉から法/権利が現れる」(ex hisce majestatis capitibus …… jus oriatur) の個所と「主権の諸源泉と諸権利を政治学に関係づけた」(majestatis …… capita et jura ad politicam retuli) の個所である．

　ところで，アルトジウスは政治学と法学の区別と関係に関わって次のようにいう．すなわち，「政治学者 (politicus) は，まさしく，何が主権の諸源泉であるかを論じ，そして何が組織されるべき国家について本質的なものであるかを尋ね判断する．法律家 (jurisconsultus) は，しかし，これらの主権の諸源泉から，そして人民と君主の間に結ばれた契約〔統治契約〕から，どんな法/権利 (jus) が現れてくるかを詳細に論じる．どちらも，それゆえに，正しく〔論じている〕．前者は事実について，後者は前者の法/権利について〔論じている〕」(AP 1603, p. [6]; Praefatio primae editionis by Friedrich, p. 5)．そしてアルトジウスは，「それゆえに，私がすでに言ったように，主権の諸源泉と諸権利を政治学者に関係づけた」という．ところが彼は「しかし」といいながら，「これら〔主権の諸源泉と諸権利〕を王国すなわち国家と人民に帰属させた」とか，「学者の一般的な評価によると，これら〔主権の諸源泉と諸権利〕は君主や最高執政官に委ねられている」(Praefatio, in: AP 1603, ibid.; Praefatio primae editionis by Friedrich, p. 5) とか述べて，ボダン批判を展開する．すなわち，「ボダンは，私が王国あるいは人民に渡したことを出来ない，臣民や人民と分ちあえば，それだけで，主権的諸権利 (jura majestatis) は頓挫し消えてなくなると叫んでいる」(Praefatio, in: AP 1603, pp. [6〜7]; Praefatio primae editionis by Friedrich, p. 5)．

　こうしてみると，法学は「主権の諸源泉」と統治契約から由来した「法/権利」を論じるが，政治学は「主権の諸源泉と諸権利」を分析するので，2 つの学問の住

― 289 ―

み分けは明確である．そしてアルトジウスは「主権的諸権利」を「主権の諸源泉」と同様人民に帰属させているから，その「主権的諸権利」からも「法/権利」が由来するというべきであろう．「主権的諸権利」を「主権の諸源泉」とまったく別物と理解する必要はなさそうである．ギールケは，「主権の諸源泉」と「主権的諸権利」とは同じものの異なる側面を表すと考えたに違いない．そしてボダンは，主権的諸権利を人民に帰属させていないところに，アルトジウスは批判的である．たしかにアルトジウスはボダン批判の文章では主権的諸権利にしか言及していないが，ギールケのように，主権の諸源泉も人民に帰属させていると理解してもよいだろう．

(3) AP by Carneyの索引の項目 rights of sovereigntyを参考にしていえば，アルトジウスが本文で頻繁に用いるのは「主権的諸権利」(jura majestatis) である（『政治学』第9章第19, 23節；第17章第30, 56節；第18章第15, 84, 85節；第19章第49節；第39節第18, 32節）．しかし，アルトジウス自身が作成した『政治学』の索引では，複数形の「主権的諸権利」の項目はなく，単数形の「主権的法」(jus majestatis) の項目があり，単数形では本文の2ヶ所が指示されているが（『政治学』第9章第13, 15節），しかし実際にはその他にも用いられている（『政治学』第9章第18, 20, 33節；第10章第1節；第38節第127節）．興味深いのは，アルトジウスが索引で「主権的法」の例示として掲げたなかの1つである『政治学』第9章第15節である．そこには，「主権的法」(jus majestatis) の言葉そのものは出ていない．出ているのは「主権」(majestas) である．この「主権」概念を解説するアルトジウスの次の文章は重要である．すなわち，「私たちが結合体全体の『生活の需要を給するもの ($\beta\iota\alpha\rho\kappa\varepsilon\iota\alpha\nu$), オイタルケイアン ($\varepsilon\dot{\upsilon}\tau\alpha\rho\kappa\varepsilon\iota\alpha\nu$), よき規律 ($\varepsilon\dot{\upsilon}\tau\alpha\xi\iota\alpha\nu$), よき秩序 ($\varepsilon\dot{\upsilon}\nu o\mu\iota\alpha\nu$) と呼んで来たこの王国の法 (jus regni) は，それ自体明らかな属性をもっていて，しかも，結合体の1人の構成員の行動をあるいはその構成員全体の行動を，そうした属性に向けて整えるものである．そして彼らにふさわしい務めを命ずるのである．それゆえに，この王国の法は，一般的な命令権力 (potestas imperandi universalis) と呼ばれ，この権力は，上位の他の権力，あるいは同等の権力，あるいは仲間の権力を認めるものではない．そしてこの一般的な裁判権の最高の法が，主権の形式であり主権の実体的な本質である』(『政治学』第9章第15節).

こうしてみると，アルトジウスは，「主権的法」を指示しながら「主権」の属性そのものを語っている．それゆえに，「主権的法」か「主権的諸権利」かの違いはないというべきではないか．結局，ライブシュタインが複数形の「主権的諸権利」を「主権の個別的な表現形式」と解説するところに落ち着く (Reibstein, Ernst, Johannes Althusius als Fortsetzer der Schule von Salamanca, C. F. Müller, 1955, S. 209).

(4) このラテン語句そのものは第1版序文にはみられない．ギールケの造語かもしれない．しかし，symbioticusはconsociatioと並んでアルトジウスの政治学のキー概

念の1つである.

① アルトジウスは,「政治学」を定義する際に次のようにいっている. すなわち,「政治学は, 人々の間に社会生活を組織し, 世話し, 保持するために, 人々を結合する知識である」(『政治学』第1章第1節). ここで使われた ars は「術」というよりも「知識」(science, in: AP by Friedrich, p. lxvii) と訳したい. ところが, ヴォルフは政治学を「結合することの術」(Kunst der Zusammenfügung, in: AP by Wolf, S.112) というように, ars を「術」と理解している (Cf. AP by Janssen, S. 24).

② アルトジウスは上のラテン語句の次に,「それゆえに, それは $συμβιωτική$ (symbiotike) といわれる」という文章を付け加えている. フリードリヒによれば, $συμβιωτική$ (symbiotike) は「共に生きること」「共生」(the living together) を意味する. そうするとフリードリヒは, この付加された文章を次のように訳す.「それ〔政治学〕は, 共に生きることに関わるそうした物事の知識である」(Cf. AP by Friedrich, p. lxvii).

(5) beim populus universus, der consociatio universalis, dem regnum ipsum.

(6) 「人民全体に, 一般的な結合体に, 王国そのものに」(beim populus universus, der consociatio universalis, dem regnum ipsum) は, ラテン語句をドイツ語中に組み込んで用いられたものであって, アルトジウスのテキストからの引用ではない. この出典の問題は別として, ここでは universus と universalis が同時に用いられていることに注意したい. 第1に, universus と universalis では意味に違いはないようである. アルトジウスは違った言葉を用いてその意味を重ねる傾向をもっているので, 前者を「全体の」, 後者を「一般的な」と区別して訳した (「一般的な」と「普遍的な」を適宜用いる). 第2に, ギールケは「全体としての人民」を解説する仕方で,「人民全体に, 結合体一般に, 王国そのものに」言及しているのだが, 第1版序文では,「結合体一般に」の言葉はない. 第3に, 本文の文脈と序文の間に相違はないが, 重要な箇所なので以下訳出しておく. すなわち,「私は, 君主あるいは最高執政官がこれらの権利の管理人, 執行者, 支配者であることを認める. しかしながら, 彼らの所有権と用役権は, むしろ法的には王国あるいは人民全体 (populus universus) に所属すると断言する. その上, 彼らと同様に, 王国あるいは人民全体は, 仮に欲したとしても, 自己放棄したり, それを他のものに移転したり, 譲渡することは決して出来ない. それは, 各自がもつ生命を他者と共有することが出来ないのと同様である」(Praefatio, in: AP 1603, p. [7]; Praefatio primae editionis by Friedrich, p. 5).

(7) communicatio はアルトジウスにとってキー概念の1つである. ギールケは, Vergemeinschaftung という言葉を造語している. そして communicatio の訳語だと明示している. そこで, ギールケの文脈を考えてラテン語の名詞 communicatio とその動詞 communico に注意したい. 田中秀央編『羅和辞典』, 増訂新版, 研究社, 1966年 (=田中『羅和辞典』) によれば, communico は, ①「共同する, 一にする,

共にあずかる，共有する」の他に，②「ある人に伝達する」を意味する．同辞典は，②に対応するように，その名詞のcommunicatioとして「伝達，報知」を掲げているが，①に対応するものを掲げていない．Langenscheidts Grosswörterbuch Lateinisch, Teil I Lateinisch-Deutsch unter Berücksichtigung der Etymologie von Hermann Menge, Berlin: Langenscheidt, 1977 (1911) も田中『羅和辞典』と同じである．ところが，An Elementary Latin Dictionary by Charlton T. Lewis, Oxford, 1966/1891 (=Lewis Latin) は，communicatioの意味としてはじめに「共にすること，分かち合うこと」(a making common, imparting) を掲げ，それから「伝達すること」(communicating) を掲げる．こうした流れを振り返ると，ギールケはLewis Latinの線で考えているのではないかと思う．そしてフレイドがVergemeinschaftungをcommunion (communicatio) として英訳したとき，彼もLewis Latinの線に立っている．communionとは「共有，参与」を意味するからである (Gierke, Otto von, The Development of Political Theory, Translated by Bernard Freyd, New York: Howard Fertig, 1966 (New York: W. W. Norton, 1939), p. 35).

なお，Note 8, in: AP by Carney, 第1章第7節がcommunicatioの訳語であるcommunicationを注釈して，sharing (分け合うこと，共にすること，共有すること) というのは納得できる．そのために，アルトジウスの本文で，communicatioをcommunicationと訳しているからといって，その意味を「伝達」ととることには慎重であるべきだろう．

(8)　ギールケが「社会規範」として指摘した2つの区別は重要である．すなわち，gesellschaftliche Normen (leges consociationis) のなかにGemeinschaftsgesetze (leges communicationis) とVerwaltungsgesetze (leges directionis et gubernationis) を持ち込んだからである．

① アルトジウスの『政治学』の索引は，leges consociationisについては『政治学』第1章第19節を指示し，leges communicationisについては『政治学』第1章第20節を指示している．そして第19節はleges consociationisすなわち「結合体の法」を，結合体に「固有なもの」(peculiares) という．したがって，共有化の課題を他の結合体ではなく固有な結合体において問題としている．その上でleges communicationisすなわち「共有化の法」が述べられる．つまり，「事物，役目，奉仕，訴訟 (actiones) の共有化は法によって行われる．そしてその法によって，共に生きる人々の間に幸福と責任が，その結合体の需要と性格 (indigentia et natura) にしたがい配分され提供される」(『政治学』第1章第20節).

② アルトジウスは『政治学』のなかで「法の共同体」(juris communio) について次のようにいう．すなわち，「法の共同体は，共に生きる人々が，相互に公正な法にしたがって，共同生活において生き永らえ，統治されるところにある．この結合体と共生の法令 (lex) は，共に生きる人の法 (jus) といわれる．このように，法

令は2つある．1つは，社会生活の指導と統治（directio et gubernatio）を促進する．もう1つは，共に生きる人々の間に事物と奉仕を共有化する理由と方法を定める」（『政治学』第1章第10節）．

そこで，ギールケの「行政法」すなわち Verwaltungsgesetze（leges directionis et gubernationis）は，アルトジウスのいう「社会生活の指導と統治を促進する」法に関わり，そしてギールケの「共有化の法」すなわち Gemeinschaftsgesetze（leges communicationis）は，アルトジウスのいう「事物と奉仕を共有化する理由と方法を定める」法に関わる．こうしてみると，ギールケは，共有化という点で共通しながら，立法行為と行政行為の機能的な相違に着目しているアルトジウスの認識を踏まえている．

(9) 該当の箇所は『政治学』第4章第7節である．すなわち，「この団体の長は，1人ひとりの仲間より大きく，しかし仲間全体よりは小さい」．collegium は colleagueship，すなわち，「仲間であること」，「仲間，同僚」を表す．そのために，ここの「仲間」の全体は an official body, corporation（Lewis Latin）であって，「団体」である．

(10) アルトジウスは次のような文脈でこのラテン語句を用いている．すなわち，「全市民に由来する上級管理者（superior praefectus）は，以下の者である．すなわち，彼は，市民の同意によって立てられ，全体の事務を整え，全体の安全と福祉にしたがって統治する．個々の市民に対して法を執行するが，市民全体に対してそうするわけではない」（『政治学』第5章第22節）．

(11) res universitatis in specie und patrimonium universitatis.

(12) クラシス（classis）は，アルトジウスによれば，教会の会議体（conventus）のことである．すなわち，「ある広く人口の密な都市の多くは，また地方の教区の多くは，そしてそれらの長老会は，クラシスを構成する．すなわち，このクラシスは，その都市のあるいは地方のもっとも多くの教会の中心部（corpus）にして会議体である．この会議体に，長老会で決定され得ない，より重大な争点およびその時々の教会事項と教理の諸問題が決定されるべきものとして提出される」（『政治学』第8章第33節）．そしてこの会議体の上級機関が地方教会会議（synodus provincialis）である（『政治学』第8章第36節）．

(13) curam in negotiis vitae socialis provincialis.

(14) tantum potest in districtu quantum. summus magistratus in regno.

(15) 「もし，このような地方の長が，ちょうど必要なときにその臣下を保護しない，あるいは援助を彼らになすことを拒むなら，その時には，彼らは他のものに従うことが出来る」（『政治学』第8章92節）．

(16) 『政治学』第9章は，表題として「教会の主権的法」と述べている．したがって，単純には，第9章は，教会に関わるのであって，国家に関わらない．しかし，ギールケが第9章を国家の定義に関わるものと捉えたと同じく，AP by Carney も，第9章

の表題を「政治的主権と教会的共同体」としていて注目される.かかる特徴をもった表題を下にしながら,ギールケは「全体的な公的結合体」を国家に即して述べている.
(17) universalis publica consociatio, qua civitates et provinciae plures ad jus regni mutua communicatione rerum et operarum, mutuis viribus et sumptibus habendum, constituendum, exercendum et defendendum se obligant.
(18) 「その契約が国家の紐帯である」としてギールケの引用する『政治学』第9章第7節自体は,次のようである.すなわち,「この体と結合体を結ぶもの〔紐帯〕は,合意 (consensus) である」.したがって同節は,広く契約思想を表している.そのために,ギールケは契約思想を国家に即して展開している.
(19) potestas praeeminens et summa universalis disponendi de iis, quae universaliter ad salutem curamque animae et corporis membrorum Regni seu Reipublicae pertinent.
(20) ギールケが省いたこのラテン語句の主語をアルトジウスのテキストから補って訳すと,次のようになる.すなわち,「この王国の法すなわち主権的法は,個々の構成員ではなく,1つに結びあった全構成員と,しかも王国に結合した体全体に帰属する」(『政治学』第9章第18節).なお AP by Carney, 第9章第18節の英訳は to all members joined together and to the entire associated body of the realm とあるから,日本語では「共に参加した全構成員と王国の全結合体に」とでもなるかもしれない.日本語では法と訳した原文の jus をカーネーは right と英訳している.
(21) quod universitati debetur, singulis non debetur.
(22) universa membra de communi consensus.
(23) communio symbiotica universalis (『政治学』第9章第30~31節) の意味を考えてみたい.なお,語順は異なるが同じ意味を表す symbiotica universalis communio; symbiotica communio universalis (『政治学』第9章第29節) もある.
① まず次の文章がある.すなわち,「われわれがそれを考慮しながら語った,王国の,この2つの法のいずれも,communio symbiotica universalis とその執行から成り立っている」(『政治学』第9章29節).そして「communio symbiotica universalis は,王国の構成員あるいは結合体全体の構成員から,それにとって必要かつ有用な一切のものが分かち与えられ,反対のものは取り除かれ片づけられるときに存在する」(『政治学』第9章30節).さらに「王国の communio symbiotica universalis は,宗教上のものか世俗的なものかである」(『政治学』第9章31節).
② 第30節によれば,communio は,動詞 communico「共に与る」「共有する」,受動態でいえばさしずめ「分かち合われる」と密接に関わっているから,名詞としては「分かち合うこと」「共有化」をいい,symbiotica は形容詞で「構成員が共に生きる」「構成員の共生的な」を指す.それゆえに,この「分かち合うこと」は,第31節によれば,宗教的・世俗的なものを「分かち合うこと」であるから,何か

組織的な共同体を意味するわけではなく、絶えず宗教的・世俗的なものを「分かち合う」動態的な「過程」(process, in: AP by Carney, 第9章第30節) をとらえている.

③ universalis は、第1に、particularis と対比的に用いられる。たとえば第5章第6節は、次のようにいう。すなわち、「公的な、あるいは共生的なこの結合体は2つの面をもっている。すなわち、特殊的なものかまたは全体的（一般的）なものかである」(『政治学』第5章6節). そうすると、この全体的と解される universalis は「公的な、あるいは共生的な結合体」に関わる。第2に、かかる全体的な universalis は politeuma と関わっている。次のような文章がある。すなわち、「公的結合体は、多くの私的結合体が、politeuma を組織する方向に向けて統合されるときに存在する。それ〔公的な結合体〕は、全体的なもの（Universitas）と呼ばれる」(『政治学』第5章第1節). 第3に、ここで使われている politeuma について次の文章がある。すなわち、「団体の politeuma は、この生活の用益と共同にしたがって組織されたこの団体の市民間において、有用性と必要性を示し、実行する法である」(『政治学』第5章第12節).

④ さて politeuma はギリシャ語の $πολίτευμα$ のラテン語化である。その意味は「統治の手段；国家、〔政治的〕共同体」を意味する (A Lexicon Abridged from Liddell and Scott's Greek-English Lexicon, Oxford: Clarendon Press, 1966 (=Liddell-Scott Gr-En)). そうすると、アルトジウスは、多くの私的な結合体と区別し、それらを統合して組織する politeuma すなわち政治的「共同体」に言及し、しかも、その「統治の手段」として「法」が用いられるといっている。そうすると、universalis が使われる文脈は、かかる統治に関わる公的結合体にある。それゆえに、universalis は、「一定の広い地域におけるあらゆる他の個々の結合体を包括し (inclusive)、自己以上の上級者を承認しない。自己自身の領域では主権者である」ことを意味する (AP by Carney, Note 1, p. 66) といえるだろう。そうするならば、統治に関わる政治的共同体の性質の1つとして「法」が宗教と世俗の領域に（第9章第31節）排他的につまり「包括的」に及ぶ、言い換えるなら隅々までを覆いつくす「全体的な」政治的支配が存在する、こうしたことを universalis は表しているといえるのではなかろうか。

それから、AP by Carney, Note 27, p. 74 は、communio を communication と sharing と解説し、また Carney's Introduction, p. xv は、communication を sharing of things, services, and right とも解説している。そうすると、communio と communication は、同じ意味をもち、「分かち合うこと」である。

⑤ 以上のように、communio symbiotica universalis の各単語の内容を個々に検討してみると、この語句全体の意味は、「共に生きている人々が宗教的なものと世俗的なものを主権によって一般的に分かち合うようにすること」と解釈されるであろう。そうすると、このような複雑な意味内容を communio symbiotica universalis の日本語訳で簡潔に表現するのは実際難しい．しかし強いて訳すと，それは「共生的な一般的分かち合い」ではどうであろうか．しかし，「分かち合い」の communio は，キリスト教会では伝統的に「信徒の交わり」「聖餐式」を意味するから，そのような宗教的な表現を避けて政治的な表現を選ぶ方が好ましく思われる．なお AP by Carney，第9章第30～31節が，communio symbiotica universalis の語順を変えて universal symbiotic communion つまり「一般的な共生的な分かち合い」と訳すのは参考になる．そこで，「分かち合い」は動態的な「過程」をとらえた表現であることを考えて，訳者は「共有」よりも「共有化」を選びたい．

(24) symbiosis universalis は，直訳すると「団体的共生」となるが，「保護」と関わると，この訳では十分に思えない．そこで symbiosis universalis を含んだ次の文章は参考になる．すなわち，「これまでは，まず，生活必需品の必要を確保するために定められた王国の法，あるいは主権的法について語られた．これからはもう1つ語られる．すなわち，それは，団体的結合体の保護と団体的共生の保護に関わる」(『政治学』第16章第1節).

(25) jura majestatis, ut a corpore consociato inceperunt, sic individue et inseparabiliter illi adhaerent nec in alium transferri possunt.

(26) 『政治学』第18章第104節は，重要に思われるので訳しておきたい．すなわち，「それゆえに，王の権利と人民の権利は別なものである．前者は，一時的で，個人的 (personalis) である．後者は，永久に存続する．前者はより小さく，後者はより大きい．私たちが政治的なものに関してすでに論じたように，前者は契約によって王に委任された〔人民からの〕恩恵的な賜物と取得されたものであり，後者は固有なものであり他のものと分かち合えないものである」．

(27) populum seu regni corpus dominum agnoscere.

(28) quibus obedientia in illis, quibus suae potestatis limites excedunt, non debetur.

(29) turpe, impossibile et contra jus naturale.

(30) ἔφορος (ephoros) は監督官，保護者．古代スパルタでは ἔφοροι (ephoroi) と呼ばれた5名の執政官団で，王さえ統制した (Liddell-Scott Gr-En). ラテン語では ephorus の複数形で ephori (『政治学』第18章第48節) と呼ばれる．なおカルヴァン『キリスト教綱要』改訳版，第4巻第20章第31節 (渡辺信夫訳，新教出版社，2009年，566頁) では「エフォル」は「エポロイ」と訳されている．日本語としてはどちらでも良いと思うが，それよりも，カルヴァンがすでに言及していたことに注意したい．

(31) アルトジウスは，エフォルの活躍を次のように述べている．すなわち，「以上のことから，以下のことは明らかである．すなわち，これらのエフォルは，あたかもその社会全体と王国の柱にして土台である．彼らによって，王国は空位のときに，危機のときに，あるいは執政官が支配に適していないときに，あるいはその権力を濫用す

るときに，支えられ保持される．そして，危機，交替，騒動，謀反，反逆にさらされることはなく，敵の思うままにはならない．なぜなら，彼らは，政治体のために頭を立て，王や最高執政官を法と正義に服従させるからである．そして法と神のくびきと命令を王が投げ出して拒絶するときには，また神の僕から悪魔の道具が作られるときには，法の判定をあるいは主にして命令者たる神の裁きを下すからである．エフォルは，上にある執政官とともに人民の負担と重荷を分けあうといわれる．皇帝カール4世の金印勅書で，ゲルマニア帝国と王国の一般的エフォルである選帝侯たちは，ゲルマニア帝国の柱にして土台であるといわれる．そして皇帝の体の一部といわれる帝国の柱にして側近といわれる．彼らの忠告と働きのゆえに帝国の主権が救われ，良い状態の屋根〔覆い〕がこれまで保持されてきた．彼らは，不安な気持ちにおかれていればいるほど，それだけ，多くの困難な事情を軽くするために偉大な皇帝に助力するのである」(『政治学』第18章第50〜52節)．

(32) ex populi concessione et beneficio.

(33) imperium limitatum in sua provincia.

(34) mutua censura et observatio inter regem et ephoros.

(35) このラテン語句の文脈を検討してみたい．すなわち，「もしも王国にあるいは結合体全体に，このようにエフォルがいないなら，そのときには，他ではエフォルに求められるものが，全人民の同意に基づいて果たされる．それは，部族毎に，元老院議会風に，あるいは百人隊風に期待される．あるいは一人ひとりに期待され，また1つにまとまってなされる．まさに，この自由な精神（libertas）と王国の法（jus regni）に反するいかなる命令もいかなる企ても執政官から提出され得ないためにである」(『政治学』第18章第123節)．

そうすると，エフォルに代表された自由な精神と王国の法といういわば国家の基本法が存在していて，最高執政官はその法に反することは出来ないのである．今日的にいえば，憲法違反は許されない．そして抵抗権の行使は，エフォルに限定されているわけでなく，いわば最悪のときには「一人ひとりに期待される」(viritim rogatus)のである．

(36) qui secundum leges ad salutem et utilitatem universalis consociationis constitutus, jura illius administrat et executioni mandat.

(37) この部分は契約思想の展開として注目される．すなわち，「最高執政官が立てられるのは，次のようにしてである．結合体全体の体から譲り渡された王国の支配と執行に従事する最高執政官に（illi），王国の構成員は従順に義務を負う．あるいは，人民と最高執政官は，相互的に，服従と支配の形式と方式に関する一定の法令と条件にしたがって契約を結ぶ（paciscor）．それは，相互に誠実に承諾され受容され約束された互いの誓いに基づいてなされる．／最高執政官と結ばれたこの契約（pactum）すなわち委任契約（contractus mandati）が，……契約を結ぶどちらの当事者をも拘束することは，疑いのないところである．それは，契約を取り消したり，侵害する

ことが，執政官にも臣民にも許されないためにである」(『政治学』第19章第6節).
「さらに，一方では最高執政官すなわち委任を受けた人ないし誓約した人，他方では結合体全体すなわち委任する人，これらの人々の間でのこのような相互的な契約において，(委任契約では普通に行われるように)結合体全体の体が負うものであるかぎり，神すなわち正しい理性のためにそして国家の体のために定められた法令にしたがって，王国あるいは国家の管理を行うことが最高執政官の義務の第一である」(『政治学』第19章第7節).

(38) スレイダヌスからの引用として，『政治学』第19章第39節は，カール5世(1500-1558年，在位1519-1556年)が皇帝に選挙され誓いによって確認した25項目の「法と条件」(leges et conditiones) を紹介する．そして『政治学』第19章第49節は「法と条件」を「王国の基本法」(lex fundamentalis regni) と呼んでいる．そこで，支配者による支配契約である「法と条件」を参考までに訳出する．なお，この「法と条件」の条項の主語は文法的には「彼」であるが，アルトジウスは「彼」とは「皇帝」であると示している．また，AP by Carney, 第19章第39節の英訳もある.

「1. 皇帝は，キリスト教国家，教皇，そしてローマ教会を守るべきであり，そうしたものの代弁者たるべきである．
2. 皇帝は，法を公平に執行し，平和に気を配るべきである．
3. 皇帝は，あらゆる帝国の法，特に人々が金印勅書と呼んでいるものを確立すべきであるのみならず，人々の助言にしたがい，そのように必要とあらばさらに強化すべきである．
4. 皇帝は，帝国においてゲルマン人から選出された評議会を設置すべきであり，それは国家を管理すべきものである．
5. 皇帝は，帝国の諸君主や諸身分の権利，特権，品位を危うくさせたり，減退させてはならない．
6. 皇帝は，必要となれば，選帝侯たちが，相互に集まって国家について審議することができるようにすべきである．その一方で，皇帝自身は，彼らへのどんな妨害も生じさせたりしてはならないし，彼らを悪意に解したりしてはならない．
7. 皇帝は，君主たちに逆らって結ばれた民衆や貴族の諸同盟または諸団体を廃止すべきであり，将来このようなものが生じないように，法によって禁ずるべきである．
8. 皇帝は，帝国の事項に関して，7人の選帝侯たちによる承認なしには，他国といかなる同盟あるいは協定も結んではならない．
9. 皇帝は，帝国の資産を揺るがせたり，抵当に入れたり，その他いかなる方法によってもそれを減じさせてはならない．そして皇帝は，他国によって占有され，または帝国から奪い去られた財産も，まず，時宜を見計らって取り戻すべきである．但し，特権や権利に基づいている者たちに損害が及ばないようにすべきである．
10. もし皇帝自身または皇帝の身内の誰かが，正当に得られたのではない，帝国のものを占有した場合，7人の選帝侯たちによる異議申し立てがあれば，それを返還す

べきである．
11. 皇帝は，近隣の他国の王たちと，平和や友好関係（pax et amicitia）を促進させるべきである．そして帝国の諸事情のためにも，あらゆる諸身分，特に7人の選帝侯たちの意志によるのでないならば，帝国の領域の内外において戦争を行ってはならない．
12. 皇帝は，彼ら〔選帝侯たち〕の同意なしには，いかなる外国の兵隊もゲルマンに引き入れてはならない．他方，戦争によって皇帝自身または帝国が襲撃されるときには，彼はいかなる防護策をもとることができる．
13. 皇帝は，選帝侯たちの同意によるほかは，いかなる帝国の議会〔の開催〕も宣言してはならないし，租税あるいは貢納も課してはならない．
14. 皇帝は，さらに，帝国の領域外で議会を開催してはならない．
15. 皇帝は，公の事務のために，外国人ではなく，貴族から選ばれたゲルマン人を長に任ずるべきであり，あらゆる文書が，ラテン語か民衆の言語で作成されるべきである．
16. 帝国の領域外では，いかなる諸身分も法廷に召喚してはならない．
17. ローマにおいて，かつて教皇との間に締結された協定に反する多くのことが起きているため，皇帝は，特権や帝国の自由に損害が生じないように，教皇のそばで尽力すべきである．
18. ゲルマンにとって大いに有害な，商人の独占が制限されるべきであるのと同様に，皇帝は，選帝侯たちとともに熟慮し，しばしば決定された事柄の成果を出すべきである．
19. 皇帝は，選帝侯たちの賛同なしに，いかなる通行税も租税も課してはならないし，ライン川周辺に住む選帝侯たちの推薦状によって税を軽減してもならない．
20. もし皇帝が，ある諸身分に対して訴訟を起こすなら，法にしたがって争うべきであり，さらに，正当に裁き〔の場〕に出頭する者たちに対し，いかなる暴力も加えてはならない．
21. 皇帝は，偶然に所有者のいなくなった帝国の財産を，何人にも譲渡してはならないが，公的資産に算入すべきである．
22. もし皇帝が，諸身分の援助によって，ある他国の地方を獲得するならば，帝国と1つにすべきである．もし皇帝自身の兵力と戦闘によって，公的なものを取り戻すとしても，帝国に復権させるべきである．
23. 皇帝は，空位期間中に，プファルツ伯やザクセン公が公のために行ったことを有効と認めているべきである．
24. 皇帝は，帝国の財産を，その身内の個人財産や相続物とするいかなる会議も開いてはならない．しかし，7人の選帝侯たちには，カール4世の法や教皇の法の規定にしたがい，自由にして完全な選挙能力を許すべきである．これと異なってなされたものは無効とみなされるべきである．

注

25. 皇帝は，可能になるや否や，就任式のためにゲルマンに赴くべきである」

なお『共生と人民主権』：オットー・フォン・ギールケ著『ヨハネス・アルトジウス：自然法的国家論の展開並びに法体系学説史研究』笹川紀勝監訳本間信長・松原幸恵共訳，国際基督教大学社会科学研究所，2003年，81～82頁参照．

(39) sub conditione, si pie et juste imperaturus sit.
(40) studium concordiae conservandae.
(41) procuratio mediorum ad vitae socialis commoditates necessariorum.
(42) cura et tractatio armorum.
(43) ドイツ語 Tyrannis は「専制政治」と訳す．またラテン語 tyrannis は「専制政治」と，tyrannus は「専制君主」と訳す．英語，フランス語も語源的にギリシャ語とラテン語に由来するので，ここではドイツ語の説明で済ます．

なお詳細は別稿に譲るが，中国語の背景からすれば，以下述べられる「執行による専制君主」（tyrannus quoad exercitium）は「暴君」を，また「称号を持たない専制君主」（tyrannus absque titulo）は「僭主」を意味する．「暴君」は君主の称号をもった上でその執行における「無道のきみ」をさし，「僭主」は君主の称号をもたないでその称号を名乗る「無道のきみ」をさす．それゆえに，専制君主には2種類の区別があり，1つは「暴君」に，もう1つは「僭主」に，ほとんど同じ意味で対応する．このように「暴君」と「僭主」とは漢字文化の伝統では根底にある概念を異にする．だが，しばしばこれら2つの漢字は混用される（なお，ギールケは「僭主」として，本書第1部では tyrannus absque titulo（称号を持たない専制君主）を，第2部では tyrannus quoad titulum（称号による専制君主）を用いているが，概念的には違いはない）．

(44) このラテン語で表現される言葉そのものは『政治学』には見当たらない．それゆえに，ギールケのアルトジウス解釈に属する．そのために，アルトジウスがどのように専制君主を考えているかを若干調べる必要がある．

アルトジウスは専制政治を，執行（administratio）のなかに分類しつつも，公的な執行と私的な執行（『政治学』第28章第1節），そして「正しい正当な執行」（justa et recta administratio）と「反対のもの」（contrarius）に区別する（『政治学』第38章第1節）．次に，AP by Carney, Note 1, p. 191 によると，第38章は『政治学』の1603年版にはなかった，そして，1617年版の『権利と裁判』第1篇第113章は「公的権力の濫用」という表題をもち，専制政治とその処罰を論じているという．実際，1649年版の『権利と裁判』第1篇第113章もそのようになっている．

『政治学』第38章についてみると，アルトジウスは専制政治を「国家の専制的な執行」（tyrannica Reip. administratio）ととらえ，それを2種類に分類する．すなわち，「1つは，王国の基本法の転覆と廃止に意の用いられるものであり，もう1つは，敬虔と正義に反し結合体の事務と物の執行において行われるものである」（『政治学』第38章第5節）．そして後者は一般的専制と特殊的専制に分けられるが，一般的なも

のとは，「最高執政官が絶対的権力すなわち一切の権力を執行において行使し，人間社会がまもられてきた制約と絆を破壊し侵害するときに」存在する（『政治学』第38章第9節）．それに対して，特殊的なものとは，「執行のいくつかの部分と主要な部分に向けられるものである．もちろん，結合体の事務や財産の執行に，あるいは私人の権利に向けられるものである」（『政治学』第38章第10節）．

こうしてみると，たしかに，ギールケが，アルトジウスの専制君主を「執行」（exercitium）の問題に見出しているのは正しい．しかし，アルトジウス自身は，「執行」（administratio）で専制政治が起きることを認識しているだけでなく，その起き方を，①国家の基本法の根本的な転覆と廃止の場合と，②国家の基本法の根本的な転覆と廃止には至らないが全権力の無制約な掌握をはかる場合と，③国家の事務や財産などの個別具体的な侵害と破壊の場合に区別しているのは注意される．というのは，ギールケがこれらの区別に言及しないまま，「執行」という点に着目して「称号を持たない専制君主」と「執行による専制君主」を区別しているからである．そのために，アルトジウスの関心が，「称号を持たない専制君主」と「執行による専制君主」の区別にあったことを，ギールケが十分把握しているといえるかどうかは問題になり得る．

次に，『政治学』第38章の表題をみてみたい．すなわち，「専制政治とその救済策」である．それゆえに，アルトジウスの関心の1つは，専制政治の認識を踏まえて，それをどのように救済するかにあったというべきであろう．この救済に関わる議論は，まさにギールケのいう「抵抗権と罷免権」に関連して論じられている．なお次の訳注(45)を参照のこと．

(45) このラテン語句は『政治学』第38章第27節の小見出しからきている．第27節の小見出しは次のようである．すなわち，「称号を持たない専制君主は元来専制君主ではない．そして私人によって殺害されることさえあり得る」．

なお，AP by Carney, Note 6, p.193 は「称号を持たない専制君主」について次のようにいう．すなわち，「公的な機能，公的な財貨，私的な権利，これらの正しい執行は，教会の執行と世俗的な執行に関する第28〜37章においてアルトジウスによって述べられている．特別な専制（special tyranny）はこれら3つの執行領域の1つもしくはそれ以上の濫用だから，アルトジウスのその詳細な議論はここでは省かれる．一点だけ注意される．すなわち，彼は「称号を持たない専制君主を専制君主であるとは全然考えていない．王国の敵である私的な市民（private person）だけをそう考えている．というのは，そのような人は決して正当に最高執政官にはならなかったからである．執行による専制君主（tyrant by practice, tyrannus exercitio）だけが真の専制君主である」．

(46) ギールケは「抵抗権と罷免権」というようにセットで表現しているが，アルトジウスの本文ではそのようなセットの表現は見当たらない．しかし，「抵抗」と「罷免」とは対語で表現されているので，ギールケが「抵抗権と罷免権」というのは解釈ではあるが，受け入れられるべきものであろう．次の文章がある．すなわち，「専制政治

の性質が認識されたから，次に，しかるべきときに専制政治が取り除かれる救済策について吟味されるべきである．その救済策は，抵抗と専制君主の罷免において行われる．そして，それは貴族にだけ許された．エフォルに関しては前述の第18章でわれわれが論じたとおりである」(『政治学』第38章第28節).

そしてアルトジウスは，救済策としての抵抗権の行使のあり方を詳しく述べている．すなわち，「それゆえに，この抵抗は，エフォルが言葉か行いによって最高執政官の専制政治を阻止することで行われる．そして治せないときには，さもなければ結合体の健全で，良い状態の，保障された法が保持され得なく，国家が害悪から解放され得ないときには，エフォルは専制君主を罷免するか社会から抹殺する」「最高執政官に真に抵抗する，そして彼をその職務から退ける，人民の名において貴族がもっているそうした権利として，主として，以下10個の根拠がある」(『政治学』第38章第29節).「このように，それゆえに，結合体全体のエフォルと貴族の権限である最高執政官の専制政治に対する抵抗権を，そして，その論拠，決議，先例に関して私たちは多く吟味した」(『政治学』第38章第45節).「実にエフォルがこの権利を正しく行使するためには，彼らは以下の必要条件を遵守しなければならない．第1に，どんな貴族あるいはエフォルが専制君主に抵抗できるのか，そして抵抗することを義務づけられるのか．第2に，いつか．第3に，どんなふうにしてか．第4に，いつまで，どれほど長くか」(『政治学』第38章第46節).「それゆえに，最初に専制政治に抵抗でき，そしてその義務を負わされる者は，王国の貴族全体とその男性1人ひとり (singuli pro virili) である」(『政治学』第38章第47節).「国家と国家の法が健在であることを願う，抵抗する臣民と祖国を愛する市民は，実際に抵抗するエフォルや貴族に加担する義務がある」(『政治学』第38章第48節).「援助，資金，協議によって抵抗する者を支えることを拒絶する者は，敵や逃亡者と同様に扱われる．それゆえに，専制君主に対しては，まるで一般の大火災に向かうように，全国家が燃え上がらないように，すべての人がそして一人ひとりが走らなければならず，競争して水を汲み，屋根によじ登り，炎をせき止めなければならない．それが現実に存在し暴虐を行っているときにはもちろんのことである」(『政治学』第38章第49節).以上のようにみると，アルトジウスの生々しい抵抗の描写に圧倒されないであろうか．

(47) regna univeralia..... a familiis, collegiis, pagis, oppidis, civitatibus et provinciis.

(48) ギールケが「これらの代表者たちがエフォルの役割を果たす」というとき，「代表者たち」という用語に注意したい．アルトジウスは，以下紹介するように，「代表者たち」という包括的な用語を用いていないのに，ギールケはエフォルの働きをする者を「代表者たち」として要約的に表現したからである．しかも，アルトジウスにあっては，エフォルの働きをする者は，国家組織の頂上にいる少数のエフォルだけでなく，上の組織から下の組織へと徐々に下降するにつれて量的に増大していて，そうしたすべての者がギールケにあっては「代表者たち」として捉えられているからである．

『政治学』第39章第57～58節は興味深いので該当の箇所を紹介したい．なお AP by Carney は，第57節の冒頭の Democraticus status, seu magistratus est を，The state or magistrate is democratic と英訳しているだけなので，全部訳しておきたい．すなわち，「王国の体として結合した人民あるいは全住民の名において，交互にあるいは連続的に，一定期間全体から選挙された者たちが，他のすべての個人あるいは全体に命令を下すときに，民主的な状態あるいは民主的な執政官が存在する．それは，彼らが百人隊毎に部族毎に会議毎に集められた全人民の投票にしたがって，主権的諸権利と最高統治者の権限を行使し執行するがごとしである．ボダンを見よ」（『政治学』第39章第57節）．

次に『政治学』第39章第58節をみてみよう．すなわち，「この政治的状態では，貴族とエフォルの地位と役割を担うべきは，他の者がいないならば，地方の保護者，すなわち，伯爵，君主，王侯であり，さらにまたこのような者がいないなら，団体，会議，部族，百人隊，王国の全人民が区分されている階級，これらの管理者である」．

第3章　アルトジウスの法学

(1)　Jurisprudentia Romana.
(2)　Syntagma juris universi.
(3)　Epitome et brevis ἀνακεφαλαίωσις Dicaeologicae Romanae.
(4)　Dicaeologicae libri tres, totum et universum jus, quo utimur, methodice complectentes.
(5)　homo juris communionem habens.
(6)　『権利と裁判』第1篇第7章の表題は「生まれながらに結合した人々」である．同じく第8章の表題は「自己の同意によって結合した人々」である．ただ『権利と裁判』の全体の目次に相当する「章索引」をみると，「3篇」それぞれの「章」の表題が第1篇，第2篇，第3篇という順番に掲記されているが，その第1篇第8章の表題は「契約によって結合した人々」となっていて，本文の表題と索引の表題で相違がみられる．「自己の同意」（consensu suo）は「契約」（pacto）と言い換えられている．「生まれ」と訳した natura 自体はラテン語の奪格で用いられているが，主格も natura である．その訳語には「自然」「生来」があるのはもちろんである．そうするとアルトジウスは，自然的な人間関係と契約的な人間関係という二元論を主張している．そのために，「『生まれ』から『契約』へ」だけで考えているわけではないことに注目したい．
(7)　たしかに，ギールケは「意志」に関わるものとして「強制，恐怖，錯誤」（vis, metus, error）と「詐欺，過失」（dolus, culpa）を区別している．しかし後述するように，アルトジウスは「非自発的な行為」を論じるときに，「作為する者の意志」の欠如した場合と「作為する者の理解」の欠如した場合を区別して，前者に属するも

のとして「強制，恐怖」に，後者に属するものとして「詐欺，過失，錯誤」に言及する．したがって，「錯誤」を前者のカテゴリーに入れていない．しかし，ギールケは「錯誤」を前者のカテゴリーに入れている．

(8) このラテン語の出典は明示されていないが，脈絡からすれば，『権利と裁判』第1篇第13章第1節である．

(9) 『権利と裁判』は次のようにいう．すなわち，「このような解釈の種類は2つある．すなわち，自然的解釈と市民的解釈である」(第1篇第16章第4節)．そして自然的解釈は次のように定義される．すなわち，「自然的解釈は，解釈されるべきそれ自体明白で確実な法の真の理由 (ratio) が引き起こし生じさせるものである．そのようなわけから，自然法，万民法，市民法は，しばしば，意見の相違，比較，その他のしるし，これらの原因，結果，題目，付随事情に応じて異なる．衡平と善 (aequum et bonum) に基づく解釈は自然的洞察 (intellectus naturalis) と呼ばれる．／こうした自然的解釈は2種類ある．1つは共通法の解釈であり，もう1つは個別的法の解釈である」(第1篇第16章第5節)．「共通法の自然的解釈は，より上位の，より衡平な，より力のある，より良い，よりすぐれた自然法が，上位の優先によって，程度の劣った，あまり秀でていない下位の対立する矛盾を排除し，自己に従わせるときに存在する．なぜなら，自然法は自然法だけを排除できるからであり，市民法は市民法をそうできるからである」(第1篇第16章第6節)．「個別法の自然的解釈は，もう1つの同じ側から，すなわち，もちろん同じものとの合致と類比にしたがって，あるいは個別法の特殊な理由 (ratio) にしたがって，共通法と一緒になって，個別法の意味を解き明かし述べるものである」(第1篇第16章第11節)．「この〔自然的〕解釈は2種類あるゆえに，1つは一般的な理由からとられるものであり，もう1つは個別法の特殊的な理由から行われるものである．／個別法の解釈は，久しく自然的理性 (naturalis ratio) を捨て去って硬直したあるいは最終的で厳格な市民法が，この理性 (ratio) と共通な自然法にしたがって物と人格の事情に応じて衡平にしたがい調整される，一般的な理由からとられたものである」(第1篇第16章第12節)．

(10) 『権利と裁判』第1篇第17章の表題は「法の市民的解釈」(De civili interpretatione juris) である．この章は前章までいわれた「法の自然的解釈」(De naturali interpretatione juris) に引き続き扱われている．訳注 (9) で指摘したように，「自然的」(naturalis) とは，ratio すなわち「分別，道理，理性」が法に関わって働く様つまり「衡平と善」の実現する状態を指すが，かかる「自然的」(naturalis) と対比的に用いられている「市民的」(civilis) とはどのような意味でいわれているのだろうか．

たしかに『政治学』第2章第13節は，私的結合体として「自然的結合体」(naturalis consociatio) と「市民的結合体」(civilis consociatio) を区別する．前者では「自然的な愛情や必要性」(naturalis affectio et necessitas)（『政治学』第2章第14節）に由来する家族がそれであり，後者は「もっぱら自己の楽しみや意志から，また

共通な利益と必要性の原因から結合した人々が，人間生活のなかに1つの団体（corpus）を組織する」もの（『政治学』第4章第1節），すなわち「共通な合意によって」（communi consensu）生まれるギルドがそれである．そして公的結合体についてアルトジウスは，「人間社会は，比較的小さな社会の一定の歩みと成長によって，私的な社会から公的な社会へと達する」（『政治学』第5章第1節）という認識を示す．この「公的結合体は，多くの私的結合体が，政治体を建てることに向かって，結合されるようにして存在する」（『政治学』第5章第1節）という．それゆえに，アルトジウスがいう「市民的結合体」は，「自然的結合体」のいわば第一次的な人間関係と区別された「政治体」に関わるから，「市民的」もまた共通な合意に基づく政治的なものに関わるというべきである．

① 『政治学』第2章第13節と『権利と裁判』第1篇第17章のそれぞれでいう「自然的」と「市民的」とはある点で異なりまた別の点で並行する関係にあると思われる．すなわち，結合体との関係では「自然的」とは家族などの第一次的なものに関わり，法との関係では「自然的」とは理性や衡平・善に関わる．したがって，「自然的」といっても，『政治学』と『権利と裁判』では意味が異なるといわなければならない．本当にそういえるかどうかはさらに研究が必要である．他方，結合体との関係では「市民的」とは，共通な合意に基づいてギルドなど小さな人間集団からそれらを基にして形成される政治体までをカバーして，小さな人間集団そのものと国家の双方に関わり，そして法との関係では「市民的」とは，「自然的」な理性と衡平・善とは別の次元のものである．したがって，「市民的」とは，結合体との関係でも法との関係でも，共通な合意に基づくことに関わり，かつ愛情や理性と衡平・善に基づく「自然的」なものには関わらないといわなければならない．そのために，共通な合意に基づいた法についてさらに検討する必要がある．

② アルトジウスは，法についていうとき，執政官の「宗教的」（ecclesiasticus）な事柄の執行との対比で「市民的，世俗的」（civilis, secularis）（『政治学』第29章第1節）なものの執行に言及する．この「市民的」執行は，国家の「一般的法」（jus generale）に関わり，かつ「国家のなかで保持されるべき正義，平和，平穏，風紀にかんして必要な，管理監督されるべき手段に関係する」『政治学』第29章第3節）という．このような一般的法は「有益な法令の制定と実行そして正義の執行」（『政治学』第29章第3節）を含み，かかる「法令の制定は，〔執政官が〕帝国あるいはその王国の貴族と諸身分の同意をもって，衡平，有益，必要な法令を国家のために定めるものである」（『政治学』第29章第4節）．そうすると，執政官の立法する法令は，愛情，理性，衡平・善に基づく「自然的」なものではなく，「衡平，有益，必要」の要件を満たし，しかも貴族や諸身分の合意を伴ったものにほかならない．執政官が何でもできるのではない．なぜなら，執政官の立法行為には，法内容と手続きに制約が課せられているからである．かかる法令が「市民的」なものなのである．すでに『権利と裁判』第1篇第16章第12節において，理性と共通な自

然法は衡平の原理を硬直した市民法に適用して事態の改善を図るとあったように，執政官の立法する法令もまた衡平を実現しなければならないから，「自然的」と「市民的」とは密接な関係にある．実際，この関係を示す文章がある．すなわち，「〔執政官は〕たしかに衡平な法令を制定したであろう．それというのは，衡平 (aequitas) が，有用な，聖なる，侵しがたい法令をもたらすからである」(『政治学』第29章第5節)．

こうしてみると，法令の解釈にみられる「市民的」とは，執政官が一定の制約 (「衡平，有益，必要」の要件を満たし，しかも貴族や諸身分の合意を伴うこと) を受けながら制定した法令そのもの，いわば世俗的な統治に関わることをいう．こうした意味で「自然的」とは性質を異にする．そして王国の根本法の解釈は，執政官が「エフォルの同意を得て」(ephororum consensu) (『政治学』第29章第9節) 行なうものである．それゆえに，「市民的」な法令の解釈も，執政官とエフォルが協同して行なうものである．

(11) 「身体的無傷」と訳したドイツ語は körperliche Integrität である．直訳すれば，それは「身体的無傷」あるいは「身体的完全」となる．アルトジウスの使う言葉は corporis incolumitas であり，incolumitas は「傷のないこと，安全，確実（なこと）」(田中『羅和辞典』) であるから，その言葉はドイツ語と同じ意味である．

ところで，アルトジウスの『権利と裁判』の文脈を探ると次の文章がある．すなわち，「身体的無傷と自然的生命は，以下のようにして存在する．自由人の身体はその人の所有であり，あたかもその人自身の所有物であるようにしてである．／この自然的生命と身体的無傷は人に固有なものである．それゆえに，暴力と不正に対してその人が保護されるという能力が，大陸では，引き起こされた暴力に持ち堪える衡平と平等にしたがい (ex aequo et pari)，傷つけあるいは暴力を生じさせるすべてのものに抗して，その人に与えられる」(『権利と裁判』第1篇第26章第21～22節)．

この文章からすれば「身体的無傷」とは今日の人身の自由の主張にほかならない．その根拠を人の所有するものに帰している．そして暴力と不正による攻撃に対して抵抗が認められる．

(12) dicaeodotica と dicaeocritica の訳はとても難しい．アルトジウスはたしかに dicaeodotica=$δικαεοδοτικη$s (『権利と裁判』第2篇第1章第1節，第2章第1節) といっている．そこでアルトジウスの使う文脈に即して考えると，次の文章は役立つ．すなわち，「dicaeodotica は，われわれのあるいはわれわれの隣人の用益や幸福への事務のための所有や義務の権利に先立ち，その権利を分け与え，その権利を認容することである」(『権利と裁判』第1篇第35章第2節)．

この文章は「所有や義務の権利」を個々人に配分することを語っているから，dicaedotica は「権利の配分」(Winters, S. 139) といえるだろう．

次に，アルトジウスはたしかに dicaeocritica=$δικαεοκριτικη$ (『権利と裁判』第3篇第1章第1節) といっている．そこでアルトジウスの使う文脈に即して考えると，

次の文章は役に立つ．すなわち，「権利の配分にしたがって提起された問題は，裁判官の面前で，相争う者たちから述べられ，探究され，談判され，そして権利の配分の規定に基づいて，判決され，決定される」(『権利と裁判』第3篇第1章第2節).

この第2節は，裁判のあり方を述べているから，そのcriticaも裁判のあり方に関わる．Lewis-Short Latinはcriticaを「判断し得る」(capable of judging) という．criticaは，その名詞化とすれば，裁判のためのものであろう．アルトジウスは『権利と裁判』第3篇第1章第4節でdicaeocriticaが2つの要素からなるという．すなわち，「人的なもの」(personae) と「審問」(litigantes) である (『権利と裁判』第3篇第1章第5節). 後者は裁判所で「取り扱われるべき審問」であり，「裁判所のもう一方の部分を構成しているもの」である (『権利と裁判』第3篇第7章第1節の前文). ここでは簡単に述べるが，訴訟のあり方が詳しく論じられている．それゆえに，ヴィンタースがdicaeocriticaをVerfahrensrecht (手続法) という (Winters, ibid.) のは適切かもしれない.

(13) GA45, 原注24〔邦訳省略〕は『権利と裁判』第3篇の内容を紹介している．すなわち，裁判所 (第1～5章)，当事者 (第6章)，アクツィオ (第7～20章)，異議 (第21～24章)，答弁と口頭による弁明 (第25～26章)，証明 (第27～45章)，最終手続 (第46章)，判決 (第47章)，執行 (第48章)，召喚 (第49章)，出廷拒否 (第50章)，訴訟代理 (第51章)，安全の保証と悪意の宣誓 (第52章)，裁判官の中間判決 (第53章)，略式手続 (第54章)，上訴 (第55～57章) である.

(14) 『権利と裁判』第1篇第33章の表題は「限定された公的権力」(De potestate publica limitata) である．この表題の意味を探ってみたい．この意味を探る上で，その前の第32章第1節の表題「全体的公的権力」(De potestate publica universali) の定義は重要である．アルトジウスは「全体的公的権力」という表題を掲げながら，「全体的」という言葉を省いて次のようにいう．すなわち，「公的権力は，結合体からある人に与えられたものである．そして領地を伴ない，しかも，結合体の事務，物，人々を慮りかつ管理するためのものである．／領地とは，性質としては場所であり耕地一般である．そこにおいてこの権力と裁判権が行使される」(『権利と裁判』第1篇第32章第1節).

そして『権利と裁判』第1篇第33章第1節では，「最高の全体的な公的権力」(publica potestas summa et universalis) と区別されるものとして「限定された，個別の，下位の公的権力」(publica potestas limitata, specialis, inferior) が語られる．この「自己の権力の権利は，最高権力に受け入れられた，ある一定の狭い限定された領地と関係している．そのようにして，限定された，個別の，下位の公的権力は存在する．下位の公的権力はかかる上位の権力を承認している．そして最高権力に自己の執行を釈明すること (rationem reddere) が義務づけられている」．次に，かかる「限定された公的権力」は「地方的な」ものと「職務上の」もの (provincialis, vel officialis) に分けられる (『権利と裁判』第1篇第33章第1節). そして

「地方的な公的権力は，地方の頭領がその地方の領地において命令をもって自己の権利として行使するものである」(『権利と裁判』第1篇第33章第2節)．この「地方的な公的権力」と区別された「職務上の公的権力」は次のように定義される．すなわち，「職務上の公的権力は，ある人に，領地の権利なしに，「もろもろの公的な職務」を果たすように与えられるものである．〔これらの職務〕は，公的な職務の理由から彼に定められているべきである」(『権利と裁判』第1篇第33章第10節)．

(15) このラテン語の節自体は『権利と裁判』第1篇第79章第1節からの引用である．そのために，本文におけるようにギールケが第78章から引用しているように受け取ることは出来ない．このような出典個所の問題よりも，ギールケが注目した「財産共同体」と「生活共同体」に共通な「共同体」と，その根底にあるアルトジウスの思想は重要であるように思われる．

まず，アルトジウスは契約概念を第78章で次のようにいう．すなわち，「何かの共有が考慮され，そして，権利の結合関係が契約で結ばれる場合である」(『権利と裁判』第1篇第78章第1節)．

次に，かかる契約概念に基づいてアルトジウスは共同体概念を述べる．すなわち，「共同体 (societas) は，合意のみによって (ex solo consensu)，〔そして〕善意から (bona fide) 財産・活動・相互的義務の結合・共有がある人々の間で始められるときに存在する．ドネルスは，ある人々の間における共有と結合が何であるかを，自発的な意志 (voluntas susceptus) によって定義している．このことにおいて，特権あるいは仲間の一人に帰属する権利が他の者と共有される」(『権利と裁判』第1篇第78章第2節)．

そうすると，たしかに，共同体を成り立たせる根底に契約概念だけでなく「自発的な意志」と「善意」がある．しかし，「善意」の一般的な意味は自分が何かを知らないことであり，また「善意で＝in good faith, 信義誠実に従って」(田中英夫他編『英米法辞典』，東京大学出版会, 1991) と解説されているために，「善意」と「自発的な意志」との関わりを説明する何かが必要に思われる．そこでアルトジウスのいう「自発的な意志」と「善意」の関係を調べてみたい．

アルトジウスは，「自発的な意志」と「善意」に関わるもっとも根本的な要素として「絶対的な自発的な行為」(De facto voluntario puro) を述べる (『権利と裁判』第1篇第9章表題)．この voluntarius は「任意の，自発的な，自力の」という意味をもった形容詞であるが，名詞の voluntas は「意志」の他に，「自発，喜んでする覚悟」という意味ももっている．そのために，voluntarius と voluntas とは「自発的」と「意志」というように訳語では別のことを表すようにみられるが，自発性という同じものをもっていると考えられる．

ところでアルトジウスは，「非自発的な行為」(De facto involuntario) ということも述べる (『権利と裁判』第1篇第11章表題)．実際 involuntarius という言葉は，involuntary (Lewis-Short Latin) すなわち「自発的でない，不本意な，仕方ない」

を意味する．ここで注目したいのは，以下述べるように，アルトジウスが「非自発的な行為」について述べながら，やがて「善意」にも言及している思考過程である．それゆえに，何が「非自発的な行為」であるかを検討しなければならない．

彼は，「非自発的な行為とは，暗黙であれ，明示的であれ，絶対的であれ，条件つきであれ，そうしたある人の意志に反対してあるいは逆らうものである」（『権利と裁判』第1篇第11章第1節）といい，「非自発的な行為は2種類あって，1つは，作為する人の意志が欠けているものである．理解が欠けているのではない．もう1つは，作為する人の理解が欠けているものである．作為する人の意志が欠けているのではない」（『権利と裁判』第1篇第11章第4節）という．

前者つまり「作為する人の意志の欠如」は，非常に重要に思われる．このことを解説する文章が次のものである．すなわち，「理解できる意志でなくて，作為する人の意志が欠けている行為とは，作為し理解する人の意に反してなされるものである．その人は，誰かある人から，もちろん，他の人の暴力（vis），恐怖（metus），あるいは強制〔脅迫〕（coactio）によって行為へ動かされるのである．この行為にあって，もしあなた方が行動者の行動とその理解を考慮するなら，ある意志が表現されしかも行為そのものによって明らかにされている．これは，2つの害悪の間において少ない方が選ばれると作為する者が判断している限りである．もし本当にあなた方が作為する者の意図，意志，合意を考慮するなら，意見の相違があり，暗黙の不一致と明示的な不一致がある．かかる行為は，要するに，ここではその動機が自己のなかにあるのではなく自己の外にあり，私たちは，ここでは積極的ではなく消極的に行動し意欲するそのようなものである．それゆえに，次のことが行われる．すなわち，作為し忍耐する者の行動以上に，強要する者の行動が正しく判断される．そして自己から何かが生まれるよりは，自己のなかで何かが生まれることが観察される．恐怖，暴力，そして強制〔脅迫〕から生ずる行為はこういうものである」（『権利と裁判』第1篇第11章第5節）．

そしてアルトジウスは，「恐怖」（metus）と「暴行/暴力」（vis）を解説して次のようにいう．すなわち，「この恐怖は，現在あるいは将来のより大きな危険のための知性の当惑であり，人格の性質と諸事情にしたがって判断する審判人の判決のように意志の強い人で終わるとしても，自由な合意を阻む．死・拘禁・身体拷問・隷従・恥辱・汚辱の不安が利用されるのである」（『権利と裁判』第1篇第11章第6節）．「暴行（vis）は，大きなものの襲撃であって，拒絶され得ないものである．それが暴力（violentia）である．それゆえに，恐怖が大概生ずる」（『権利と裁判』第1篇第11章第7節）．

こうしてアルトジウスは，「非自発的な行為」の1つであって，「作為する人の意志の欠如」の場合として「恐怖，暴行，暴力」（metus, vis, violentia）を指摘する．

かかる場合と区別されるものとして，アルトジウスは「非自発的な行為」のもう1つであって，「作為する人の理解の欠如」の場合として，「詐欺，欺瞞，ごまかし，無

― 309 ―

知，錯誤」(dolus, deceptio, fraus, ignorantia, error) を述べる．そして「善意」(bona fides) について述べる．すなわち，「かかる詐欺に反対のものが善意である．それは，当然，あらゆる詐欺とごまかしから引き離された，まったくだますことのない意識である」(『権利と裁判』第1篇第11章第11節).

　これらの説明をみると，「善意」は「非自発的な行為」とは対照的であって「自発的な意志」の一態様にほかならない．それゆえに，アルトジウスの「善意」とは，先ほど述べたような，何かを知らないことであるという意味の定義ではとらえられない．それだからアルトジウスは，「善意」と「自発的な意志」との間に「非自発的な行為」を媒介させていることに注意されるべきであろう．つまり，共同体を形成するときの契約には，「善意」とは反対の「非自発的な行為」があってはならず，言い換えれば，「恐怖，強制」に基づいた「非自発的な行為」では共同体は形成されないのである．この共同体は，狭い私法関係から国家社会へ，そして国家と国家の間にまで拡大されるに相違ない．かかる共同体を成立させるときに，「恐怖，強制」に基づいた「非自発的な行為」である契約あるいは条約はあってはならないに違いない．もしこういえるなら，話は飛躍するが，17世紀における「恐怖，強制」に基づく「非自発的な意志」による合意の「無効」に関わる議論が，どのようにして現代国際法のウィーン条約法条約46条以下の「無効」に発展したか，こうした問題意識が自然と浮かんでくる．韓国併合に関わって国家代表者への条約強制無効を扱った笹川紀勝・李泰鎭編著『国際共同研究　韓国併合と現代　歴史と国際法からの再検討』明石書店，2008 参照.

　アルトジウスの共同体概念を調べることをとおして，「自発的な意志」「非自発的な意志」の区別という契約概念の重要な問題に出会ったと思う．それだけでなく，ギールケ(【GA46】)にならっていうなら，「自発的な意志」に基づく契約概念によって形成され，小さなものから大きなものへ発展し得るアルトジウスの共同体は，「国家法の諸関係を私法の表題の下に位置づける」ものとして，「徹底して私法のスタイルで築き上げられた」ことも記憶しておきたい．

(16)　ギールケが「国家」という，アルトジウスの該当個所は『権利と裁判』第1篇第81章の表題「公的共同体」(De societate publica) に由来する．アルトジウスは次のように解説している．すなわち，「共生の法を保持する団体のために，全体と構成員諸団体の相互間に公的共生 ($\sigma\upsilon\mu\beta\acute{\iota}\omega\sigma\iota\varsigma$ publica) が合意によってのみ (nudo consensu) 契約される，そうすることによって，公的共同体 (publica societas) が存在する．全体はたしかに契約を結び得る．そして自らあるいは官職をとおして，あるいは自己の弁護者ないし代理人をとおして，他者そのものに義務を負うこともあり得る」(『権利と裁判』第1篇第81章第1節)．アルトジウスは，「公的共同体」すなわち「国家」の成り立ちを「合意」という「契約」に基礎づけたことをみておけばよいだろう．まさにギールケは日本語の諾成契約すなわち「合意契約」(Konsensualkontrakt) を指摘したいのである．

(17)　アルトジウスの構想する contractus socialis praestationis について検討してみ

たい．まず，これについての一般的な説明は『権利と裁判』第1篇第87章第22節でなされている．すなわち，「事実によってあるいは社会的行為すなわち社会に適合した行為によって，彼ら自身の間で何かを保持する共同体になるように，ある社会が契約で結ばれる，そうすることによって，相互扶助の社会契約が存在する」．

しかし，アルトジウスのこの叙述だけでは，ギールケの指摘したような「組合に近い相互扶助の社会契約」は読み取りにくい．そこで次に，この契約を「私的なもの」と「公的なもの」に区分けして論じたアルトジウスの記述をみてみよう．「私的な社会契約」（privatus contractus socialis）についての説明は，『権利と裁判』第1篇第87章第24節でなされている．すなわち，「親がその子供たちに対し，逆に子供たちはその親に対し，〔また〕領主がその自由民に対し，逆に自由民はその領主に対し，〔さらに〕血族がその血族に対し，彼ら自身の自然的庇護関係や自然的結合が求めるものを，相互扶助し，分ち合う，そうすることによって，私的な〔社会契約〕が存在する．彼らの間で，自然的に構成され，同一の行為や同意によって承認された社会は，相互の扶助，相互の責任，相互の分かち合いによって，愛護され，保持される」．

他方「公的な社会契約」（publicus contaractus socialis）についての説明は，『権利と裁判』第1篇第87章第32節でなされている．すなわち，「公的な相互扶助の社会契約は，団体から団体へ広く行き渡っているものである．たしかに，団体は契約を締結することができる．団体は自ら，あるいはその役員によって，あるいは委任によって行動する代理人によって，契約を結び義務を負うことができる．その結果彼らは，団体の人々，個別的な財産と個々人の財産を制約する．そして彼らは団体全体を代表する．こういうことをロザエウスは証明している．またゲイリウスは，事務が国家の公の利益あるいは団体の問題に関わる場合について，そして王国あるいは地方の議会あるいは集会で，その事務が通常決定される場合について〔論じている〕．ローランド・ア・ヴァレは，事情によっては，団体の個々人が一人ひとりの側を考慮して義務を課されるが，それ以上の部分においては義務を課されない，という」．

原注1および付説

(1) 次頁からはじまる「付説」はGA2原注1に対する付説となっているので，原注1を特に翻訳する．

(2) Riezler, Sigmund, Die literalischen Widersacher der Päpste zur Zeit Ludwig des Baiers. Ein Beitrag zur Geschicthe der Kämpfe zwischen Staat und Kirche, Leipzig, 1874.

(3) de jure regni et imperii.

(4) de juribus et translatione Imperii.

(5) de jurisdictione imperii.

(6) Riezler, a. a. O., S. 184.

注

- (7) electus ad ecclesiasticam dignitatem.
- (8) ex auctoritate juris divini.
- (9) propter necessitatem facti und casualiter.
- (10) jus imperium ex causa de una gente ad aliam transferendi.
- (11) totus populus imperio Romano subjectus.
- (12) que autem inter has opiniones vera sit, fateor me nescire.
- (13) Defensor pacis.
- (14) Ritmaticum querulosum.
- (15) Disputatio inter militem et clericum.
- (16) Tractatus de aetatibus ecclesiae.
- (17) Somnium viridarii.
- (18) Octo quaestiones.
- (19) de planctu ecclesiae.

第Ⅱ部　アルトジウスの国家論に刻印された政治理念の発展史
第1章　アルトジウスの国家論における宗教的要素

- (1) Corpus juris canonici.
- (2) Vindiciae contra tyrannos.
- (3) de jure Magistratuum.
- (4) 「ローマ信徒への手紙」第13章1節（『聖書』新共同訳，日本聖書協会，1988，（新）292頁）．
- (5) スアレス『法令論および立法者および神論』（DE LEGIBUS, AC DEO LEGISLATORE, 1612）第3篇第3章第5節．
- (6) スアレス，前出，第3篇第3章第6節．
- (7) Politicorum pars architectonica de Civitate, Traj. a. Rh. 1664.

第2章　国家契約論

- (1) de jure magistratuum.

第3章　人民主権論

- (1) ギールケは出典を明記していないが，出典は Nicolaus v. Cues, Concordantia catholica, Ⅲ, c. 4, nr. 331 である．
- (2) Daniel Nettelbladt, Systema elementare universae jurisprudentiae naturalis in usum praelectioneum academicarum adornatum, Bd. 1, §84, in: Christian

注

Wolff, Gesammelte Werke Materialien und Dokumente, Hrsg. von J. École und andre, Bd. 39, 1, 1997.

第4章　代表原理

(1) "ständische Versammlungen" は「身分制会議」と訳す. 但し, これを「等族会議」と訳す文献もある. なお, 次のパラグラフには,「市民身分」(Bürgerstand),「騎士身分」(Ritterschaft),「農民身分」(Bauernstand) という各身分への言及がある (【GA218】).

第5章　連邦制の理念

(1) de Statu Reipublicae subalterno.
(2) 【GA254】原注77〔邦訳省略〕によると, ギールケはグントリングを掲げている.

第6章　法治国家の理念

(1) Gosia Martinus は12世紀後半の註釈学者で, 後述のブルガルスと同じく4博士を代表する人物.
(2) Codex Iustinianus.
(3) 「使徒言行録」第5章29節 (『聖書』新共同訳, 日本聖書協会, 1988, (新) 222頁).
(4) de jure civitatis.

訳者あとがき

　本訳書の一部の前身をなす『共生と人民主権』の第 1 部は徹底的に検討された．その結果本訳書は終始参加した 3 名（笹川紀勝，本間信長，増田明彦）の共訳になる．これら 3 名は国際基督教大学で教師と学生の関係にあった（笹川は憲法専攻，本間は政治思想史専攻，増田は政治思想史専攻）．2005 年に笹川が明治大学に異動してからも協力は続いた．明治大学では大学院博士後期課程に在籍した赤岩順二さん（現在明治大学法学部講師，刑法専攻，博士）がラテン語訳について協力してくれた．同じく博士後期課程在籍中の中村安菜さん（憲法専攻）がドイツ語訳の議論に参加し，諸事務を分担してくれた．名前だけになるが国際基督教大学在学以来の松原幸恵さん（山口大学准教授，憲法専攻，博士）と同じく高橋愛子さん（聖学院大学准教授，政治思想史専攻，博士）がいた．その他明治大学の院生諸君が折に触れて参加した．

　そして，GA の著作権は切れているという簡単な連絡が出版社スキェンティアからいただいた．ただし，ユリウス・フォン・ギールケの著作権はあるという連絡もいただいた．

　なかなか出版のめどが立たなかった中で，杉原泰雄先生（一橋大学名誉教授）のご紹介で勁草書房が，困難な出版事情にもかかわらず，出版を引き受けてくださった．先生と出版社に感謝申し上げたい．そして，退職された編集者吉田理史さんには多大なご苦労をおかけし，また後を引き継いでくださった編集者宮本詳三さんにも次々にご負担をおかけした．この場を借りてお二人には心よりお礼を申し上げたい．

2011 年 3 月　　　　　　　　　　　　　　　　　　　　　　共　訳　者

アルトジウスの足跡を訪ねて

中村　安菜

　ギールケのアルトジウス論によって，アルトジウスの思想と業績は明らかにされた．そこでは簡略に述べられているにすぎない彼の生い立ちについて，フリードリヒとユリウスが後に詳細な研究を行っている．

　両者は，アルトジウスの出生年をめぐる議論において対立した．この点については，現在でも完全に疑問がなくなったわけではない．一方，エムデン市でアルトジウスが1638年に亡くなったことには争いがない．ユリウスは父に倣い，アルトジウスの没年齢が81歳であるといわれていることを根拠に1557年説を唱え，他方，後述するように，フリードリヒはエムデンの大教会が所蔵する肖像画を根拠に1563年説を主張した．彼らの主張の内容を確認するために，アルトジウスの故郷であり，ドイツ西部のノルトライン・ヴェストファーレン州にあるディデンスハウゼン村と，少年期を過ごしたバード・ベルレブルク市（村から車で30分ほどの距離であ

郷土館前にて　ホムリックハウゼン夫妻，笹川，中村

現在のシュルツェハウス

る), そしてドイツ北西部にあるオランダとの国境に近いエムデン市を2011年2月28日から3月2日の3日間にわたり訪ねた. その際, アルトジウスの家系に連なり, 同村に居住する歴史家ホムリックハウゼン氏の懇切な協力を得ることができた.

今日ドイツ国家から「美しい村」(Bundesgolddorf) と表彰される山間の村ディデンスハウゼンの起源は, 1500年に入植した4つの家族にまで遡る. その後徐々に入植が進み, アルトジウスの実家アルトハウス (Althaus) 家——アルトジウスという名前は, アルトハウスをラテン語化したものである——も16世紀初頭に同村に入植した. アルトジウスの父ハンスが水車小屋を所有し, 羊毛売買で成功するなど, アルトハウス家は古くから村の有力者であり, 裕福な農民だった. 現在, アルトジウスの姉の子孫が, シュルツェハウス (Schulze Haus) という屋号——数代にわたり村長職 (Schultheiß) を務めたため定着した——を持つ家に居住している.

村の郷土館には, アルトジウスの肖像画, 胸像, 著書を展示した一角がある. それが, アルトジウスについてまとまった展示をしているおそらく唯一の場所であろう. 村からバード・ベルレブルク市へ続く街道や同市のギムナジウムにはアルトジウスの名前が冠され, 彼が通った村の教会の壁に彼の業績を讃える小さな銅版 (出生年はユリウス説を採用) が掲げられるなど, 彼はその地域の誇りとして尊敬されている.

フリードリヒは, バード・ベルレブルク市内のアルトジウス展示室と題した部屋の写真を著書に掲載している. その展示室が存在しうる場所として, バード・ベルレブルク

郷土館内にあるアルトジウスに関する展示コーナー

城，又はその近くの小さな博物館が考えられるため，そこを3月1日に訪れた．

この城には現在もヴィットゲンシュタイン家の人々が居住し，歴代領主の肖像画が展示された部屋など城の一部が公開されている．神童との評判が高かったアルトジウスを引き取った領主ヴィットゲンシュタイン伯爵ルートヴィヒの庇護の下，この城の中で，アルトジウスはラテン語，経済，法律，音楽など幅広い教育を受けた．特に，宗教改革の時期に早くからカルヴィニズムに理解を示したルートヴィヒの宗教的寛容さの中でアルトジウスが教育を受けたことには，フリードリヒの指摘どおり大きな意味があるだろう．領主が農民の子を引き取り養育したという事実は，アルトジウスが初夜婚による伯爵のご落胤であるという噂を生んだが，アルトジウスの姉の存在が明らかになったため，その噂は根拠を失ったといえる．文書館が城に隣接し，この土地に関する多くの史料が保管されている．しかし，閉館中のため見学はできなかった．続いて訪れた博物館の倉庫には，アルトジウスの胸像が保管されていた．この胸像は複数製作され，アルトジウス・ギムナジウムにも所蔵されている．しかし，城と博物館からは，この展示室に関する手掛かりを得ることはできなかった．ガイドによると，おそらくかつては存在した可能性があるが，現在そのような展示室は同市にはないとのことだった．

博物館が所蔵する
アルトジウスの胸像

翌日エムデンへ移動し，第二次大戦後にヨハネス・ア・ラスコ図書館となった大教会を訪ねた．その中の一室，ヤンセン・コレクション収蔵室の壁に，1563年説の根拠になった，アルトジウスの有名な肖像画が掛けられている．この肖像画には，「ANNO 1563 ANNO 1623」というラテン語が記されており，1623年が肖像画の描かれた年を意味すると理解されている．つまり，アルトジウスの没年に争いがない以上，肖像画が描かれたとされる1623年当時，アルトジウスは存命中であったことが信頼できる事実となり，肖像画を彼自身で確認することが可能だったことになる．フリードリヒの唱える1563年出生説

の根拠が，ここにある．しかし，フリードリヒが第一次大戦後に実際に目にし，写真に収めた肖像画は，第二次大戦中の爆撃で大教会と図書館が破壊されたため，消失した．現在は複製画が存在するのみである．肖像画に加え，アルトジウス直筆のサイン帳を見ることができた．フリードリヒが著書に掲載した同教会の肖像画の写真では，肖像画の下にアルトジウスのサインが入っており，両者が一体であるという印象を受けていたが，実際にはサインと肖像画が合成されていたことが明らかになった．

　今回の研究調査の目的は，アルトジウスの出生年をめぐる議論の根拠を探ることだった．しかし，実際には両説の内容と根拠を確認，整理するにとどまった．むしろアルトジウスの思想を生んだ背景に関する理解がより深まった．ディデンスハウゼン村の農民という彼自身の出自や領主の庇護は，彼の展開した人民主権論と抵抗権論に何かしらの影響を与えただろう．

参考文献

J. BURKARDT, Wer war Johannes Althusius?, Festschrift zum 75-jährigen Bestehen, Johannes-Althusius-Gymnasium Bad Berleburg, 2000.

C. J. FRIEDRICH, Johannes Althusius und sein Werk im Rahmen der Entwicklung der Theorie von der Politik, Duncker & Humblot, 1975.

J. v. GIERKE, Neues über Johannes Althusius, Carl Heymanns Verlag, 1957.

K. HOMRIGHAUSEN und andre, 800 Jahre Diedenshausen 1194-1994, Heimat- und Verkehrsverein Diedenshausen(Hrg.), 1997.

U. ROEDER, Johannes à Lasco Bibliothek Große Kirche Emden, Kunstverlag, 2001.

人名索引

(1) 原則として本文と原注を対象とする.
(2) 人名表記は原則として『岩波 西洋人名辞典 増補版』に準じる.
(3) 欧文表記はギールケの表記に準じる.

ア 行
アイイ（Ailly, d'）　107
アッヘンヴァル（Achenwall）　147
アトジェ, Fr.（Atger, Fr.）　267-8, 270
アーペル, ヨハン（Apel, Johann）　41
アラヌス（Alanus）　53
アリストテレス（Aristoteles）　51, 85-6, 89, 114, 121, 135-6, 139, 160, 166-7, 182, 287
アルシュテット（Alsted）　129-30
アルティング, メンゾ（Alting, Menso）　19
アルトジウス, ヨハネス（Althusius, Johannes）　3, 5, 6, 9, 13-21, 23-5, 27-34, 36-42, 46-8, 63-6, 70-1, 75, 79, 83, 84, 88-92, 94-5, 116-120, 124, 126-8, 131, 141, 148-9, 155, 159-60, 165, 173, 176-7, 179-81, 185-6, 191, 206, 210, 223-4, 233, 237-49, 256-7, 261, 263, 270-1, 279, 283-4, 286-96, 298, 300-3, 305-12
アルニサエウス, ヘンニング（Arnisaeus, Henning）　15, 33, 122, 175
アルメーウス（Arumaeus）　129, 131

イェリネク（Jellinek）　241, 251, 253, 275-6

ヴィアルダ, ドティアス（Wiarda, Dothias）　20
ウィゲリウス, ニコラウス（Vigelius, Nicolaus）　41-2
ヴェッキョ（Vecchio, G. del）　270

ヴェルデンハーゲン（Werdenhagen）　129
ヴォルフ（Wolff, Christian von）　96-7, 140, 146-7, 185-6, 253, 287, 289, 291
ウルテユウス, ヘルマン（Vultejus, Hermann）　42
ウルナー（Ulner）　18

エック（Eck）　8
エーベルス, G. J.（Ebers, G. J.）　270, 279
エルカン（Elkan）　268
エンゲルベルト・フォン・フォルカースドルフ（Engelbert von Volkersdorf）　51, 249

オッカム（Occam, Wilhelm von）　51, 56, 58-9, 106, 156-7
オットー（Otto）　53
オットー, ダニエル（Otto, Daniel）　129
オトマン（Hotmann/Hotomannus）　65, 88, 118, 123, 283

カ 行
ガイアー（Geyer）　241
カートライト（Cartwright）　284
カーライル, A. J.（Carlyle, A. J.）　267-8
カーライル, R. W.（Carlyle, R. W.）　268
カール大帝（Karl der Grosse）　53, 58, 76
カルヴァン（Calvin）　63-4, 66, 68, 118, 159, 241, 272, 284, 287, 296
ガルツ, ペーター（Gartz, Peter）　16

人名索引

カルプツォフ（Carpzov, Benedict） 129
カント（Kant, Immanuel） 83, 100, 151-2, 163, 184-5, 219-20, 226, 253-4, 268, 276
ギッツラー（Gitzler） 8
キリスト（Christus） 109
ギールケ、オットー・フォン（Gierke, Otto von） 1, 8, 9, 286, 288, 290-4, 300-4, 308, 310-3
キルヒナー（Kirchner） 129

クヤキウス（Cujacius） 205
グレゴリウス7世（Gregor VII.） 67
グレゴリウス、ペトルス（Gregorius, Petrus） 24, 42
グレゴール・フォン・ハイムブルク（Gregor von Heimburg） 52
グロティウス（Grotius, Hugo） 15, 17, 70, 73, 78, 89, 90, 95, 124, 131-3, 138, 180-1, 208, 214, 221, 224-5, 241, 256-7
グントリング（Gundling） 139, 313

ゲイリウス（Geilius） 311
ケストナー（Kestner） 139

ゴドフレドゥス、ディオニジウス（Godofredus, Dionysius） 18
コンスタンティヌス（Konstantinus） 55
コンナヌス、フランキスクス（Connanus, Franciscus） 42
コンラート・フォン・ゲルンハウゼン（Conrad von Gelnhausen） 51
コーンリング、ヘルマン（Conring, Hermann） 15-6

サ 行

ザバレラ（Zabarella） 107
サルマシウス（Salmasius） 143
ザロモニウス、マリウス（Salomonius, Marius） 88, 284

シエイエス（Siéyès） 99, 260
ジェルソン（Gerson） 107
ジェンティーリ（Gentilis, Albericus） 38

ジクスティヌス、レグナー（Sixtinus, Regner） 129
シドニー（Sidney） 17, 92, 127, 161, 242, 251
シャイデマンテル（Scheidemantel） 98
シャーガー、G. L.（Scherger, G. L.） 267, 270
シャルト（Schard） 52-3
シュヴァネルト（Schwanert） 8
シュタイン（Stein） 214
シュティンツィング（Stintzing） 241, 244
シュテファン（Stephan） 53
シュミエル（Schmier） 139
シュミット、R.（Schmidt, R.） 241
シュレーツァー（Schlözer） 98, 146-7, 186-7
ショルツ、R.（Scholz, R.） 268
シルヴィウス、アエネアス（Sylvius, Aeneas） 268

スアレス（Suarez） 68-70, 123-4, 127, 312
スピノザ（Spinoza） 81, 90, 96, 143, 217, 251, 268, 274-5, 279
スレイダヌス（Sleidanus） 298

ゼッケンドルフ、ファイト・ルードヴィヒ・フォン（Seckendorf, Veit Ludwig von） 135-6

ゾイフェルト（Seuffert） 8
ゾラッツィ、G.（Solazzi, G.） 270

タ 行

ダナエウス、ランベルトゥス（Danaeus, Lambertus） 284
ダノー（Daneau） 123
ダンテ（Dante） 52, 55, 268

ツァジウス、ウルリヒ（Zasius, Ulrich） 205
ツヴィングリ（Zwingli） 68

ディオドール・フォン・トゥルデン（Diodor von Tulden） 129
ティティウス（Titius） 139

人名索引

ディートリヒ・フォン・ニーム（Dietrich von Niem）　107
テウトニクス（Teutonicus）　52
テュルゴー（Turgot）　184
トゥレクラマタ（Turrecramata）　108
ドック（Dock）　245
ドネルス，フーゴー（Donellus, Hugo）　42, 205, 247, 308
トマジウス（Thomasius）　78, 96, 139, 181-2, 218
トマス・アクィナス（Thomas von Aquino/Thomas Aquinas）　52, 59, 206
トレルチ（Troeltsch, E.）　268
トロイマン（Treumann）　241-2, 285
トロザーヌス，グレゴリウス（Tholosanus, Gregorius）　122, 175

ナ行

ニコラウス・クサヌス（Nicolaus von Cues）　52, 105, 108-9, 156-8, 249

ネッテルブラット（Nettelbladt）　146-7, 177, 179, 185-6

ノイラート（Neurath）　18, 244
ノックス（Knox）　284

ハ行

バイエルン公ルードヴィヒ（Ludwig der Bayer）　51-2
ハイネッキウス（Heineccius）　139
ハイマン（Haymann）　242
ハインケ（Heincke）　139
ハインリヒ・フォン・ランゲンシュタイン（Heinrich von Langenstein）　51
パウルマイスター・ア・コッホシュテット（Paurmeister a Kochstedt）　129, 131
パウロ（Paulus）　68
バークレー（Barclay/Barclaius）　32, 38, 122, 283
バシアヌス（Bassianus）　52
バルトルス（Bartolus）　113, 168
パレウス，ダーヴィト（Pareus, David）　284

ピピン（Pipin）　54
ピュッター（Pütter）　177, 179

フィヒテ，ヨハン・ゴットリープ（Fichte, Johann Gottlieb）　83, 99, 150, 163, 184
フィヒラウ，ヨハン（Fichlau, Johann）　16
フィリップ美王（Philipp der Schöne）　268
フィリップ・ボギスラウス・フォン・ケムニッツ（Philipp Bogislaus von Chemnitz）　137
ブカナン，ジョージ（Buchanan, George）　65, 88, 123, 283
フーゴー，ルドルプ（Hugo, Ludolp）　177-9
フーゴー・フォン・フロイリ（Hugo von Fleury）　285
ブーシェ（Boucher）　283
フシュケ（Huschke）　8
フッカー（Hooker）　123
フーバー，ウルリヒ（Huber, Ulrich）　16, 82, 96, 135, 145-6, 181, 210, 226, 257
プーフェンドルフ（Pufendorf, Samuel）　13, 73, 78, 82, 90, 96, 137-40, 143, 145, 177-9, 182, 209, 213, 217-8, 220, 225, 241, 257, 262
ブラウトラハト，ゲオルク（Brautlacht, Georg）　129
フランツケン（Frantzken）　129
ブリー，S.（Brie, S.）　8, 279
フリデンライヒ（Fridenreich）　122
フリートベルク（Friedberg）　57
フリードリヒ，C.J.（Friedrich, Carl Joachim）　288, 291
フリードリヒ大王（Friedrich der Grosse）　259
ブルガルス（Bulgarus）　195, 313
ブルックマン，フリードリヒ（Pruckmann, Friedrich）　205-6
ブルートゥス，ユニウス（Brutus, Junius）　16, 88, 158-9, 175, 283
ブルンチュリ（Bluntschli）　3, 7, 241
フンボルト，ヴィルヘルム・フォン（Humboldt, Wilhelm von）　98, 186-8

ベゾルト，クリストフ（Besold, Christoph）　129, 177-8

人名索引

ベッカリーア，チェザーレ・ボネザーナ (Beccaria, Cesare Bonesana) 98
ベッカリーア，ヨハネス (Beccaria, Johannes) 38
ベツラー，ヨハン・ハインリヒ (Boecler, Johann Heinrich) 16
ペトルス・フォン・アントラウ (Petrus von Andlau) 51
ベーマー，J. H. (Boehmer, J. H.) 96, 139, 145, 185, 218
ペラギウス，アルヴァルス (アルヴァロ) (Pelagius, Alvarus (Alvaro)) 59
ベルクリンガー (Berckringer) 129
ヘルト (Hert) 139, 179, 181-2, 284
ベルンハルト (Bernhard) 53
ベンゼン，ナーマン (Bensen, Naamann) 16

ポイネット (Poynet) 284
ホエノニウス (Hoenonius) 160, 177, 284
ボシュエ (Bossuet) 143
ボダン (Bodinus/Bodin) 14, 24, 30, 32, 38, 78-9, 120-2, 124, 134, 137, 141, 158, 174, 207-8, 213, 245, 255-7, 289-90, 303
ボックスホルン (Boxhorn) 129
ホッブズ (Hobbes) 17, 73, 75, 78-82, 90, 96-7, 134-5, 137-8, 141, 143-5, 148-9, 160, 180-2, 208, 213, 217-8, 220, 225, 241, 244, 249-52, 257, 268, 273-5
ボニファチウス8世 (Bonifaz VIII.) 268
ボルティウス，マティアス (Bortius, Matthias) 129
ボルニッツ (Bornitz) 122, 175
ホルン，ヨハン・フリードリヒ (Horn, Johann Friedrich) 71-2, 82, 143

マ 行

マイアー，エルンスト・フォン (Meier, Ernst von) 270-1
マイアー，ヘルマン (Meyer, Hermann) 270-1
マキアヴェリ (Machiavelli) 120, 202, 216
マッテウス (Matthaeus) 18
マネゴルト・フォン・ラウテンバッハ (Manegold von Lautenbach) 268
マリアナ (Mariana, Juan) 88, 118, 284
マルシリウス・フォン・パドヴァ (Marsilius von Padua) 51, 54-8, 104, 106, 156-7, 167, 249, 268, 284
マルティーヌス (Martinus) 195

ミルトン (Milton) 127, 143, 161, 284

メーザー (Möser, Justus) 186-7
メランヒトン (Melanchthon) 68
メンツェル (Menzel) 274, 279

モリナ (Molina) 123, 127
モンテスキュー (Montesquieu) 140, 161-3, 186, 242, 268

ヤ 行

ヨハネス (Johannes) 52
ヨハン・フォン・パリス (Johann von Paris) 59, 106
ヨルダン・フォン・オスナブリュック (Jordan von Osnabrück) 51

ラ 行

ライプニッツ (Leibnitz) 135, 146, 177-8, 268, 275, 278
ラインキンク (Reinkingk) 122
ラーグス，コンラート (Lagus, Conrad) 41
ラムス (Ramus, Petrus) 20, 41-2
ランゲ (Languet, Hubert) 65, 175, 283
ランドゥーフ，アンドレアス (Randuf, Andreas) 107

リヴィエ (Rivier) 242
リーカー (Rieker) 261
リーツラー (Riezler) 51-9, 271
リープマン (Liepmann) 242
リーベンタール (Liebenthal) 129
リムネウス (Limnaeus) 129

ルソー，ジャン・ジャック (Rousseau, Jean Jacques) 15, 17, 79, 83, 92, 97-9, 127, 141, 148-51, 162-3, 184, 210, 217, 234,

人名索引

242, 244-5, 249, 251-5, 257-60, 268, 273, 275-6, 288
ルター（Luther）　64, 68, 171, 222, 283
ルック（Ruck）　268, 275, 278
ルポルト・フォン・ベーベンブルク（Lupold von Bebenburg）　51-9, 105, 156, 158, 268, 270

レーニング, E.（Loening, E.）　241-2

レーム（Rehm）　241, 246-7, 249-50
ロサエウス（Rossaeus）　283
ロザエウス（Losaeus）　28, 311
ロタール（Lothar）　54
ロック（Locke）　17, 92, 96, 127-8, 161, 226, 242, 251, 268, 275
ローランド・ア・ヴァレ（Rolandus à Valle）　311

訳者など経歴紹介

訳者経歴

笹川紀勝（ささがわ・のりかつ）

1940年生れ．北海道大学法学部卒業．法学博士．2005年4月国際基督教大学名誉教授．2011年3月明治大学法学部教授退職．憲法専攻．主著に『国際共同研究　韓国併合と現代　歴史と国際法からの再検討』（明石書店，2008）．

本間信長（ほんま・のぶなが）

1966年生れ．国際基督教大学大学院行政学研究科博士後期課程単位取得退学．山梨大学非常勤講師．政治思想史専攻．論文に「目的論的権利論：スピノザの自然権理解に対するグリーンの批判を通して」『社会科学ジャーナル』46（国際基督教大学社会科学研究所，2001）．

増田明彦（ますだ・あきひこ）

1963年生れ．国際基督教大学行政学研究科博士課程中退．会社役員．政治思想史専攻．論文に「ウェーバーとヴェブレンの資本主義観の比較研究」『経世論集』15（日本大学大学院経済学研究科大学院協議会，1989）ほか．

「アルトジウスの足跡を訪ねて」の写真と解説の担当者

中村安菜（なかむら・あんな）

1981年生れ．明治大学大学院法学研究科博士後期課程在籍中．明治大学法科大学院教育補助講師．憲法専攻．論文に「実務家サヴィニーの業績　－その評価と再検討－（1）（2）」『法学研究論集』31，32（明治大学大学院，2009，2010）．

著者略歴

オットー・フォン・ギールケ
1841年生れ1921年没.ベルリン大学とハイデルベルク大学で法学を修め,1860年博士号取得,1867年団体法論の論文の一部を持って教授資格取得.1871年ブレスラウ大学教授,1884年ハイデルベルク大学教授,1887年ベルリン大学教授を歴任の後,1902/1903年ベルリン大学学長.1909年ハーバード大学名誉博士,1911年世襲貴族に列せられる.

ヨハネス・アルトジウス
自然法的国家論の展開及び法体系学説史研究

2011年7月15日 第1版第1刷発行

著 者 オットー・フォン・ギールケ
訳 者 笹川紀勝(ささがわ のりかつ)
　　　 本間信長(ほんま のぶなが)
　　　 増田明彦(ますだ あきひこ)
発行者 井村寿人

発行所 株式会社 勁草書房(けいそうしょぼう)
112-0005 東京都文京区水道2-1-1 振替 00150-2-175253
(編集)電話 03-3815-5277／FAX 03-3814-6968
(営業)電話 03-3814-6861／FAX 03-3814-6854
大日本法令印刷・ベル製本

© SASAGAWA Norikatsu, HONMA Nobunaga,
　MASUDA Akihiko　2011

Printed in Japan

JCOPY ＜(社)出版者著作権管理機構 委託出版物＞
本書の無断複写は著作権法上での例外を除き禁じられています.
複写される場合は,そのつど事前に,(社)出版者著作権管理機構
(電話 03-3513-6969,FAX 03-3513-6979,e-mail: info@jcopy.or.jp)
の許諾を得てください.

＊落丁本・乱丁本はお取替いたします.
　　　　　http://www.keisoshobo.co.jp

ヨハネス・アルトジウス
自然法的国家論の展開及び法体系学説史研究

2017年7月1日 オンデマンド版発行

著 者 オットー・フォン・ギールケ
　　　　笹 川 紀 勝
訳 者 本 間 信 長
　　　　増 田 明 彦
発行者 井 村 寿 人

発行所　株式会社　勁草書房

112-0005 東京都文京区水道 2-1-1　振替　00150-2-175253
（編集）電話 03-3815-5277／FAX 03-3814-6968
（営業）電話 03-3814-6861／FAX 03-3814-6854
印刷・製本　(株)デジタルパブリッシングサービス http://www.d-pub.co.jp

©SASAGAWA Norikatsu,HONMA Nobunaga, 　　　　　AJ965
　MASUDA Akihiko 2011
ISBN978-4-326-98290-5　　Printed in Japan

JCOPY ＜(社)出版者著作権管理機構 委託出版物＞

本書の無断複写は著作権法上での例外を除き禁じられています。
複写される場合は、そのつど事前に、(社)出版者著作権管理機構
（電話 03-3513-6969、FAX 03-3513-6979、e-mail: info@jcopy.or.jp)
の許諾を得てください。

※落丁本・乱丁本はお取替いたします。
　　　http://www.keisoshobo.co.jp